权威・前沿・原创

皮书系列为
“十二五”“十三五”国家重点图书出版规划项目

广州市社会科学院／编

广州汽车产业发展报告（2018）

ANNUAL REPORT ON GUANGZHOU AUTOMOBILE INDUSTRY (2018)

主　编／杨再高　冯兴亚
副主编／巫细波　覃　剑

社会科学文献出版社
SOCIAL SCIENCES ACADEMIC PRESS (CHINA)

图书在版编目（CIP）数据

广州汽车产业发展报告. 2018 / 杨再高，冯兴亚主编. --北京：社会科学文献出版社，2018.8
（广州蓝皮书）
ISBN 978-7-5201-3151-3

Ⅰ.①广… Ⅱ.①杨… ②冯… Ⅲ.①汽车工业-经济发展-研究报告-广州-2018 Ⅳ.①F426.471

中国版本图书馆CIP数据核字（2018）第168997号

广州蓝皮书
广州汽车产业发展报告（2018）

主　　编 / 杨再高　冯兴亚
副 主 编 / 巫细波　覃　剑

出 版 人 / 谢寿光
项目统筹 / 丁　凡
责任编辑 / 丁　凡　李惠惠

出　　版 / 社会科学文献出版社 · 区域发展出版中心（010）59367143
地址：北京市北三环中路甲29号院华龙大厦　邮编：100029
网址：www.ssap.com.cn
发　　行 / 市场营销中心（010）59367081　59367018
印　　装 / 三河市龙林印务有限公司

规　　格 / 开　本：787mm×1092mm　1/16
印　张：20.5　字　数：309千字
版　　次 / 2018年8月第1版　2018年8月第1次印刷
书　　号 / ISBN 978-7-5201-3151-3
定　　价 / 89.00元

皮书序列号 / PSN B-2006-066-3/15

广州汽车产业蓝皮书编辑委员会

主要编撰者简介

杨再高 经济学博士，广州市社会科学院副院长、研究员。社会职务有广东省经济监测分析联席会议经济政策顾问、广州市政府决策咨询专家、广州城市规划委员会委员、广州市优秀中青年社会科学工作者、广州国家中心城市研究基地主任等。主要研究方向有区域经济学、城市经济学、区域与城市发展战略规划等。出版《大珠三角区域经济一体化研究》《中心城市与区域合作发展的理论与实践》等著作10部；在《经济地理》《南方经济》《农业经济问题》《广东经济》《城市发展研究》等刊物上公开发表论文近100篇；主持和参与完成课题100多项。先后获中国发展研究奖、国家发改委和广州市哲学社会科学优秀成果奖等奖项10项。

冯兴亚 广州汽车集团股份有限公司党委副书记、总经理、执行委员会主任。2008年3月被广州市委、市政府评为“广汽集团十年发展突出贡献先进个人”，2009年3月在“第四届华鼎奖汽车年度人物”的评选中获得“2008中国汽车年度风云人物”大奖，2009年被人力资源和社会保障部、中国机械工业联合会评为全国机械工业劳动模范先进工作者，2013年6月被人民网主办的“新中国汽车工业诞辰60周年盛典”评选为“中国汽车工业60年卓越贡献人物”。

巫细波 广州市社会科学院区域经济研究所副研究员、广州汽车产业研究中心副主任。研究方向为区域经济学、汽车产业、空间计量与GIS应用。主持和参与国家及省市社科规划课题2项，完成相关应用决策课题40余项；著有《广州汽车产业自主创新与升级研究》《广州智慧城市战略实践与展望》，参与编写《广州汽车产业发展报告》（2009～2017年）等9本著作。在《地理科学》《城市发展研究》《科技管理研究》《汽车工业研究》《商业经济研究》《广州汽车产业发展报告》等刊物公开发表论文30多篇。

覃　剑　广州市社会科学院区域经济研究所负责人、副研究员，博士，研究方向为城市与区域发展战略。羊城青年文化英才，广州市宣传思想文化战线第二层次优秀人才培养对象，广东省、广州市青年联合会委员。主持广东省、广州市哲学社会科学规划课题4项，出版专著1部，先后在《经济学动态》、《暨南学报》（哲学社会科学版）、《现代城市研究》、《世界地理研究》等刊物发表论文30余篇，其中“Taylor & Francis Online”收录英文论文1篇，人大复印报刊资料全文转载1篇。参与《广州市城市总体发展规划（2017—2035）》、建设引领型全球城市、国家中心城市、国际航空枢纽、国际航运枢纽等多项战略性课题研究，曾获广东发展研究奖等奖项。

摘　要

为及时了解广州和国内外汽车产业发展现状及趋势，科学引导和促进广州汽车产业转型发展，在广州市政府和有关部门的支持下，广州市社会科学院区域经济研究所和广州汽车产业研究中心联合编写了《广州汽车产业发展报告（2018）》。

本报告重点介绍了广州汽车产业在 2017 年的发展情况，跟踪新形势下广州及国内汽车产业发展的动态及热点问题，展望 2018 年及今后广州汽车产业发展前景，研究探讨广州汽车产业发展的对策。本报告主要分为六个部分。

第一部分为总报告，简要回顾 2017 年广州汽车产业发展概况，指出汽车产业发展存在的不足，阐述广州汽车产业发展的动态及热点，展望 2018 年及未来一段时期广州汽车产业发展的形势及前景，并提出广州汽车产业进一步做强做大的对策建议，为广州打造国际汽车制造基地提供决策参考。

第二部分为环境篇，分析 2017 年国内外汽车产业发展形势和概况，主要包括全球汽车产业发展态势、我国汽车产业生产效率影响因素空间异质性研究、我国共享汽车产业发展面临的困境和机遇、我国新能源汽车发展形势及对策研究等。

第三部分为专题篇，包括中美贸易摩擦对广州汽车产业的影响及对策建议、新一轮汽车产业开放下广州汽车产业面临的机遇及挑战、广州汽车产业外经贸发展情况及展望、广州新能源汽车发展情况及对策建议、新科技革命背景下交通技术对广州城市功能空间的影响、全球化生产网络中日资对广州汽车企业升级的影响、基于 GIS 方法的广州汽车制造业空间布局变化及影响因素研究、智能网联新能源汽车引领汽车产业未来发展的研究等。

第四部分为区域篇，介绍广州各区汽车产业发展概况，包括花都、番禺、从化和增城汽车产业发展形势及未来展望等。

第五部分为企业篇，主要分析广汽集团、广汽乘用车等汽车企业2017年经济运行状况及对未来的发展展望。

第六部分为附录，主要收录国内及广州汽车产业发展的相关政策动态、2017年广州汽车产业大事记等。

作为为数不多的中国区域汽车产业发展蓝皮书，本报告定位为专家观点、民间立场，主要以专家、学者们提供的各类关于广州汽车产业发展的研究报告为主，各地区有关部门、汽车企业等提供的一些汽车产业专题调研成果和汽车产业界部分专家的重要成果也构成本报告的重要内容。从书中我们不仅能够看到广州汽车发展的真实轨迹和不俗成就，也能看到广州市内外专家、学者对广州及中国汽车产业发展的真知灼见，还能了解国家及广州汽车企业出台的有关汽车产业发展的最新规划、政策、信息，以及国内一些省市汽车产业发展的动态。

关键词： 广州　汽车产业集群　广汽集团　新能源汽车　汽车外经贸

Abstract

Annual Report on Guangzhou Automobile Industry (2018), which is co-edited by Regional Economic Center in Guangzhou Academy of Social Sciences and Guangzhou Automobile Industry Research Center, received great supports from municipal government and concerning departments. The goal of this book is to research on the automobile industry development and trends in Guangzhou, China and even the whole world, which will the beneficial to the development of Guangzhou's automobile industry.

The focus of this book is to show the achievements of Guangzhou's automobile industry development in 2017, and also to track Guangzhou and domestic development and hot issues of auto industry and forecast the foreground of Guangzhou automobile industry in 2018 and the future. The research of the countermeasures of scientific development for Guangzhou automobile industry is also one of the focus of this book. The content of this book includes 6 parts.

Part 1 is the general report. It mainly analyzes the development of Guangzhou automobile industry in 2017, points out the shortages of the automobile industry, elaborates the trends and hot issues of Guangzhou automobile industry and forecasts on the development situation and tendency of the automobile industry in 2018 and also the future. It also puts forward countermeasures for the development of Guangzhou automobile industry, which will facilitate to build Guangzhou into an international automobile manufacturing base.

Part 2 is development environment reports. It mainly analyzes the development situation of the global automotive industry, research on spatial heterogeneity in influencing factors of production efficiency in China's automobile industry, the predicament and opportunity for the development of China's automobile sharing industry, development trends and countermeasures of Chinese new energy vehicle and so on.

Part 3 is special reports. This part focuses on suggestions and impact of trade friction between China and the United States on Guangzhou automobile industry, study on opportunities and challenges of new industry opening policy for Guangzhou's automobile industry, situation and outlook of Guangzhou's foreign trade in automobile industry, development overview and countermeasures of Guangzhou new energy automobile industry, impact of traffic technology on urban functional space in Guangzhou under the background of new technological revolution, research on the influence of Japanese-funded automobile companies in upgrading Guangzhou automobile enterprises in global production network, study on spatial distribution and influential factors of Guangzhou's automobile manufacturing industry based on GIS method, research on intelligent networking and new energy vehicle leading the future development of the automotive industry and so on.

Part 4 is regional development reports. This part focuses on development and trend of automobile industry and in Huadu, Panyu, Conghua, Zengcheng and so on.

Part 5 is enterprises development reports. It mainly analyzes the economic performance in 2017 and the trends, Guangzhou automobile group and Guangzhou Automobile Co. Ltd and so on.

In summary, it is the only blue book in which the automobile industry in China has been covered and focused on. Meanwhile, it is an elegant collection of experts' views and civilian standpoints, including not only research reports on the industry originated by related experts and scholars, but also investigations and research fruits provided by various departments of Guangzhou, enterprises and so on. We are sure that from the book, readers will track the development of the automobile industry in Guangzhou and achievements herein and acquire penetrating judgments from various experts and scholars in or out of Guangzhou.

Furthermore, readers will gain the newest plans, policies, information about the industry and current events of development in Guangzhou and even the other cities and provinces in China.

Keywords: Guangzhou; Automobile Industry Cluster; GAC Group; New Energy Automobile; Automobile Foreign Trade

序言
迈向发展新阶段　促进汽车产业新发展

杨再高*

2017 年广州汽车产业发展再上新台阶。在全球经济复苏形势向好、不确定因素仍然存在的背景下，全球汽车产销规模进一步扩大，但增速有所放缓；我国汽车产销规模再创历史新高，连续九年居全球第一位，但汽车产销增长速度也有所放缓。广州汽车企业不断加快产能扩张和车型更新换代及导入步伐，以 SUV 为主力产品的自主汽车品牌及欧美汽车品牌均呈现高速增长态势，有力推动了广州汽车产销规模、汽车产业产值实现新突破，为广州经济持续稳定发展做出了重要贡献。2017 年广州汽车制造业产值达 5142 亿元，同比增长 17.4%，占全市规模以上工业总产值比重达 28.5%，汽车制造业作为广州第一支柱产业地位更加巩固。全年广州汽车产销规模首次突破 300 万辆，达到 310.18 万辆，同比增长 18.2%；增长速度虽有所放缓，但仍高于全国平均水平 15 个百分点，广州作为国家重要汽车产业基地的地位进一步得到巩固。在广州汽车总产量中，轿车产量达 157.35 万辆，同比增长 5.9%；SUV 产量为 147.33 万辆，同比增长 31.2%，SUV 产量的持续高速增长改变了广州主要以轿车为主的汽车生产格局。其中广汽传祺、东风启辰、广汽比亚迪等自主品牌汽车产量合计超过 65 万辆，约占全市汽车产量的 21%，尤其是广汽传祺已成为“广州智造”的新名片；广州新能源汽车生产整体规模虽然偏小，但发展非常迅速，2017 年生产新能源汽车达 7706 辆，同比增长 58.3%。广汽集团继续保持高速增长态势，汽车产销规模首

---

* 杨再高，广州市社会科学院副院长、博士、研究员。

次突破200万辆，增速达21%，高于国内行业平均增速约18个百分点，其中自主品牌销量突破50万辆，传祺品牌汽车已发展成为广汽集团全新的利润增长点，日系、自主系、欧美系汽车品牌发展格局逐步成型；广州摩托车产销分别为98.98万辆和100.34万辆。2017年广汽集团在《财富》世界500强排第238位，排名比2016年上升了65位。广州市政府非常重视汽车产业发展，重点加强和支持新能源汽车、智能汽车等发展和招商引资引智工作，宝能新能源汽车、睿驰新能源汽车等新能源整车项目相继入驻广州，总投资额超450亿元的广汽智联新能源汽车产业园已在番禺汽车城开工建设，小马智行、景驰科技等一批自动驾驶汽车研发企业已落户广州，总部位于广州开发区的小鹏汽车已发展成为广州唯一在国内新能源整车企业领域的独角兽企业，广州汽车产业新兴领域发展呈现良好的发展态势。

当前广州汽车产业发展仍须做强做优。得益于中国汽车市场持续稳定的发展，广州汽车产销持续快速增长，促进汽车制造业作为广州第一支柱产业的地位不断强化，对相关产业及广州经济发展产生了重要的推动作用。根据广州现代产业体系布局和《广州市汽车产业2025战略规划》，汽车制造业及关联汽车行业仍是当前及未来一段时期广州现代产业体系建设的重要增长点和重要支柱产业。同时，汽车产业正在发生深刻而重大的变革，新能源汽车、智能汽车、共享汽车等汽车产业新领域日益发展，将会给广州汽车产业发展带来新的机遇和挑战。中国国家主席习近平在2018年博鳌亚洲论坛上发表讲话时提出，我国将尽快放宽外资股比限制，特别是汽车行业外资限制，相当幅度降低汽车进口关税，以此放宽我国汽车市场准入，扩大国外汽车产品进口，进而推动我国汽车产业新一轮开放发展。在发展的新起点上，我国汽车产业发展将进入新的发展时期，汽车产业国际化水平将不断提高，汽车市场和汽车企业发展的竞争更加激烈，汽车产业新领域将不断涌现，全球汽车产业链将逐步形成发展，对广州汽车产业发展既是机遇，也是挑战。经过20多年的发展，广州汽车产业发展取得了很大成就，但广州汽车产业竞争力还不强，汽车企业与日本、德国、美国等国汽车企业还有不少差距，汽车核心技术、关键零部件等还受制于人，整车制造企业对零部件制造企业辐射带动作用有待提升，汽车服务业发展质量还不高，作为未来汽车产业发展新增长点的新能源汽车发展还较慢，自主品牌汽车有待做大做强，以及城市交通约束力度的加大、停车场数量不足、汽车环境污染等诸多因素的存在，使2018年及未来广州汽车产业发展面临不少挑战。广州汽车产业发展必须登高望远，增强忧患意识，保持战略定力，抓住新时代我国新一轮汽车产业开放新机遇，推动广州汽车产业高质量发展和建设世界级汽车名城。

2018年广州汽车产业发展乐观向好。尽管全球短期经济形势有所改善，但美国贸易壁垒、贸易政策改变、金融环境变化、地缘政治局势不稳定等不利因素使全球经济仍面临诸多风险，全球汽车产业发展仍然是机遇与挑战并存。从产业生命周期考察来看，与世界汽车产业的发展趋势一致，中国汽车市场逐渐从发展期进入成熟期，增速逐渐放缓并进入平稳增长期，预计2018年我国汽车产销量将继续保持“微增长”。国家经济持续稳定发展，居民收入水平提高，汽车产业新一轮对外开放，《中国智造2025》深入实施，汽车电动化、智能化、网联化、共享化带来的一系列创新，以及汽车新消费群体的形成，将会推进我国汽车产业持续稳定发展，这是广州汽车产业发展的利好。与此同时，我国汽车进口关税税率下调、城市拥堵及限购限牌城市数量持续增加、新能源汽车补贴大幅度降低或取消、小排量汽车购置税优惠取消、汽车企业及品牌激烈竞争等，将会影响我国汽车产业发展，这是广州汽车产业发展的不利因素。党的十九大报告指出，促进我国产业迈向全球价值链中高端，培育若干世界级先进制造业集群，是我国构建现代产业体系的重点任务，而产值规模第三、利润规模第一的汽车产业是实现这一目标的关键领域之一。广州应积极把握我国新一轮汽车产业开放发展新机遇、汽车产业新兴领域加速发展新趋势、提升汽车产业发展质量和竞争力的新要求，坚持新发展理念，厚植汽车产业发展新优势、培育汽车产业发展新动能、构筑汽车产业发展新格局。

促进2018年广州汽车产业发展走在前列。促进汽车产业发展走在全国前列，既是广州构建现代化经济体系走在全省、全国前列及当好排头兵的重要战略举措，也是促进广州经济持续稳定高质量发展的必然要求。广州汽车产业已迈向发展的新阶段。2018 年及今后一段时期，广州应对标国内外先进汽车城市，乘势而上，继续实施好《广州市汽车产业 2025 战略规划》，深化汽车产业供给侧结构性改革，优化汽车产业结构，促进汽车产业高质量发展。一是加快推进汽车产业重大项目建设，包括加快宝能新能源汽车、睿驰新能源汽车、广汽智联新能源汽车产业园、小鹏汽车、广汽比亚迪客车、广汽本田电动汽车等项目建设，按照差异化原则，高标准完善和优化番禺、增城、花都、南沙、黄埔和从化汽车产业园区和零部件产业园区建设，完善广州汽车产业发展空间格局，形成引领广州汽车产业发展的新支撑。二是大力发展汽车产业新领域，包括聚焦资源、资本和人力，加快发展新能源汽车、智能网联汽车、无人驾驶汽车、共享汽车等汽车产业发展新领域，培育汽车新产业、新业态、新模式，加强汽车产业新领域核心技术、关键零部件的研发创新，培育壮大汽车产业新领域，形成广州汽车产业发展的新支柱，优化广州汽车制造业发展格局。三是大力发展汽车服务业，促进汽车服务与互联网、大数据融合发展，发展网络化、智慧化的汽车金融、汽车保险、汽车文化、汽车维修、汽车贸易及平行汽车进口、汽车会展等现代汽车服务业，促进传统汽车服务业转型升级，提高汽车服务业的产品及服务质量，优化广州汽车产业结构。四是加快发展汽车自主品牌，以广汽传祺为引领，坚持自主创新，做大广州汽车自主品牌规模，持续提升汽车自主品牌的国际竞争力，优化广州汽车产品结构。五是继续推进广汽集团做大做强，以发展质量和效益为中心，深入推进广汽集团改革发展和供给侧结构改革，大力实施创新驱动和人才兴企战略，推进广汽集团从制造向创造转变、从速度向质量转变、从产品向品牌转变，积极走向“一带一路”沿线国家，扩大发展空间和市场，进一步提升广汽集团的综合竞争力和在《财富》世界 500 强的地位，加快把广州打造成为全球知名的汽车之城和全球汽车产业资源配置中心，为广州建设成为现代化引领型全球城市提供重要支撑。

2018 年 5 月 10 日

目 录

Ⅰ 总报告

Ⅱ 环境篇

Ⅲ 专题篇

Ⅳ　区域篇

Ⅴ　企业篇

Ⅵ　附录

皮书数据库阅读**使用指南**

CONTENTS

Ⅰ General Report

Ⅱ Environment Reports

Ⅲ Special Topics

Ⅳ Regional Reports

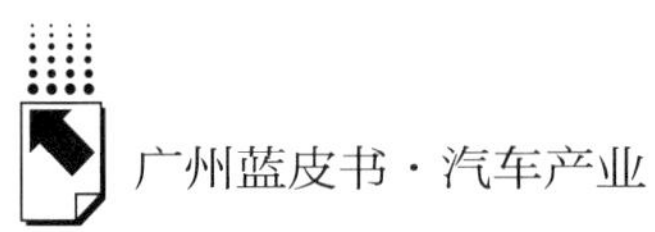

Ⅴ Enterprises Reports

Ⅵ Appendix

总 报 告

General Report

B.1

广州汽车产业发展形势分析与展望（2017～2018年）

巫细波　覃 剑*

摘　要： 2017年，广州汽车产业继续保持高速增长态势，整体再上新台阶：汽车产销规模突破300万辆，汽车工业总产值突破5000亿元；广汽传祺产销规模突破50万辆，自主品牌跃居国内自主品牌前列。本文重点分析2017年广州汽车产业发展概况、存在问题及面临发展环境，展望广州汽车产业发展形势及前景，预计2018年广州汽车产量有望继续保持两位数增长，产量有望达到350万辆，汽车工业产值则有望突破5800亿元。为进一步强化汽车产业作为广州支柱产业地位，为广

* 巫细波，硕士，广州市社会科学院副研究员，研究方向为区域规划、汽车产业、空间计量与GIS应用；覃剑，博士，广州市社会科学院副研究员，研究方向为城市与区域经济。

州推进国家重要中心城市建设提供强大支撑，本文提出加快推进汽车产业重大项目建设、以新能源汽车产业为重点加快新兴领域发展、围绕汽车进口大力培育汽车服务业新业态、以核心技术研发为动力加快自主品牌发展、进一步提升龙头企业世界500强排名、构建汽车及跨领域自主强强联盟、大力推进广州汽车产业全球化进程等对策建议。

关键词： 广州　新能源汽车产业　广汽传祺　汽车平行进口

一　2017年广州汽车产业总体发展形势

在广州市委、市政府高度重视和大力支持下，作为第一支柱工业的广州汽车产业继续保持高速增长态势，产品结构调整和更新步伐持续加快，自主品牌和欧美品牌均呈现快速发展趋势，广州汽车产业再上新台阶：产销规模突破300万辆、汽车工业产值首次突破5000亿元大关、广汽传祺品牌销量突破50万辆、广汽集团世界500强排名大幅度提升，为广州地区生产总值突破2万亿元大关做出重要贡献，作为广州支柱产业的地位进一步得到强化，为广州建设国家重要中心城市建设提供了强大支撑。

（一）整车生产保持高速增长态势，产量突破300万辆

随着国内汽车市场持续增长，广州汽车企业不断加快产能扩张和车型更新换代及导入步伐，以SUV为主力产品的自主品牌及欧美品牌均呈现高速增长态势，力助广州汽车产销规模实现新突破。2017年广州汽车产销规模首次突破300万辆，达到310.18万辆，增速较2016年有所放缓，达到18.2%，但仍高于全国平均水平15个百分点，继续保持快速增长态势，其中轿车产量157.35万辆，增速为5.9%，SUV产量为147.33万辆，增速为31.2%，SUV产量的持续高速增长逐渐改变了广州主要生产轿车的汽车生产

格局。其中广汽传祺、东风启辰、广汽比亚迪等自主品牌汽车产量合计超过65万辆，约占全市汽车产量的21%，较2016年有所提升。新能源汽车产业发展仍然保持增速较快但整体规模偏小的特点，产量为7706辆，较2016年增长58.3%。广州汽车产量占全国汽车产量的比重进一步提高，达到10.7%（见表1），作为国家重要汽车产业基地的地位进一步得到巩固。

表1　2012～2017年广州汽车生产情况

单位：万辆，%

年份	全国汽车产量	广州汽车产量	广州汽车产量占全国比例
2012	1927.18	138.44	7.2
2013	2211.68	180.53	8.2
2014	2372.29	197.39	8.3
2015	2450.33	220.99	9.0
2016	2811.90	262.88	9.3
2017	2901.54	310.81	10.7

资料来源：广州统计信息网、中国汽车工业协会。

借助广汽传祺、广汽菲克Jeep、东风启辰、广汽本田等品牌汽车产量的快速增长，广州整车产销规模在国内特大汽车城市中的排名由2016年的第二位跃居至首位，但与上海、重庆、长春等城市的汽车产量差距不大（见图1）。

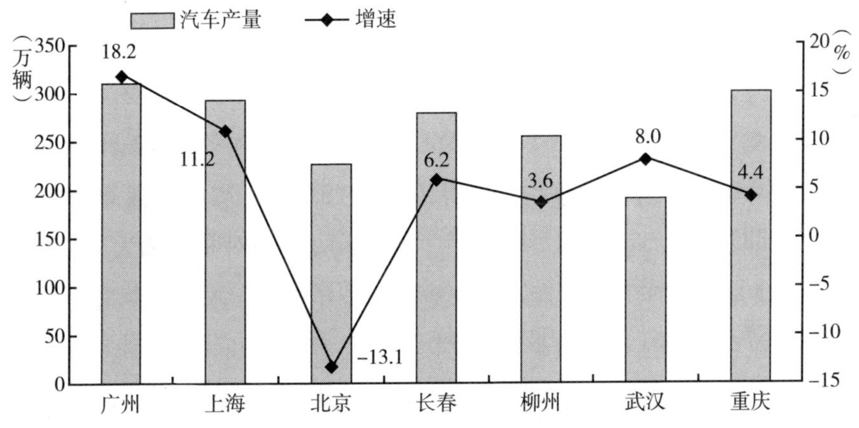

图1　2017年广州与其他地区汽车生产情况

资料来源：各城市统计信息网。

（二）产业投资增幅所有下滑，汽车工业产值突破5000亿元

广州汽车产业2017年的投资增速有所下滑，但得益于自主品牌和欧美品牌整车企业产能的快速增长，汽车工业产值呈现较快增长趋势，首次突破5000亿元大关。由于广汽乘用车、广汽本田等整车企业在2016年完成产能扩张，宝能汽车、广汽智联新能源产业园等新项目还未大规模投入，导致2017年广州汽车制造业投资出现较大幅度下降，整体下滑31.3%，其中汽车零部件产业投资下滑2.9%（见表2）。

表2　2012～2017年广州汽车制造业投资增速与其他工业对比

单位：%

指标	2012年	2013年	2014年	2015年	2016年	2017年
全市固定资产投资增速	10.1	18.5	14.5	10.6	8.0	5.7
其中:全市工业	11.7	18.2	6.9	10.2	-5.4	3.1
汽车制造业	18.8	19.8	21.6	17.5	13.7	-31.3
汽车零部件及配件制造业	60.2	-2.1	6.2	-11.7	-2.2	-2.9
电子信息制造业	11.8	105.2	-0.3	-17	14.8	161.8
石油化工制造业	7.5	24.8	-33	-1.2	-35.4	-35

资料来源：广州统计信息网。

2017年广州汽车制造业投资额为116.45亿元，占广州全市固定资产投资的比例由2016年的3.0%下降至2.0%（见图2）。

2017年，汽车制造业产值达到5142亿元，同比增长17.4%，占广州市规模以上工业总产值比重进一步提升，达到28.5%，其中零部件制造业产值达到1364亿元，同比增长14.4%（见表3）。① 相对其他两大支柱工业，汽车制造业对全市工业的贡献率越来越高。全年规模以上汽车制造业、电子产品制造业和石油化工制造业三大支柱工业总产值增长9.2%，占全市规模以上工业总产值的52.1%，其中电子产品制造业增长3.9%，石油化工制造

① 此处数据为官方统计公报数据，考虑了通胀因素。

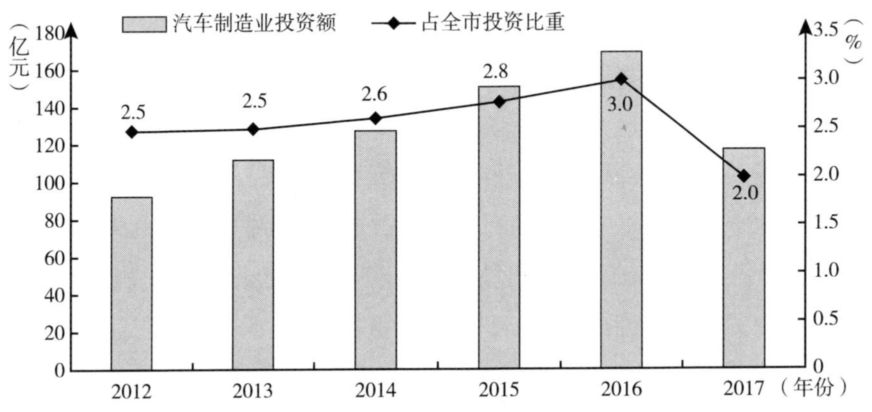

图 2　2012～2017 年广州汽车制造业投资额及占全市投资比重情况

业下降 4.2%，汽车制造业作为第一支柱工业地位不断得到强化。截至 2017 年，广州汽车工业产值规模在国内特大汽车城市中位居第四，次于上海（6774.3 亿元）、长春（6015.7 亿元）和重庆（5736.3 亿元）。

表 3　2012～2017 年广州规模以上汽车制造业产值情况

单位：亿元

项目	2012 年	2013 年	2014 年	2015 年	2016 年	2017 年
汽车制造业产值	2721	3347	3642	3777	4346	5142
其中:零部件制造业产值	786	897	973	994	1187	1364

资料来源：2012～2017 年广州市国民经济和社会发展统计公报。

（三）新能源汽车提速发展，配套设施建设不断完善

在新能源汽车领域，目前广州拥有广汽传祺、东风日产辰风、广汽比亚迪和北汽共 4 个新能源汽车自主品牌。2017 年，广州新能源汽车产量约为 8000 辆，同比增长约 64.0%。2017 年，广州市新成立广汽新能源汽车有限公司、东风启辰汽车有限公司及新引进广州宝能汽车有限公司。广汽智联新能源汽车产业园在广汽番禺汽车城开工，总投资额超过 450 亿元，形成 40 万辆新能源智能网联汽车及其配套规模。宝能集团在广州开发区动工建设新

能源汽车产业园，项目总投资300亿元，首期规划产能50万辆新能源汽车及相关配套项目。广州力柏能源三元系锂离子动力电池单体能量密度达到全国先进水平，为广汽比亚迪、安凯客车等多家国内一流车厂提供配套；广州鹏辉能源参与两项全国行业动力锂电池系统标准制定。在智能汽车领域，广汽研究院完成核心技术Telematics（应用无线通信技术的车载电脑系统）远程控制系统自主开发，成为国内最早实现该项技术自主开发与商品化应用的汽车企业，并在广汽传祺全系车型推广应用。

截至2017年底，广州累计完成新能源汽车推广应用49622辆，其中共享汽车、网约车等租赁领域推广量较大，达到26495辆，占比为53.4%；私家车领域12505辆，占比为25.2%。在新能源汽车充电设施建设方面，截至2017年底，广州共有充电站826处，主要分布于白云区、番禺区、天河区等；充电桩数量达到7758个，其中交流充电桩数量为6753个、直流充电桩数量为1005个（见表4）。

表4　2017年广州各区充电站及充电桩情况

单位：处，个

区域	充电站数量	充电桩数量	直流充电桩数量	交流充电桩数量
越秀区	40	460	58	402
荔湾区	27	249	42	207
天河区	136	1249	106	1143
海珠区	40	411	38	373
白云区	202	2407	431	1976
黄埔区	54	624	94	530
番禺区	140	935	97	838
花都区	56	567	42	525
南沙区	38	235	24	211
增城区	65	376	53	323
从化区	28	245	20	225
总　计	826	7758	1005	6753

资料来源：广州市充电设施智能管理平台，http：//gzcdgl. gzii. gov. cn/。

（四）自主品牌呈现高速增长态势，多元化品牌格局初步形成

随着广汽传祺、东风启辰、广汽比亚迪新能源客车等品牌产销规模持续保持两位数增长态势，以日系整车品牌为主导广州整车生产格局逐步改变，以日系品牌、自主品牌和欧美品牌为主的多元化汽车品牌格局初步形成，企业产销规模进一步扩大。

广州汽车集团乘用车有限公司（以下简称广汽乘用车，地方国企乘用车企业，自主品牌），目前旗下仅有传祺品牌，总部及部分整车工厂在广州，为广州第三大规模的整车企业。2017 年，广汽传祺继续发力 SUV 市场，打造出 GS4 和 GS8 两款明星 SUV 产品，整体销量首次突破50 万辆大关，达到 50. 86 万辆，同比增长 36. 7%，高速增长态势有所放缓，但仍然远高于行业平均增速。其中，GS4 仍然是广汽乘用车旗下最热销产品，达到 33. 54 万辆，同比增长 2. 6%，增速放缓；GS8 作为传祺向高端市场冲击的主力车型，完成销量 10. 22 万辆，同比增长 1034. 9%，为广汽乘用车热销的大中型 SUV 产品；GA6 实现销量 2. 54 万辆，较 2016 年实现大幅度增长，增幅为 96. 4%；GA8 作为广汽传祺的旗舰轿车，完成销量 4700 辆，同比增长 67. 3%（见表 5）。在宣传推介方面，广汽传祺作为“2017 年广州财富全球论坛”唯一官方指定用车，提供了 380 台包含 GA8、GS8、GM8 等车型在内的汽车作为礼宾用车，获得广泛关注和赞誉。此外，作为广州自主品牌龙头的广汽传祺也在积极筹备海外扩张战略，目前已经完成中东、东南亚、东欧、非洲、美洲五大板块、14 个国家的布局，初步构建起全球销售网络和服务体系。

表 5　2017 年广汽乘用车主要车型销量

单位：万辆

车型	GS4	GA8	GS8	GS7	GS3	GA6	GA3	GS4 混动版
销量	33. 54	0. 47	10. 22	0. 83	1. 82	2. 54	0. 74	0. 19

资料来源：搜狐汽车，http：//db. auto. sohu. com。

东风日产乘用车公司（以下简称东风日产，合资乘用车企业，日系品牌），旗下品牌为日产，总部位于广州花都，整车工厂分布于广州、郑州、襄阳及大连。得益于产品阵容打造及终端渠道建设日益完善，截至2017年，东风日产已经连续三年产销量突破100万辆规模。在产品阵容打造方面，2015年提出的"Young Nissan"战略顺利实施，东风日产旗下形成舒适阵营（车型包括轩逸、天籁、阳光等）、SUV阵营（车型包括楼兰、奇骏、逍客、劲客）及动感阵营（车型包括骐达、西玛、新蓝鸟）三大特色鲜明的产品阵容；在终端渠道建设方面，目前东风日产在国内拥有750家4S店，其中2017年新建标准店140家，城市覆盖率为89.4%。2017年累计完成销量120.95万辆，同比增长8.2%，其中轩逸仍然是主力车型，2017年12月单月销量突破5万辆，达到50885辆，全年累计销量达到40.59万辆，同比增长10.8%，成为国内最热门的轿车产品之一；新奇骏成为东风日产主力SUV车型，完成销量18.47万辆，新逍客完成销量15.26万辆；天籁凭借车型改款优势，再次在中级车市场实现突破，销量再次突破10万辆，达到11.39万辆，同比增长26.1%（见表6）。

表6　2017年东风日产主要车型销售情况

单位：万辆

车型	天籁	骐达	楼兰	新奇骏	新蓝鸟	轩逸	阳光	新逍客	劲客
销量	11.39	7.86	2.51	18.47	6.51	40.59	2.89	15.26	4.60

资料来源：搜狐汽车，http://db.auto.sohu.com。

广汽本田汽车有限公司（以下简称广汽本田，合资乘用车企业，日系品牌），旗下有本田、讴歌及理念三个品牌，总部及整车工厂均在广州。广汽本田从2016年开始就不断完善汽车动力平台，全面布局自然吸气、混合动力、涡轮增压三大主流动力产品，开启了"动力科技新时代"，并于2017年顺势推出UR-V、冠道1.5T版、雅阁锐·混动等新车型，成为广汽本田销量增长的新动力。广汽本田还不断推进产品年轻化战略，主要通过实证营销、体验营销、浸入式营销、互动营销等多种方式来逐步实现。2017 年，广汽本田累计完成销量 70.50 万辆，同比增长 10.4%，增速与 2016 年基本持平，保持两位数增长态势，超额完成 2017 年初制定的 69 万辆销售目标。雅阁、缤智、飞度等明星车型销量均突破 10 万辆规模，分别达到 15.47 万辆、14.26 万辆、11.16 万辆，其中雅阁在国内市场累计完成销量突破 200 万辆大关，成为国内中高级轿车的常青树，值得一提的是新雅阁锐·混动销量达到 1.57 万辆，连续 12 个月居中高级非插电式混动车型销量排行榜首位。此外，大中型 SUV 冠道凭借犀利的外观设计、优秀的动力总成及宽敞的内部空间，得到了大量消费者认可，销量达到 8.05 万辆，较 2016 年的 0.94 万辆实现 7.56 倍增幅。此外，2017 年广汽本田旗下的首款豪华品牌车型讴歌 CDX 实现较大幅度增长，销量达到 1.35 万辆，同比增长 98.0%，但总量较小；合资自主品牌理念仍然处于低迷状态，理念 S1 销量仅为 0.24 万辆，较 2016 年下降 75.0%（见表 7）。

表 7　2017 年广汽本田主要车型销售情况

单位：万辆

车型	讴歌 CDX	飞度	锋范	冠道	凌派	雅阁	缤智	奥德赛	理念 S1
销量	1.35	11.16	8.04	8.05	9.31	15.47	14.26	3.56	0.24

资料来源：搜狐汽车，http://db.auto.sohu.com。

广汽丰田汽车有限公司（以下简称广汽丰田，合资乘用车企业，日系品牌），旗下仅有丰田品牌，总部及整车工厂均在广州。2017 年，累计完成销量 44.24 万辆，同比增长 4.9%，增速较 2016 年有所提升，顺利完成 2017 年初制定的 43.5 万辆销量目标，总体处于平稳增长态势。雷凌成为广汽丰田的主力车型，完成销量 17.26 万辆，较 2016 年增长 20.4%，其中燃油版销量为 13.18 万辆，与去年基本持平，非插电式混合动力版本（雷凌双擎）得益于广州的限牌政策，实现销量 4.08 万辆，增幅为 300%。中大型 SUV 汉兰达继续保持稳定增长态势，销量接近 10 万辆大关，达到 9.99 万辆，同比增长 8.6%；基于丰田 TNGA 构架下打造的第八代凯美瑞受换代影响明显，2017 年销量仅为 6.63 万辆（见表 8），有较大幅度下滑，新架构、新造型的凯美瑞是否能重现往日辉煌还需要市场进一步检验。

表 8　2017 年广汽丰田主要车型销售情况

单位：万辆

车型	致炫	汉兰达	凯美瑞	雷凌	美瑞双擎	雷凌双擎	致享
销量	5.45	9.99	6.63	13.18	0.80	4.08	3.95

资料来源：搜狐汽车，http：//db. auto. sohu. com。

东风启辰汽车公司（以下简称东风启辰，合资乘用车企业，合资自主品牌），旗下品牌为启辰，总部位于花都，整车工厂在郑州。原启辰品牌于 2010 年 9 月在东风日产成立，自 2017 年 2 月 7 日起启辰品牌从东风日产独立并入东风启辰汽车公司，在国内众多合资自主品牌中，启辰品牌的产销规模仅次于上汽通用五菱旗下的宝骏品牌。2017 年，东风启辰相继推出 M50V、D60 及新 T70 等多款新车，产品阵容再一次得到升级，实现销量 14.30 万辆，增速为 22.7%，其中 T70 在更新换代后迎来新发展，累计实现销量 5.26 万辆；T90 作为更高级别 SUV 产品，同样借助国内 SUV 高速增长态势，首年实现销量 4.55 万辆（见表 9）。值得一提的是于 2017 年 11 月 2 日推出的全新启辰 D60，作为东风启辰 logo 更新后的首款高品质智联轿车，在上市的第二个月就实现销量 8856 辆，力助东风启辰再上新台阶。

表 9　2017 年东风启辰部分车型销售情况

单位：万辆

车型	T70	T90	D60	R50	M50V
销量	5.26	4.55	1.78	1.24	1.12

资料来源：搜狐汽车，http：//db. auto. sohu. com。

广汽菲亚特克莱斯勒汽车有限公司（以下简称广汽菲克，合资乘用车企业，欧美品牌），总部位于湖南长沙，广州工厂于 2016 年 4 月 18 日竣工投产，主要生产自由侠和指南者。凭借 Jeep 品牌优势及国内 SUV 市场持续发展，广汽菲克广州分公司实现快速发展，完成销量12.56万辆，增幅为372.2%，其中，自由侠完成销量3.87万辆，同比增长47.5%；指南者市场反应热烈，销量快速增长至8.69万辆，增幅为28893.3%，成为广汽菲克的明星产品。生产汽车13.06万辆（同比增长351%），销量12.5万辆（同比增长301%），实现产值164亿元（同比增长351%）。

本田汽车（中国）有限公司（以下简称本田汽车，合资乘用车企业，日系品牌），成立于2003年9月8日，公司位于广东省广州出口加工区内，是中国汽车史上首个产品100%出口的整车制造企业，产能为6万辆，目前产品主要出口非洲、中东等地区。2017年汽车出口量为2.18万辆，同比增长60.9%。

广汽日野汽车有限公司（以下简称广汽日野，合资商用车企业，日系品牌），成立于2007年11月28日，主要生产日野牌重卡和驱动桥等关键总成，设计产能规模为2万辆。2017年，广汽日野把握新版商用车GB1589标准实施新机遇，积极推出新产品，其中J08平台的轿运车和载货车都取得积极进展，广汽日野2017年成功完成预定目标，实现销量2593辆，同比增长44%。

广汽比亚迪新能源客车有限公司（以下简称广汽比亚迪，内资商用车企业，自主品牌），总部位于广州从化明珠工业园，成立于2014年8月4日，比亚迪和广汽集团合资股比为51:49，主要生产新能源商用车。目前广汽比亚迪的新能源客车销售主要集中于广州公交车市场，产能利用率还较低。2017年销量增长明显，达到1547辆，较2016年的178辆实现7.69倍增长。目前，广汽比亚迪已在广州累计投入纯电动公交车1638辆，未来一段时间将加速投放纯电动公交车。

北汽（广州）汽车有限公司（以下简称北汽乘用车，央企乘用车企业，自主品牌），总部位于北京，旗下有绅宝、威旺及北汽新能源三个品牌，于2013年12月建成投产，目前产能为11万辆。由于整车工厂从2017年5月开始实施技术改造而进入停产状态，产销量仅5000辆左右，较2016年的3.7万辆下降非常明显。

（五）广汽集团产销规模突破200万辆，世界500强排名大幅度提升

2017 年，历经 20 年发展的广汽集团继续保持高速发展态势，汽车产销规模首次突破 200 万辆，增速达到 21.3%，高于国内行业平均增速约 18 个百分点，其中自主品牌销量突破 50 万辆，传祺品牌已发展成为广汽集团全新的利润增长点，日系、自主系、欧美系汽车品牌格局逐步成型。此外，摩托车产销分别为 98.98 万辆和 100.34 万辆（见表 10）。自 2013 年开始，广汽集团已连续五年入围《财富》世界 500 强，2017 年排名大幅度提升，位居第 238 名，较 2016 年排名上升 65 位，呈现强劲发展势头。

表 10　2015～2017 年广汽集团及旗下企业销量情况

单位：辆、%

指标	2015 年销量	2016 年销量	2017 年销量	2016 年增速	2017 年增速
乘用车企业	1297715	1648116	1996868	27.0	21.2
广汽本田汽车有限公司	580068	638791	705010	10.1	10.4
广汽丰田汽车有限公司	403088	421800	442380	4.6	4.88
广汽集团乘用车有限公司	192463	370768	508586	92.6	36.7
广州汽车集团乘用车(杭州)有限公司	11438	1617	7	-85.9	-99.6
广汽菲亚特克莱斯勒汽车有限公司	39488	146439	205177	270.8	40.1
广汽三菱汽车有限公司	56317	55888	117388	-0.8	110.0
本田汽车(中国)有限公司	12182	11547	18320	-5.2	58.7
广汽中兴汽车有限公司	2671	1266	—	-52.6	—
商用车企业	1945	1979	4168	1.8	110.6
广汽日野汽车有限公司	1666	1801	2601	8.1	44.4
广州广汽比亚迪新能源客车有限公司	279	178	1567	-36.2	780.3
汽车合计	1299660	1650095	2001036	26.9	21.3

续表

指标	2015年销量	2016年销量	2017年销量	2016年增速	2017年增速
发动机	401627	375065	387123	－6.6	3.2
广汽丰田发动机有限公司	396291	372054	380041	－6.1	2.2
上海日野发动机有限公司	5336	3011	7082	－43.6	135.4
摩托车	1070168	1022020	1003389	－4.5	－1.8
五羊—本田摩托(广州)有限公司	1070168	1022020	1003389	－4.5	－1.8

资料来源：广汽集团，http：//www.gagc.com.cn/。

（六）汽车商贸业增速减缓，汽车服务业日益繁荣

广州作为千年商都，汽车类商贸业非常活跃，各类汽车专业特色会展业发展日趋繁荣，与汽车相关的汽车维修及配件、金融保险、汽车养护、汽车物流、汽车租赁、汽车会展等服务业业态丰富，汽车服务业已成为广州汽车产业重要组成部分。广州汽车及零配件的批发零售业保持较快发展趋势，为广州商贸业的重要组成部分。2017年，汽车及零配件批发销售总额达到4928亿元，同比增长2.3%（见图3），增速较往年所有减缓，低于全市平均水平5.7个百分点。

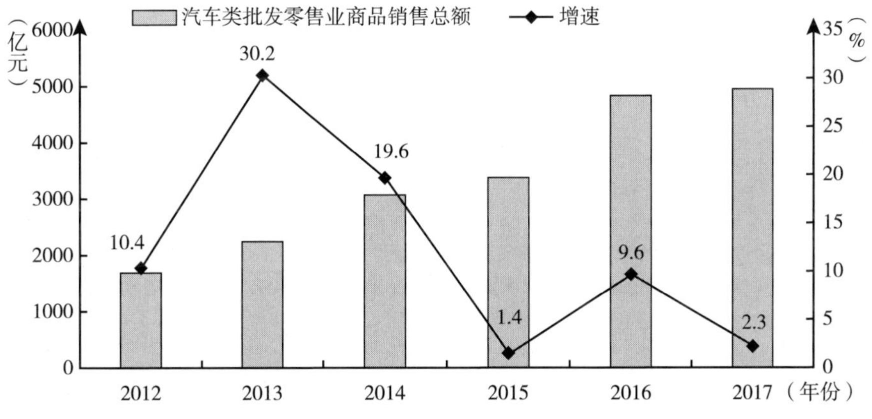

图3　2012～2017年广州汽车和零部件批发及零售总额情况

资料来源：《广州统计年鉴》（2012～2017年）。

广州地区的汽车品牌4S店数量和种类非常齐全，而依托4S店发展起来的汽车服务业日益成熟。截至2017年底，广州地区的汽车4S店为444家，汽车品牌有81个，涵盖主流的汽车品牌类型，主要以丰田、本田、大众等品牌为主，其中丰田品牌的4S店数量为29家，本田品牌4S店有19家。此外，豪华品牌种类也非常丰富，其中奥迪品牌的4S店有12家，宝马、凯迪拉克、雷克萨斯、路虎等豪华品牌的4S店数量均超过5家。

截至2017年，作为国内规模最大的三大汽车专业会展之一的中国（广州）国际汽车展览会已经连续举办了15届。广州汽车会展内容经过不断拓展和完善，规模和影响力不断提升（见表11）。2017年，广州车展展出车辆达到1081台，其中概念车有25台，全球首发车达到47台。会展媒体日的新闻发布会有71场，吸引了海内外媒体2432家，共有9747名记者参与会展报道。

表11　2012～2017年广州汽车展情况

指标	2012年	2013年	2014年	2015年	2016年	2017年
会展面积(万平方米)	20	20	22	22	22	22
到会记者(人)	6800	7076	8478	8491	9549	9747
观众数量(万人次)	56.0	57.0	63.5	63.5	66.7	67

随着我国新能源汽车市场的快速发展，加码新能源汽车生产已成为国内外汽车企业的共识，此次参展共展出新能源汽车131台，其中中国品牌车76台，外资品牌车55台。除整车企业外，本次展会首次开设车用新材料及改装车题材，展区规模近2万平方米，广汽零部件、广汽用品、爱信精机、TRD、HKS等品牌均大面积高规格参展。此外，平行进口展区也异常活跃，平行进口汽车展区面积达1500平方米，8家试点企业参展，所展车辆全部由广州南沙汽车口岸报关进口并经出入境检验检疫局查验，除展出最新款的丰田霸道、奔驰GLS450、玛莎拉蒂莱凡特等车型外，还展出普京总统座驾迈巴赫S600Pullman和路虎揽胜加长版5.98米全球限量版。据统计，本次

展会观众现场订购平行进口汽车累计达 80 台，累计成交金额达 8000 多万元。

（七）汽车进口贸易迎来新局面，汽车外经贸发展上新台阶

随着南沙汽车平行进口业务的蓬勃发展，广州汽车及零部件进出口呈现较快增长趋势，汽车产业领域吸引外资情况发展态势向好，广州汽车进出口贸易迎来新局面。2017 年，广州汽车及零部件产业出口总值为 205.47 亿元人民币，同比增长 7.5%。其中整车出口总值为 24.85 亿元人民币，同比增长 12.8%（见表 12）。整车出口 21863 辆，同比增长 60.9%，主要以小轿车为主，出口数量达 21322 辆，同比增长 71.4%，占整车出口数量的 97.5%。

表 12　2014～2017 年广州汽车及零部件出口总值

单位：亿元

指标	2014 年	2015 年	2016 年	2017 年
汽车及零部件产业	152.78	175.13	191.16	205.47
其中:汽车	29.61	21.08	22.04	24.85
汽车零部件	123.17	154.05	169.12	180.62

在汽车进口贸易方面，2017 年广州市汽车及零部件进口总值为 226.06 亿元人民币，同比增长 14.8%；其中汽车整车进口 5963 辆，同比增长 14.2%，汽车整车进口总值为 17.48 亿元人民币，同比增长 40.8%。目前，广州已有 11 家平行进口汽车试点企业，广州南沙口岸开展汽车进口贸易的企业已达 70 家，到 2017 年 10 月实现平行进口汽车到岸数量突破 1 万辆，广州市南沙汽车码头已发展成为全国第二大、华南地区最大的平行进口汽车口岸，2017 年南沙平行进口汽车到港 13688 辆，同比增长 59.9%。截至 2017 年 12 月，广州共有汽车及零部件生产企业 500 余家，其中外商投资企业 385 家，累计吸收合同外资超过 45 亿美元，实际利用外资约 35 亿美元，累计完成投资总额超过 140 亿美元，涵盖广汽丰田、广汽本田、广汽日野、东风日产等整车龙头企业及丰田发动机、东风本田发动机等龙头汽车零部件

企业。目前，主要汽车龙头企业正在持续增资扩产，其中广汽丰田22万辆产能扩能项目于2018年1月正式投产，广汽本田第三工厂二期12万辆产能等扩能项目正在顺利推进。

（八）产业基地建设持续推进，形成三大产值超千亿板块

历经20年开发建设的广州汽车产业集群已成为我国最重要的汽车板块之一，未来将有望代表国家参与全球汽车产业竞争。2017年，广州已经形成东部、南部、北部及东北部四大汽车产业集群（见表13）。

表13　广州汽车产业板块概况及整车产能

单位：万辆

汽车板块	发展重点	汽车产业基地	整车企业	企业性质	整车产能
东部	传统和新能源乘用车	广州开发区汽车产业基地	本田(中国)公司	外资	6.0
		黄埔汽车产业园	广汽本田第一工厂	合资	24
		增城汽车产业基地	广汽本田第二工厂	合资	24
			广汽本田第三工厂	合资	12
			北汽(广州)汽车有限公司	自主	11
南部	传统和新能源乘用车、技术研发及创新	南沙开发区汽车产业基地	广汽丰田公司	合资	38
		番禺汽车城	广汽乘用车公司	自主	35
			广汽菲克广州工厂	合资	16
北部	传统和新能源乘用车	花都汽车城	东风日产乘用车公司 东风启辰汽车公司	合资	60
东北部	传统和新能源商用车	从化汽车及零部件产业基地	广汽比亚迪新能源客车公司	自主	0.5
			广汽日野汽车有限公司	合资	5.0
合计				231.5	

资料来源：根据网络公开资料整理。

东部汽车产业集群是以传统燃油汽车为主、产值超千亿元的板块，位于广州东部的黄埔区和增城区，板块内汽车品牌有本田Honda、本田讴歌、北汽绅宝、北汽威旺及北汽新能源，整车企业为广汽本田、北汽（广州）乘用车、本田（中国）汽车，还有广日专用车和捷历中警羊城轻型特种车等

改装车整车企业，整车产能接近80万辆。在整车制造业带动下，集聚了一大批涵盖底盘系统、车身系统、发动机系统、电子电气系统等细分领域的汽车零部件企业，其中知名企业有加特可（广州）自动变速箱、广州电装、福耀玻璃、麦格纳等。黄埔区广州开发区集聚了威凯、中国机械、国机集团、莱茵认证等汽车认证检测机构。此外，具备汽车检测认证、技术咨询、汽车产业大数据、汽车及新能源汽车关键技术研发及产业化等功能的中国汽车技术研究中心华南总部也于2016年8月份正式落户增城。2017年，黄埔区规模以上汽车制造业企业有73个，工业产值为1631.12亿元，同比增长17.8%，占黄埔区工业产值比重达到21.9%，为黄埔区第二大支柱工业。增城区整车产量为42.82万辆，同比增长3.2%；汽车制造业产值为795.58亿元，同比增长12.7%，其中汽车零部件产值占比达到30%，处于停产技改的北汽乘用车产量大幅度下滑，只有5000辆左右。

南部汽车产业集群以传统燃油汽车和新能源汽车为重点，未来将成为广州自主品牌核心及汽车技术研发创新板块，位于广州南部的番禺区和南沙区，汽车品牌有丰田、传祺和Jeep。依托广汽丰田、广汽乘用车和广汽菲克等整车企业逐步集聚了一系列知名零部件企业，作为国家级研发中心的广州汽车集团汽车工程研究院已经成为广州汽车产业的创新发动机，为广州自主品牌汽车发展提供强大支持。2017年，番禺区汽车产量达到54.29万辆，同比增长32.4%，汽车制造业产值达到764亿元，同比增长92.4%，实现税收70.2亿元，增幅为104.6%。南沙汽车产量达到43.9万辆，实现工业产值542.12亿元。

北部汽车产业集群以传统燃油汽车为主，新能源汽车不断提速，广州地区产值最先突破千亿元、产量突破百万辆的汽车产业板块，位于广州花都区，以东风日产和东风启辰为龙头，汽车品牌有日产和启辰，主要生产乘用车和纯电动新能源汽车，规模以上汽车零部件企业超过74家，产品覆盖发动机、汽车模具、冲压件、制动系统、内饰件等方面。2017年，汽车及零部件产业实现工业总产值1675.40亿元，同比增长10.8%，其中整车制造业实现产值1322.73亿元，同比增幅达到11.2%；零部件产值为350.18亿元，同比增速为9.3%。

东北部汽车产业集群是广州发展传统燃油及新能源商用车板块，目前发展速度较为缓慢，位于广州东北部的从化区明珠工业园，龙头整车企业有广汽日野和广汽比亚迪新能源客车，规模以上汽车零部件企业主要有广州万力股份轮胎有限公司、广州帕卡汽车零部件有限公司、广州从化科昂诗汽车配件有限公司、广州坤江配件工业制造有限公司等11家企业，主要生产汽车子午线轮胎、隔热垫、隔音件、中小骨架部品、铝水箱、水箱散热器、胶片、地板地毯等汽车零部件产品。2017年，汽车及零部件产业实现工业总产值63.86亿元，同比增长49.8%，上缴税金7067.35万元，广汽比亚迪和广汽日野产销量均有明显增长。

二　2017年广州汽车产业发展面临问题

得益于传祺、启辰、Jeep等以SUV为主要产品的汽车品牌快速增长，2017年汽车产业作为第一支柱工业的地位进一步得到强化，在全市工业新兴主导产业尚未培育起来的情况下，为广州全市经济社会发展提供了强大支撑。但全球及国内汽车产业正处于技术转型及消费结构转型的关键时期，对以传统燃油汽车为主的广州汽车工业而言，仍然有不少问题需要加以重视。

（一）汽车新兴领域发展有待进一步提速

新能源汽车及智能汽车是近几年汽车新兴领域的重点，国家通过密集产业政策大力推动汽车新兴领域的发展，但广州在该领域有些滞后，有潜力的独角兽企业太少，总体有待进一步提速发展。近年来，全国新能源汽车市场保持高速增长，传统整车生产企业及互联网等造车新势力纷纷加大新能源汽车的研发及推广力度。截至2017年底，全国新能源汽车保有量已突破100万辆，达到150万辆。而2016年、2017年广州新能源汽车产量分别为5037辆、7706辆，仅占全国市场的1%，这与广州作为传统汽车第一城形成鲜明对比，总体上显得广州在新能源汽车领域的发展较为滞后。与深圳比亚迪相比，差距则更为明显。2017年比亚迪新能源汽车销量已经突破11万辆，新能源汽车业务收入达到390亿元，而广汽传祺新能源汽车销量还未突破一万辆规模。从新能源汽车产业链来看，广州有动力电池、电动空调等较完整的零部件企业，同时也集中落户了小马智行、景驰科技等一批自动驾驶研发企业，基础较好，但企业规模有待进一步壮大，现阶段贡献作用有限。目前，广州正在抓紧推进广汽新能源智能网联汽车产业基地建设，首期产能20万辆，该基地的达产及形成有效产业带动能力预计要在2020年。小鹏汽车、宝能汽车、睿驰汽车等项目正在起步阶段，广州市政府还未出台支持智能汽车上路测试的相关政策。在新能源汽车充电设施建设方面，充电站总量还偏少，白云机场、广州南站、开发区、南沙自贸区等核心功能区的充电站数量明显不足。

此外，根据科技部正式发布的《2017年中国独角兽企业发展报告》和《2017年中关村独角兽企业发展报告》，全国共有9家新能源整车及动力电池领域的企业进入独角兽名单（见表14），广州只有小鹏汽车一家企业上榜，而小鹏汽车估值相对较低且目前还没有拿到整车生产资质。广州要抢抓汽车产业新兴领域发展先机，还需要培养更多独角兽企业。

表14　2017年新能源领域独角兽名单一览

单位：亿美元

序号	排名	企业	主要业务	估值	成立时间	城市
1	6	宁德时代	动力电池	200	2011年	宁德
2	18	威马汽车	新能源整车	50	2015年	上海
3	18	蔚来汽车	新能源整车	50	2014年	上海
4	22	北汽新能源	新能源整车	42	2009年	北京
5	32	奇点汽车	新能源整车	30	2014年	上海
6	54	银隆新能源	新能源整车、动力电池	19.5	2009年	珠海
7	65	小鹏汽车	新能源整车	15	2014年	广州
8	86	知豆汽车	新能源整车	12.6	2015年	宁波
9	107	时空电动	新能源整车、换电服务	10	2013年	杭州

资料来源：科技部，《2017年中国独角兽企业发展报告》。

（二）在企业规模、单辆整车产值等方面与特大汽车城市仍存在差距

广州汽车企业产销规模与一流汽车集团还有较大差距。近年来，尽管广汽集团借助传祺、Jeep 等品牌实现快速发展，但在产销规模上与上汽、东风、长安等汽车集团仍然存在不小差距。2013 年，广汽与上汽集团销量差距为 406.91 万辆，到 2017 年这种差距扩大至 491.54 万辆，与东风、一汽、长安、北汽等集团的差距则有减小趋势，但差距仍然明显（见表 15）。

表 15　2013～2017 年广汽集团与国内主要汽车集团销量对比

单位：万辆

排名	2013 年		2014 年		2015 年		2016 年		2017 年	
	企业	销量	企业	销量	企业	销量	企业	销量	企业	销量
1	上汽	507.33	上汽	558.37	上汽	586.35	上汽	647.16	上汽	691.64
2	东风	353.49	东风	380.25	东风	387.25	东风	427.67	东风	421.07
3	一汽	290.84	一汽	308.61	一汽	384.38	一汽	310.57	一汽	334.60
4	长安	220.33	长安	254.78	长安	277.65	长安	306.34	长安	287.25
5	北汽	211.11	北汽	240.09	北汽	248.65	北汽	284.67	北汽	251.20
6	广汽	100.42	广汽	117.23	广汽	129.91	广汽	164.92	广汽	200.10
7	华晨	79.78	华晨	80.17	华晨	85.60	长城	107.45	吉利	130.52
8	长城	75.75	长城	73.08	长城	85.27	吉利	79.92	长城	107.02
9	吉利	54.88	奇瑞	48.61	江淮	58.45	华晨	77.44	华晨	74.57
10	江淮	51.75	江淮	46.47	吉利	54.27	奇瑞	69.85	奇瑞	67.27

资料来源：搜狐汽车，http://db.auto.sohu.com。

从龙头企业营业收入对比看，广汽集团与一流汽车集团的差距也较为明显。2017 年广汽集团以 415.6 亿美元排名《财富》世界 500 强第 238 位，而同期上汽集团以 1138.6 亿美元排名第 42 位，东风集团、一汽集团、北汽集团等在世界 500 强中位列前 140，各项指标仅好于吉利汽车（见表 16）。

表 16　2017 年国内世界 500 强汽车集团的营业收入对比

单位：亿美元

汽车企业	2016 年营业收入	2015 年排名	2016 年排名	2017 年排名
广汽集团	415.6	362	303	238
上汽集团	1138.6	60	46	42
北汽集团	611.30	207	160	137
东风集团	861.94	109	81	68
一汽集团	647.80	107	130	125
吉利汽车	314.29	477	410	343

资料来源：2017 年世界 500 强企业榜单数据，http：//www.fortunechina.com/fortune500/c/2017－07/20/content_ 286785.htm%E3%80%82。

另外，广州的主要整车企业的销量规模与一流整车企业相比，差距仍然较为明显。2015～2017 年，广州地区产销规模排名第一位的东风日产销量排名均未进入前五位（见表 17），广汽本田、广汽丰田和广汽乘用车的销量排名依然没能进入排行榜前十位。

表 17　2015～2017 年广州主要汽车企业与其他汽车企业销量对比

单位：万辆

排名	2015 年		2016 年		2017 年	
	企业	销量	企业	销量	企业	销量
1	上海大众	180.56	上海大众	200.02	上汽大众	208.17
2	上汽通用五菱	179.76	上汽通用	188.00	上汽通用	199.95
3	上汽通用	172.50	一汽大众	187.24	一汽大众	194.10
4	一汽大众	165.02	上汽通用五菱	142.79	上汽通用五菱	155.37
5	长安汽车	111.33	长安汽车	114.98	吉利汽车	123.98
6	北京现代	106.28	北京现代	114.20	东风日产	120.95
7	东风日产	102.61	东风日产	111.79	长安汽车	105.60
8	长安福特	86.87	长城汽车	96.89	长城汽车	94.76
9	长城汽车	75.32	长安福特	94.39	长安福特	82.98
10	神龙汽车	71.07	吉利汽车	79.92	北京现代	79.09
—	广汽本田	58.01	广汽本田	63.88	广汽本田	70.50
—	广汽丰田	40.31	广汽丰田	42.18	广汽乘用车	50.86
—	广汽乘用车	18.76	广汽乘用车	37.81	广汽丰田	44.24

资料来源：搜狐汽车，http：//db.auto.sohu.com。

广州单辆车产值总体呈现下降趋势，导致广州汽车工业产值规模与上海等特大汽车城市的差距仍然明显。广州单辆整车产值由2010年的21.34万元下降至2017年的16.54万元，而同期的上海则由21.35万元上升至23.25万元（见图4），表明广州的汽车制造业相对整车制造业的快速发展而言，其零部件产业发展仍然有些滞后，缺乏有研发实力的龙头汽车零部件企业。

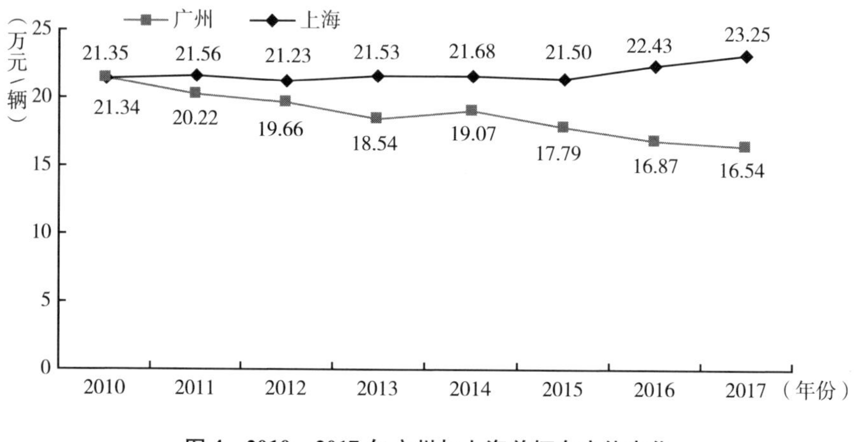

图4　2010～2017年广州与上海单辆车产值变化

资料来源：《广州统计年鉴2017》、《上海统计年鉴2017》。

（三）技术研发实力不强导致部分核心部件受制约

尽管广汽传祺的快速发展带动广汽研究院技术研发实力快速提升，广汽集团的整体研发实力有所提升，但在多挡位自动变速器、新能源核心零部件等领域的研发实力仍然不强，导致部分核心零部件受制于人。由中国汽车工程学会和丰田汽车公司联合发布的《中国汽车技术发展报告（2017）》显示，2017年广汽集团专利强度指数为23.3，仅次于以技术研发著称的比亚迪，但专利公开总量偏少（见表18）。目前，广汽乘用车GS4、GS8、GA8等热销车型上使用的6速自动变速箱主要由爱信株式会社提供，但供货量只能维持在每月7000台，直接导致GS8销量难以进一步乘势提升，尽管2018年4月广汽乘用车与爱信株式会社成立专门生产自动变速器的合资公司，但短期内难以有较大突破。广汽新能源从英飞凌（德国）采购的核心零部件IGBT模块，其供货量仅为每年1.3万件，难以满足快速增长的新能源汽车市场需求。此外，广汽丰田热销车型汉兰达搭载的2.0T发动机全部从日本进口，近几年一直维持在每年10万台左右，导致该车型交货期长。广汽菲克旗下的自由侠、指南者等车型使用9速自动变速箱需要从美国进口，而中美贸易摩擦可能会对此产生不利影响。

表18　2017年中国汽车企业专利强度指数排名情况

企业	专利强度指数	专利公开总量
比亚迪汽车	24.9	22262
广汽集团	23.3	2719
长安汽车	21.2	12238
宇通客车	21.1	2594
上汽集团	20.9	5556
北汽集团	19.5	1068
中国一汽	19.3	15523
长城汽车	18.8	7183
奇瑞汽车	17.8	15572
吉利汽车	17.7	14172
北汽福田	17.6	29790
华晨汽车	17.2	1900
重汽集团	17.2	5925
东风汽车	16.9	8329
江淮汽车	14.2	15654

资料来源：中国汽车工程学会、丰田汽车公司编《中国汽车技术发展报告（2017）》。

（四）传统整车产能制约逐步凸显

截至2017年底，广州汽车产能为231.5万辆，北汽广州公司、广汽比亚迪、广汽日野、本田中国等企业主要受企业技术改造和市场等因素影响无法有效利用产能，除此之外，广汽本田、广汽乘用车等主要乘用车生产企业产能分别为66万辆、38万辆，2017年均处于超负荷运转状态。尤其是广汽乘用车产能在保持7年的高速增长后，目前在广州的产能已经完全处于饱和状态且番禺汽车城的增长空间受到严重制约的情况下，只能通过异地建厂解决企业发展问题。从广州目前正在建设的整车扩能项目来看，仅有两大整车项目，包括2018年底建成的广汽新能源（产能为20万辆，主要用于生产新能源汽车）及2019年建成的广汽本田新增产能等项目（产能为12万辆）。由于国家对传统汽车产能扩张实施了较为严格的控制，广州传统汽车产能进一步提升的空间有限，产能制约作用逐步凸显。此外，产量统计方式的改变可能会对此造成不利影响。目前广州整车产量均按总部所在地统计，未来产量统计方式可能采取属地统计原则，可能对广州汽车产业发展造成不利影响。随着异地整车工厂的不断发展，异地的整车生产所在地提出要求就地统计，即按照属地统计原则，异地建厂的产销量、产值等数据均就地统计。如果实施这一方案，广州汽车产量有可能大幅度下降，对广州可能产生不利影响。虽然广州汽车产量主要由广州本地整车工厂生产，但东风日产在郑州、襄阳、大连等城市均有整车生产工厂，累计产量超过60万辆；广汽乘用车也已分别在杭州、宜昌、新疆等地建厂，新增产能均为20万辆。2017年以来，郑州、大连等地提出就地统计的要求，虽然东风日产所有数据尚维持现状，但如果产量统计方式改变，未来一段时期广州汽车产量数据可能出现较大幅度下滑。

三　2018年广州汽车产业发展形势展望

2018年，尽管全球短期经济形势有所改善，但贸易政策改变、全球金融环境恶化及地缘政治局势的日益紧张等不利影响使全球经济仍面临诸多风险，对汽车产业而言仍然是机遇与挑战并存。利好汽车产业发展的因素仍然不少，例如，国家将出台一系列政策应对汽车产业领域的新一轮开放，国家将汽车产业作为大力推进《中国制造2025》战略的重要领域之一，国家正在谋划出台智能网联汽车领域的国家级发展规划，与GDP同步增长的居民收入水平及愈发便捷的汽车信贷将推动汽车消费刚性需求进一步释放，以90后为主的新兴汽车消费群体正在加速形成，汽车进口关税税率下调将刺激豪华车消费，三线、四线城市的汽车消费规模有望加速增长，快递业务快速发展进一步刺激商用车的刚性需求，等等。不利形势同样存在，如2018年限购城市数量继续增加、城市拥堵愈发严重、新能源补贴大幅度降低、小排量汽车购置税优惠取消等因素，都会对2018年的汽车市场产生一定影响，预计2018年国内汽车产销规模将有望达到3000万辆，产销增速有望维持在3.4%左右，而广州汽车产销规模有望继续保持两位数增长，增幅仍然高于全国平均水平。

（一）形势展望

1. 全球汽车产销规模进一步增长

尽管全球汽车产销规模增速较低，但整体规模有望进一步扩大，特别是新能源汽车、智能汽车等汽车新兴领域的加速发展，会吸引越来越多资源进入汽车行业，为积极谋求转型升级的中国及广州汽车产业带来新机遇。2017年，全球汽车产量达到9730.25万辆，增长2.4%，较2016年降低2.1个百分点（见表19）。

表19　2012～2017年全球汽车产量及增速

单位：万辆，%

指标	2012年	2013年	2014年	2015年	2016年	2017年
汽车产量	8423.62	8759.6	8977.65	9068.31	9497.66	9730.25
增速	5.5	4.0	2.5	1.0	4.5	2.4
其中：乘用车产量	6308.1	6574.54	6778.2	6856.19	7210.54	7345.65
商用车产量	2115.51	2185.06	2199.44	2212.12	2287.11	2384.60

资料来源：国际汽车制造商协会，http://www.oica.net/。

2017年，全球汽车销量达到9680.44万辆，同比增长3.1%，增速较2016年降低1.6个百分点（见图5）。中国、美国、日本、德国、印度等国家仍然是世界产销规模较大的地区，其中中国产销规模连续九年居全球第一，美国是全球最大的汽车进口国，日本是全球最大的汽车出口国（见表20）。此外，全球新能源汽车销量超过122.30万辆，同比增长

58.0%，全球新能源汽车销量占全球汽车销量比重已超过1%，新能源汽车正迎来加速发展时期。

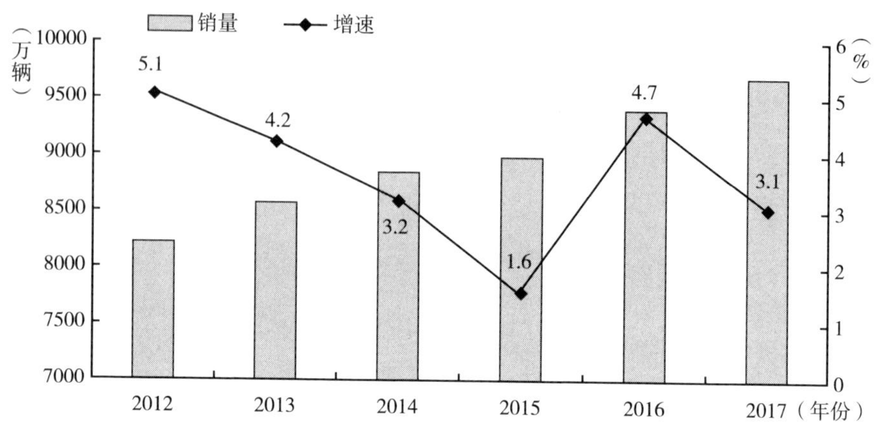

图5　2012～2017年全球汽车销量及增速

资料来源：国际汽车制造商协会，http：//www.oica.net/。

2018年及未来一段时间，我国汽车产销规模的进一步扩大，将会吸引更多全球范围内的整车及零部件企业进入国内市场，有利于我国及广州加速集聚汽车产业，尤其是新兴领域方面的优质人才和技术资源，更激烈的竞争将有助于促进兼并重组，做强做大龙头企业，对广州汽车产业迈向全球化有积极影响。

表20　2017年主要国家和地区汽车产销量情况

单位：万辆

国家	销量	产量	销量－产量
中　　国	2912.25	2901.54	10.71
美　　国	1758.38	1119	639.39
日　　本	523.89	969.37	－445.49
德　　国	381.12	564.56	－183.43
印　　度	401.75	478.29	－76.54
韩　　国	179.88	411.49	－231.61
墨 西 哥	157.08	406.84	－249.77

续表

国家	销量	产量	销量－产量
西　班　牙	145.11	284.83	－139.72
巴　　　西	223.89	269.97	－46.08
法　　　国	260.49	222.7	37.79
加　拿　大	207.7	219.98	－12.28
泰　　　国	87.35	198.88	－111.53
英　　　国	295.52	174.94	120.58
俄　罗　斯	160.23	155.13	5.1
伊　　　朗	171.86	151.54	20.32
捷　　　克	30.21	142	－111.79
印度尼西亚	106.09	121.66	－15.57
意　大　利	219.04	114.22	104.82
斯 洛 伐 克	10.87	100.15	－89.28

资料来源：国际汽车制造商协会，http：//www.oica.net/。

2. 宏观经济增幅提升为汽车消费增长提供保障

在过去的2017年，我国以供给侧结构性改革为重点，不断推进产业结构优化，有效实现经济动力转换和质量提升，整体国民经济稳中向好，实现国内生产总值82.7万亿元，同比增长6.9%，增速有所回升（见图6），为我国汽车产销规模连续九年位居全球第一提供了强大支撑。

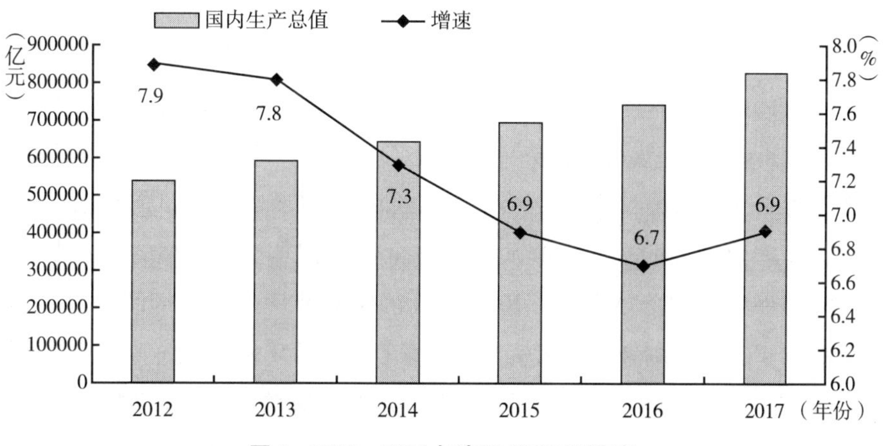

图6　2012～2017年我国GDP及增速

资料来源：国家数据中心，http：//data.stats.gov.cn/。

全部工业增加值达到27.99万亿元，年均增速为6.4%，增速较2016年提高0.4个百分点。在规模以上工业中，汽车制造业增速进一步提高，达到12.2%，较2016年降低3.3个百分点，增速在所有工业行业中仅次于电子信息制造业，汽车产销量分别为2901.54万辆和2887.89万辆，产销规模连续九年位居全球第一。全社会固定资产投资达到64.12万亿元，同比增幅为7.0%，其中制造业投资额为19.36万亿元，同比增长4.8%。全年社会消费品零售总额为36.63万亿元，继续保持两位数增长，同比增幅达到10.2%，其中在限额以上企业商品零售额中，汽车类增速出现较大幅度降低，为5.6%，较2016年降低4.5个百分点；进口汽车数量大幅度增长，达到124万辆，同比增长15.7%，较上年提高6.3个百分点，进口额为3422亿元，同比增幅达到16.3%，同比提高14.5个百分点，汽车出口104万辆，同比增幅为43.1%，出口额达到898亿元，同比增长27.2%；城乡居民收入保持稳步增长趋势，城镇居民人均可支配收入达到36396元，扣除价格因素，同比实际增长6.5%；全年农村居民人均纯收入达到13432元，扣除价格因素，同比实际增长7.3%。

综合各方面情况看，2018年世界经济有望呈现复苏态势，但不稳定不确定因素也有增多趋势，主要经济体政策调整及其外溢效应带来更多不确定性，保护主义加剧的可能性增大，地缘政治风险上升，我国发展面临的机遇和挑战并存。根据我国2018年政府工作报告，预计国内生产总值增速为6.5%左右，较上年有所回落，居民消费价格涨幅在3%左右，城镇新增就业1100万人以上，城镇登记失业率在5.5%以内；进出口稳中向好，国际收支基本平衡；居民收入和经济增长继续保持同步。国民经济的平稳增长是我国汽车产业发展的基本支撑，为2018年我国汽车产销规模的进一步扩大提供有力保障。从总体上看，2018年我国宏观经济形势将继续平稳发展，非常有利于进一步刺激汽车消费需求。竞争加剧有望促使国内整体汽车价格进一步下探、居民收入的稳定增长、共享汽车快速增长及更加便捷的汽车信贷消费等因素将直接进一步带动汽车消费增长，汽车进口关税税率进一步下调直接刺激豪华进口车的增长，城镇化进程的加速推进及乡村振兴战略的出台将成为我国未来一段时期汽车市场增长的重要动力。但是也存在不少因素抑制汽车消费，如汽车保有量进一步增长导致汽车社会问题愈发严峻，城市拥堵、尾气污染、停车难等问题使越来越多城市考虑实施汽车限购政策，油价上涨、汽车保险新政实施、部分新建高速公路收费较高等问题导致汽车消费成本不断提高。综合考虑看，预计 2018 年全国汽车市场销量有望达到 3000 万辆，同比增速约为 3.4%。

3. 国内汽车产业新兴领域加速发展

为推进新一轮汽车产业开放并推动汽车产业迈向全球价值链中高端，我国通过密集的产业政策推动新能源汽车加速发展并取得了积极成效，目前正在谋划出台智能汽车领域的国家级产业规划，这对传统汽车产量规模位居国内第一并主动谋划转型升级的广州汽车产业有积极影响，有利于抢占未来汽车产业发展先机。各级政府通过出台相关产业规划推动新兴汽车产业发展。工信部和国家发改委于 2017 年 2 月份发布了《促进汽车动力电池产业发展行动方案》，提出了产品性能大幅提升、产品安全性满足大规模使用需求、产业规模合理有序发展、关键材料及零部件取得重大突破、高端装备支撑产业发展五个方面的发展目标，对我国新能源汽车产业发展具有重要意义。中国人民银行、银监会颁布的新修订《汽车贷款管理办法》将新能源汽车消费贷款比例调高至 85%，有利于进一步刺激新能源汽车消费。目前广州已经拥有广汽比亚迪、广汽新能源、北汽新能源、小鹏汽车等已实现量产的新能源整车企业，小马智行、景驰科技等一批自动驾驶研发企业已落户广州，作为广州十大价值园区之一的广汽智联新能源汽车产业园正在快速推进，同时宝能汽车、睿驰汽车等新兴势力也陆续入驻，使广州具备抢占汽车产业新兴领域发展先机的良好基础。广州市政府办公厅于 2017 年底印发《广州市能源发展第十三个五年规划（2016—2020 年）》，提出推进电动汽车充电基础设施建设的具体目标，即规划建设公交、出租、物流、环卫、邮政等专用充电桩 2.6 万个、分散式公共充电设施 3 万个。广州市工信委随即出台《关于加快广州市公交充电设施建设的实施方案》，提出 2017～2018 年建设公交充电桩 4960 个（见表 21）。

表 21　2017～2018 年广州充电设施建设计划

单位：个

区域	企业名称	充电设施建设计划
市中心区	市公交集团	3285
	广州新穗巴士有限公司	221
	广州珍宝巴士有限公司	411
花都区	广州市花都公共汽车有限公司	63
	广州花都恒通客运发展有限公司	36
	广州市富都客运有限公司	31
番禺区	广州市番禺区公共汽车有限公司	195
	广州市番广客运有限公司	67
	广州市一汽巴士有限公司番禺分公司	57
	广州市第二公共汽车公司番禺分公司	40
	广州市第三公共汽车公司	15
	广州锦信公交有限公司	88
	广州市创大汽车运输有限公司	33
南沙区	广州交通集团南沙巴士有限公司	52
	广州南沙交通发展有限公司	11
	广州市创大汽车运输有限公司	10
	广州市润信公交有限公司	71
	广州南沙经济技术开发区蒲洲汽车运输有限公司	15
从化区	广州市从化公共汽车有限公司	28
	广州顺途公共汽车有限公司	48
增城区	广州市粤运汽车运输有限公司	73
	广州市第二公共汽车公司增城分公司	58
	广州市运输有限公司增城分公司	52
合计		4960

资料来源：广州市工业和信息化委员会。

4. 汽车进口关税税率下调

汽车进口关税税率下调将大幅度提高广州南沙平行进口汽车总量，对广州打造汽车平行进口全产业服务链有积极促进作用，有利于广州汽车服务业再上新台阶。我国汽车进口关税税率曾多次下调，1986～2006年，我国进口车关税税率经过九次调整，由 220% 下调至 25% 并延续至今，2018年7月1日起降至15%。总体上看，我国汽车进口关税税率明显高于发达国家而低于大部分发展中国家。目前日本汽车进口是零关税，美国是2.5%，韩国是8%，欧盟是10%，而印度、阿根廷、墨西哥等国分别为60%、35%和33%。广州的汽车进口贸易业务始于2015年，截至2017年，广州共有11家平行进口汽车试点企业，南沙口岸开展汽车进口贸易的企业已达70家，南沙平行进口汽车到港数量达到13688辆，进入广州市场的为5963辆，这种体量还难以支撑广州打造汽车平行进口全产业服务链，同期的天津平行进口车已达到10.3万辆，进口额达到53亿美元，因此，新一轮汽车进口关税下调将刺激广州汽车进口量大幅度增长，培育全新的平行汽车进口服务业，有利于广州汽车服务业再上新台阶。

5. 汽车社会问题抑制汽车消费

汽车保有量快速大幅度增加且区域分布非常不均匀，包括城市交通拥堵、汽车尾气污染、停车难等在内的汽车社会问题有加剧趋势，越来越多城市开始启动汽车限牌计划，城市轨道交通快速发展、网约车管理运行日益完善、共享汽车不断普及等都成为抑制私人汽车消费的重要因素，对汽车产销规模的进一步扩大产生不利影响。我国汽车产业经过多年的发展，汽车保有量快速大幅增加，截至2017年末，我国民用汽车保有量为2.17亿辆，千人汽车保有量达到156辆，2011～2017年汽车保有量年均增长速度达到12.8%，总体呈现较快增长态势。全国汽车保有量超过百万辆的城市有53个，24个城市超200万辆，北京、成都、重庆、上海、苏州、深圳和郑州7个城市则超300万辆。根据高德地图发布的《2017年度中国主要城市交通分析报告》，尽管2017年国内主要城市的拥堵情况有所缓解，但交通拥堵成本的攀升、停车难、停车费不断上涨等因素，导致越来越多人选择地铁、城轨、公共汽车、出租车、网约车等方式作为城市出行方式。2017年全国城市拥堵程度整体呈下降趋势，整体拥堵程度同比下降2.5%，其中有51%的城市拥堵程度下降，27%的城市拥堵程度基本与去年持平，22%的城市拥堵程度出现上升。从2017年国内主要城市拥堵情况看，济南再度成为国内

“堵城”排行榜第一名，北京、哈尔滨、重庆、呼和浩特、广州、合肥、上海、大连、长春跻身前十（见表22）。

表22　2017年我国部分城市拥堵情况

单位：小时

排名	城市	全天拥堵延时指数	早高峰拥堵延时指数	晚高峰拥堵指数	平峰拥堵延时指数
1	济　南	1.717	2.01	2.12	1.599
2	北　京	1.692	1.95	2.11	1.578
3	哈尔滨	1.707	2.05	2.00	1.599
4	重　庆	1.601	1.93	1.98	1.484
5	呼和浩特	1.639	1.83	2.06	1.534
6	广　州	1.674	1.63	2.16	1.602
7	合　肥	1.568	1.81	1.96	1.462
8	上　海	1.58	1.86	1.89	1.481
9	大　连	1.555	1.92	1.83	1.447
10	长　春	1.555	1.91	1.82	1.453
11	南　宁	1.652	1.63	2.08	1.584
12	昆　明	1.636	1.66	2.03	1.564
13	西　安	1.625	1.74	1.96	1.55
14	银　川	1.615	1.73	1.95	1.538
15	海　口	1.599	1.58	2.06	1.522

资料来源：高德地图编《2017年度中国主要城市交通分析报告》。

有关资料显示，汽车尾气污染仍是城市大气污染的重要因素。根据试验数据，一辆2.4排量车型，车速从30千米每小时降至20千米每小时，油耗提高41%，而且车速越低油耗越高，更多的油耗意味着更多的汽车尾气排放。随着广州汽车保有量不断增加，汽车社会问题同样较为突出，特别是广州地铁高速发展及限牌政策持续实施，导致不少潜在车主将购车计划搁置。汽车尾气污染、汽车噪声污染等问题也不断加剧。汽车保有量增多导致停车问题日益突出，受土地资源、资金等条件制约，停车位与汽车保有量之间的交通供需矛盾加剧，停车场建设难以满足汽车保有量增长的需要。根据广东省静态交通协会联合广东省现代社评院、现代社评咨询公司共同发布的

《广州静态交通调查报告》，八成车主表示广州停车难，越秀、天河被车主认为是停车最难的两个区。有近五成广州车主认为自己小区停车难，近七成车主认为小区停车费上涨了。在上涨幅度方面，临时停车费平均上涨了1.2元每小时，上涨比例达到23.5%；月租平均上涨了117元，上涨比例达到29.3%。

6. 传统及新能源汽车领域的竞争更加激烈

随着我国传统汽车及新能源汽车市场的不断扩大，越来越多造车新势力进入国内市场，国内汽车市场的竞争激烈程度不断提升。此外，汽车进口关税税率的下调将使更多低价豪华进口车进入国内市场，对广州自主品牌汽车发展造成不利影响。在传统燃油汽车市场我国已连续九年成为全球第一、在新能源汽车市场我国也是连续三年成为全球第一，庞大的汽车市场吸引国内外越来越多企业进驻我国，除了传统汽车企业不断加快新车型导入和换代步伐，如大众汽车不断加快新车型导入速度、通用汽车重点加快车型换代及合资部件更新、比亚迪在燃油汽车和新能源汽车领域都加快车型更换速度，未来燃油汽车市场的竞争将不断加剧，新能源汽车领域同样如此。截至2017年底，已有蔚来汽车、零跑汽车、威马汽车、拜腾汽车、小鹏汽车、车和家、奇点汽车、云度新能源、电咖汽车、爱驰汽车、小康股份、前途汽车、合众新能源、国能新能源、长江汽车、正道汽车等近50家新能源汽车企业成立，随着我国汽车产业的新一轮开放，将会有更多国内外企业进入我国的造车行业。目前，广州在新能源、智能汽车领域的总体规模还较小，核心技术研发也没有竞争力较强的技术产品，小鹏汽车、宝能汽车、睿驰汽车等项目正在起步阶段，难以形成有效的竞争力。

7. 部分产业激励政策力度不断减弱

国家为刺激国内汽车消费升级，特别是促进新能源汽车发展曾经出台补贴政策，这些以补贴为侧重点并面向终端汽车消费者的政策往往能够起到很好的刺激作用，但是新车产销规模的日益扩大导致财政补贴金额不断上涨，国家也根据汽车市场不断调整产业激励政策，部分产业激励政策力度不断减弱，给汽车消费带来一定影响，在新能源汽车消费领域尤为明显。如2009～

2010 年推出的小排量购置税减半政策对我国小排量汽车消费的爆发式增长有直接影响。在 2016 年购置税减半优惠政策影响下，1.6 升及以下排量乘用车销量同比增长 21.4%，对 2016 年乘用车销量的贡献度达到 97.9%，从 2018 年 1 月 1 日起 1.6 升及以下排量乘用车的购置税率由 7.5% 变为 10%，这给 1.6 升及以下排量车型的消费带来不利影响，特别是以中低端车型为主力的自主品牌。在新能源汽车补贴政策方面，实施年度坡退政策，2018 年的新能源汽车补贴方案进一步细化，对车辆的续航里程、电池能量密度进行了更详细的划分，并设定相对应的补贴金额（见表 23），给价格相对昂贵的新能源汽车消费带来不利影响。

表 23　2018 年新能源汽车补贴变化

续航里程(千米)	2017 年补贴金额(万元)	2018 年补贴金额(万元)	涨跌幅度(%)
100≤R<150	2	0	-100
150≤R<200	3.6	1.5	-58.3
200≤R<250	3.6	2.4	-33.3
250≤R<300	4.4	3.4	-22.7
300≤R<400	4.4	4.5	2.3
R≥400	4.4	5	13.7
R≥50(混合动力车型)	2.4	2.2	-8.3

8. 国家加强“双积分”制度管理

为进一步提升汽车研发技术实力、降低汽车废气排放及促进新能源汽车发展，国家在 2018 年开始加强“双积分”制度管理，对不达标汽车企业采取严厉措施，这给以生产传统燃油汽车为主、新能源汽车生产规模较小的广州汽车产业带来巨大挑战。工信部于 2017 年 6 月发布的《乘用车企业平均燃料消耗量与新能源汽车积分并行管理办法（征求意见稿）》指出，将对汽车企业的油耗积分和新能源积分将实行并行管理，汽车生产企业除了需要降低燃油消耗来获取油耗正积分，还须生产并销售新能源汽车才能获得相应的新能源积分。生产或进口量大于 5 万辆的乘用车企业，2018 ~

2020 年新能源汽车积分比例要求分别为 8%、10%、12%，即如果一家车企在中国的年销量有 100 万辆，那么在积分配额制度的规定下，到 2018 年就需要有 8 万分的新能源积分，如果自身新能源汽车销量达不到，则要向其他车企购买积分，否则只能削减传统燃油车的产销量。工信部要求车企将传统能源乘用车负积分提前抵偿，即 2016～2017 年产生传统能源车负积分于 2018 年 9 月前抵偿归零。工信部发布的《2017 年度乘用车企业平均燃料消耗量情况》显示，广汽本田、广汽丰田、广汽菲克等企业的新能源积分为 0，广汽乘用车、北汽（广州）汽车有限公司的新能源积分还比较少，同期的比亚迪新能源积分超过 22 万分；广汽传祺、广汽本田等平均燃料消耗积分也比较少，而广汽菲克的积分为负值，达到 -141221 分（见表 24）。

表 24　2017 年广州主要乘用车企业“双积分”情况

单位：辆，升/百公里

企业名称	乘用车产量	企业平均燃料消耗量		平均燃料消耗量积分	新能源汽车积分
		2017 年达标值	2017 年实际值		
广州汽车集团乘用车有限公司	508605	7.01	6.99	10172	15482
北汽(广州)汽车有限公司	4708	6.81	5.20	7580	1539
广汽本田汽车有限公司	709916	6.49	6.42	49694	0
广汽丰田汽车有限公司	439042	6.78	6.27	223911	0
广汽三菱汽车有限公司	122020	6.89	7.53	-78093	900
广汽菲亚特克莱斯勒汽车有限公司	210777	7.00	7.67	-141221	0
广州汽车集团乘用车(杭州)有限公司	270	6.53	7.00	-127	0
比亚迪汽车有限公司	242356	6.91	2.27	1125998	223399

资料来源：国家工业和信息化部。

（二）2018年汽车产业发展形势预测

展望 2018 年，在全球汽车产业逐步回暖及国内宏观经济形势保持平稳发展态势的预期下，国内汽车产销规模有望第 10 次刷新纪录。2018 年，广州将按照“三个定位、两个率先”和“四个坚持、三个支撑、两个走在前列”的要求，统筹推进“五位一体”总体布局，以供给侧结构性改革为主线，持续推进枢纽型网络城市建设，着力推进398个重点项目建设，努力实现全社会固定资产投资超6600亿元的目标，预计地区生产总值增长7.5%左右，汽车制造业作为广州第一支柱工业的地位将得到进一步巩固。进一步做大自主品牌规模、加快推进新能源汽车产业发展、实施广州汽车产业“走出去”战略是2018年广州汽车产业的发展重点。随着各大整车企业的发展步伐加快，广州汽车产量有望达到350万辆，汽车工业总产值有望达到5800亿元。

1. 汽车产量

展望2018年，汽车产业作为广州第一支柱工业的地位仍然稳固，是广州建设国家重要中心城市的重要支撑。广州本地及在外产能将进一步提升，其中广汽丰田扩能22万辆产能项目已建成并于2018年1月正式投产，广汽本田第三工厂二期12万辆产能、广汽智能新能源汽车20万辆产能等项目顺利推进，同时广汽乘用车正推进杭州基地、新疆基地及宜昌基地产能布局建设。广州各大汽车企业也纷纷提出2018年发展目标，其中广汽乘用车2018年的销量目标为70万辆、东风日产为117万辆、广汽本田为75万辆、广汽丰田为50万辆、东风启辰为20万辆，而北汽乘用车、广汽菲克和广汽比亚迪的产能也有望得到释放。综合以上分析，预计2018年广州汽车产销规模有望达到350万辆，增速约为12.6%（见表25）。

表25　2018年广州汽车产量预测

单位：万辆，%

主要指标	2015年		2016年		2017年		2018年	
	总量	增长率	总量	增长率	总量	增长率	预计总量	预计增长率
汽车产量	220.99	12	262.88	19.0	310.81	18.2	350	12.6

2. 汽车制造业产值

采用时间序列分析方法对2004～2017年的广州汽车制造业月度产值数

据进行分析并预测2018年的汽车制造业产值。通过R语言采用STL方法分解处理2004～2017年广州汽车制造业月度产值数据，能够较为清晰地了解广州汽车制造业的实际变化（data）、季节模式（seasonal）、长期趋势（trend）和随机变化（remainder）（见图7）。

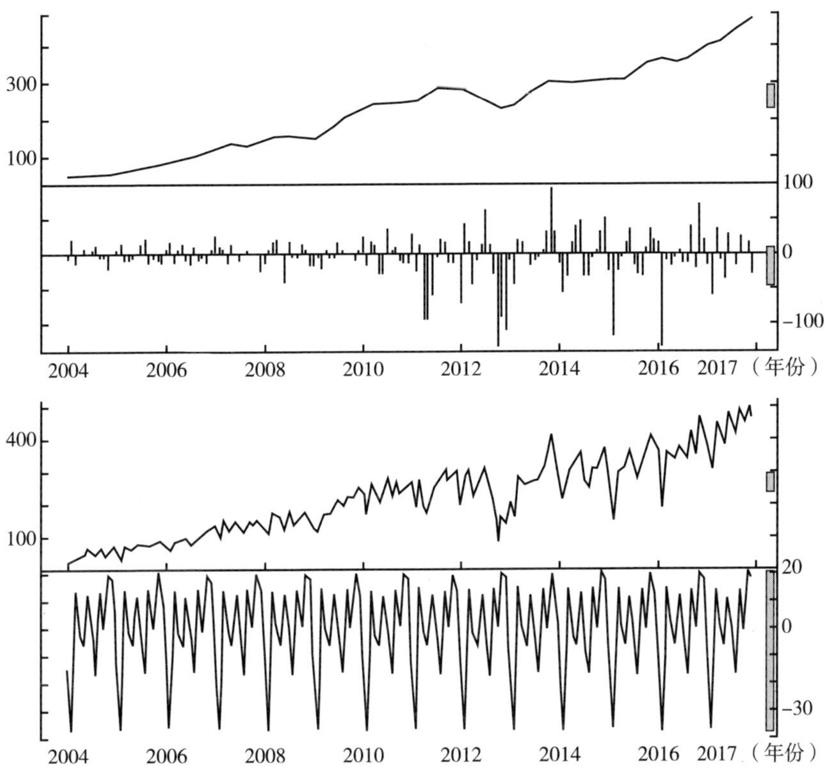

图7　2004～2017年广州汽车制造业月度产值数据分解

总体来看，2004～2017年广州汽车制造业工业总产值总体呈现明显的上升发展趋势，其季节变化也呈现明显的规律性，在此基础上对2018年的汽车制造业月度产值数据进行预测（见图8）。

表26显示了2018年各月广州汽车制造业工业产值在80%置信区间和90%置信区间的预测数据。对各月预测数据进行累加，得到2018年广州汽车制造业总产值有80%的可能落在区间［3897.67，6762.91］，有90%的可

能落在区间［3139.29，7521.29］，结合定性分析能更合理地预测广州汽车制造业产值数据。

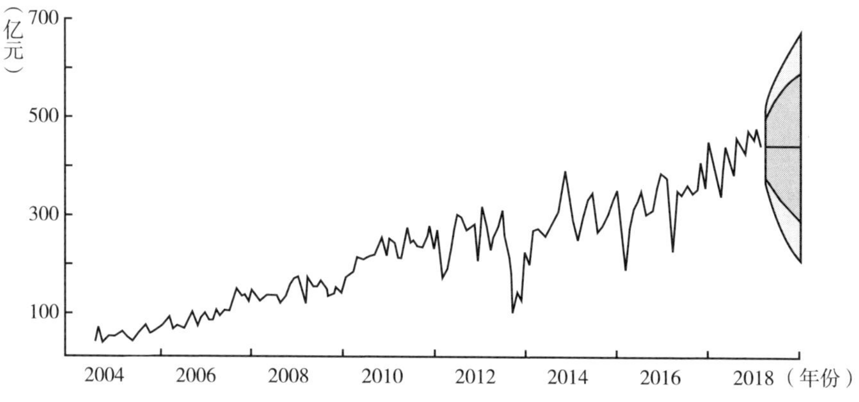

图8 STL方法预测2018年广州汽车制造业月度产值

表26 2018年广州汽车制造业月度产值预测

单位：亿元

月份	均值预测点	80%置信区间		90%置信区间	
		下限	上限	下限	上限
1月	444.19	395.21	493.17	369.28	519.10
2月	444.19	374.92	513.46	338.25	550.13
3月	444.19	359.36	529.03	314.45	573.94
4月	444.19	346.23	542.15	294.37	594.01
5月	444.19	334.67	553.71	276.69	611.69
6月	444.19	324.22	564.17	260.70	627.68
7月	444.19	314.60	573.78	246.00	642.38
8月	444.19	305.65	582.73	232.32	656.06
9月	444.19	297.25	591.13	219.47	668.92
10月	444.19	289.30	599.08	207.31	681.07
11月	444.19	281.74	606.64	195.75	692.63
12月	444.19	274.52	613.86	184.70	703.68

通过分析广州近几年的年度汽车制造业工业总产值可以发现，广州汽车制造业工业产值增速整体稳中加快，特别是广汽智联新能源汽车产业园项目

正式奠基、广汽新能源工厂一期工程开工建设、宝能新能源、睿驰汽车等大项目加快推进，广汽乘用车、北汽乘用车、东风启辰及广汽比亚迪等自主品牌整车企业发展步伐不断加快，汽车工业总产值预计2018年有望达到5800亿元，继续保持两位数增长趋势，增速达到12.8%，其中零部件制造业产值有望突破1500亿元，也保持两位数增长，同比增长10%（见表27），这些预测数据也与上面的定量分析结果一致。

表27　2018年广州汽车制造业产值预测

单位：亿元，%

主要指标	2015年		2016年		2017年		2018年	
	总量	增长率	总量	增长率	总量	增长率	预计总量	预计增长率
汽车制造业产值	3777	6.0	4346	12.6	5142	17.4	5800	12.8
零部件制造业产值	994	5.1	1187	11.5	1364	14.4	1500	10.0

四　促进广州汽车产业发展的对策建议

随着国内传统及新兴汽车市场规模进一步扩大，广州汽车产业将面临新一轮更加激烈的竞争。为主动适应国内外汽车产业发展新形势，广州需要加速新能源汽车产业发展，坚持自主创新发展战略，加快汽车大项目的实施推进，做强做大龙头企业，加快新能源汽车产业发展，大力发展汽车服务业，加快实施汽车产业“走出去”战略，补齐广州汽车产业发展短板，为广州建设国家重要中心城市、建设引领型全球城市提供强大支撑。为确保2018年及未来一段时期广州汽车产业稳健发展，提出如下对策建议。

（一）加快推进汽车产业重大项目建设

广州汽车制造业规模的提升离不开新大项目的有力支撑，以汽车产业大项目为引领增强汽车制造业的辐射带动效应，进一步做大汽车制造业规模。加快推进广汽本田新增整车年产能12万辆、广汽新能源年产能20万辆新能源汽车等项目建设，争取尽快形成新增产能。积极协调推进广汽本田收购和重组本田中国汽车企业，争取尽快实现产能统一调配，形成产销增量。以广汽智联新能源汽车产业园为重点，积极对接小鹏汽车、宝能汽车、睿驰汽车等新能源汽车企业，争取新能源整车项目尽快落地投产，积极培育广州汽车产业新动力。

（二）以新能源汽车产业为重点加快新兴领域发展

顺应国家及全球汽车产业发展新趋势，聚焦资源、资本和人力，重点围绕新能源汽车，推进智能网联汽车、无人驾驶汽车、共享汽车等汽车产业发展新领域，培育汽车新产业新业态新模式，加强汽车产业新领域核心技术、关键零部件的研发创新，培育壮大汽车产业新领域，形成广州汽车产业发展的新支柱，优化广州汽车制造业发展格局。新能源汽车、智能网联汽车等领域是汽车产业发展的未来方向且近几年已经取得快速发展，具有广阔的发展空间，广州汽车产业必须把握行业发展新趋势，依托广汽智联新能源汽车产业园建设、宝能汽车及睿驰汽车项目落地等契机，加速新能源汽车产业发展步伐。在广州市新能源汽车发展工作领导小组框架下，贯彻落实好《广州市新能源汽车发展工作方案（2017—2020 年）》，研究推进设立新能源智能网联汽车产业创新联盟，进一步激活新能源汽车行业协会积极性和主动性，研究组建新能源智能网联汽车产业创新发展基金，调动更多的社会力量参与新能源汽车产业创新与市场推广，继续优化、完善新能源汽车应用推广及管理工作。加强研究制定出台鼓励新能源汽车发展若干政策，加快推进充电基础设施、鼓励车辆使用、商业模式创新等方面的工作。

（三）围绕汽车进口大力培育汽车服务业新业态

紧抓汽车进口关税税率下调新机遇，围绕培育汽车平行进口全产业链，促进汽车服务与互联网、大数据融合发展，发展网络化、智慧化的汽车金融、汽车保险、汽车文化、汽车维修、汽车贸易、汽车会展等现代汽车服务业，促进传统汽车服务业转型升级，提高汽车服务业的产品及服务质量，优化广州汽车产业结构。发挥广州汽车产业集聚、市场辐射力强、营商环境优越等优势，重点在汽车进口、口岸批发、市场零售、保税展示及产业配套等方面培育新兴汽车服务业，打造汽车平行进口全产业服务链，进一步提升广州汽车进口贸易的影响力，把广州建设成为面向全球的重要汽车贸易枢纽港。

（四）以核心技术研发为动力加快自主品牌发展

以广汽传祺为引领，坚持自主创新，做大广州汽车自主品牌规模，持续提升汽车自主品牌的国际竞争力，优化广州汽车产品结构。随着新一轮汽车产业合资开放，越来越多外资企业进入广州，复杂多变的国际政治形势使过于依赖外资的广州汽车产业存在诸多潜在风险，因此非常有必要强化广州自主品牌整车及零部件核心技术研发，减少对外资企业的依赖，确保广州汽车产业稳健发展，为广州汽车产业迈向全球化奠定坚实基础。对广州自主品牌而言，高性能涡轮增压发动机、智能网联系统、底盘设计与调教、新能源汽车动力系统等领域均已实现突破，但在多挡位自动变速箱、微型及高性能汽车混合动力系统、48V 电气系统、高集成度车机系统、自动驾驶集成解决方案等核心领域还需要加强公关与研发，可以通过自主研发、联合开发、技术购买、兼并重组等多样化方式，尽量减少对外资企业的过度依赖，增强广州自主品牌汽车企业在全球汽车零部件供应链及采购链上的议价能力。

（五）进一步提升龙头企业世界500强排名

以发展质量和效益为中心，深入推进广汽集团改革发展和供给侧结构改革，大力实施创新驱动和人才兴企战略，推进广汽集团从制造向创造、从速度向质量、从产品向品牌三个转变，积极走向“一带一路”沿线国家等扩大发展空间和市场，进一步提升广汽集团的综合竞争力和在《财富》500 强的地位。首先，继续推进广汽集团自身制定的大战略，通过实施核心战略目标，全方位提升核心竞争力，实现龙头企业的可持续发展。其次，深入实施产业协同发展战略，进一步做强广汽集团旗下的广汽资本、广汽汇理汽车金融、广爱保险经纪、众诚保险、广汽丽新、广汽租赁等高端服务企业，不断完善广汽集团汽车产业链，进一步壮大新的利润增长极。再次，以广汽部件为突破口，做强旗下零部件竞争力。围绕新能源汽车及汽车电子等零部件领域，通过资本运作实施兼并重组，培育广汽集团自身知名的零部件品牌，为广汽集团进一步发展提供强大支持。最后，积极开展对外发展战略，重点依托广汽传祺品牌，重点围绕“一带一路”沿线国家和地区积极开拓海外市场，提升广汽集团的综合竞争力和《财富》世界500强的排名。

（六）构建汽车及跨领域自主强强联盟

过于依赖外资及国有汽车企业的发展模式难以支撑广州汽车产业真正迈向全球价值链中高端，必须借力发展，积极推动广州国有汽车企业与国内汽车及相关行业自主龙头企业进行强强联盟，形成面向全球的竞争力。广州汽车产业发展长期过于依赖外资企业的局面还没有得到根本改善，为稳健应对未来复杂多变的国际关系变动，作为广州汽车产业龙头的广汽集团应适当调整过于依赖外资企业的合作模式，将合资合作对象逐渐转向国内新能源汽车、智能汽车、芯片设计、大数据、信息服务等领域的龙头企业，形成自主强强联盟，培育面向全球的竞争力。如进一步深入推进广汽集团与比亚迪在新能源汽车商用车研发制造、48V电气系统、高性能混合动力系统、新能源汽车动力电池、高集成度电控系统、开放车载信息系统等领域开展合资合作，形成汽车产业领域的强强联盟；尝试与华为在汽车电子芯片设计领域开展合作、与百度及科大讯飞在智能驾驶数据服务领域开展合作、与宁德时代在新能源汽车动力电池领域开展合作、与大洋电机在新能源汽车驱动电机领域开展合作等，形成跨领域的强强联盟，提高广州汽车产业在全球价值链的竞争力。

（七）大力推进广州汽车产业全球化进程

鼓励广汽乘用车、广汽比亚迪、广汽新能源等整车厂积极实施海外扩展，重点开拓“一带一路”沿线国家和地区市场，提高国际化经营能力。

鼓励广州整车企业通过中国进出口商品交易会（广交会）、广州国际汽车展、中国加工贸易产品博览会等展会平台，参与“一带一路”沿线国家和地区在汽车产业的交流合作；鼓励开发符合“一带一路”沿线国家和地区实际需求和消费习惯的汽车产品，积极走出去参与国际竞争；做好投融资服务，鼓励国内银行等金融机构与广州市汽车企业开展境外项目战略合作，就具体项目定制金融服务套餐，强强联合，提升广州自主品牌企业的全球竞争力。

参考文献

广州市统计局：《2017 年广州市国民经济和社会发展统计公报》，http：//www. gzstats. gov. cn/tjgb/qstjgb/201804/P020180401258724630561. doc。

温国辉：《2018 年广州市政府工作报告》，http：//www. gz. gov. cn/gzgov/s2342/201801/737dbb949da6417ab6ebcb16e13d74d6. shtml。

中华人民共和国国家统计局：《2017 年国民经济和社会发展统计公报》，http：//www. stats. gov. cn/tjsj/zxfb/201802/t20180228_ 1585631. html. 。

李克强：《2018 年政府工作报告》，http：//www. gov. cn/premier/2018 – 03/22/content_ 5276608. htm。

杨再高等主编《广州蓝皮书：中国广州汽车产业发展报告（2017）》，社会科学文献出版社，2017。

杨再高等主编《广州蓝皮书：中国广州汽车产业发展报告（2016）》，社会科学文献出版社，2016。

广州市统计信息网，http：//www. gzstats. gov. cn/。

中国汽车工业信息网，http：//www. caam. org. cn/。

广东省汽车流通协会网，http：//www. gada. org. cn/。

凤凰网·汽车版网站，http：//auto. ifeng. com/。

搜狐汽车网站，http：//auto. sohu. com/。

环 境 篇

Environment Reports

B.2
2017～2018年世界汽车市场发展回顾与展望

覃 剑*

摘 要： 2017年，世界经济呈现复苏之势，全球汽车产销总量增长率稍有回落，新能源汽车产销量继续保持高速增长，占全球汽车市场的份额突破1%关口，主要汽车企业经营状况总体稳健。展望2018年，世界经济有望进一步复苏，预测全球汽车产销量将增长2%左右，新能源汽车市场份额将冲击2%的关口。无人驾驶汽车能否正式驶向开放道路及由此引发的社会疑虑与讨论值得高度关注并持续观察。

关键词： 世界汽车市场 新能源汽车 无人驾驶

* 覃剑，博士，广州市社会科学院副研究员，研究方向为城市与区域经济。

一　2017年世界汽车市场发展回顾

（一）汽车产销总量增长率有所回落

2017 年全球经济总体表现相对较好，70% 以上的国家经济都加速增长。得益于全球经济增长的带动，全球汽车生产和销售继续保持良好增长态势。根据世界汽车组织（OICA）的统计，2017 年全年世界各国累计生产各类汽车 9730. 3 万辆，同比增长 2. 4%，但低于 2016 年 4. 7% 的增长率，相比 2010 年增长了 25. 4%。累计销售汽车 9680. 4 万辆，同比增长 3. 1%，但低于 2016 年 4. 7% 的增长率，相比 2010 年增长了 29. 1%（见表 1）。

表 1　2010～2017 年全球汽车产销情况

单位：万辆

年份	2010	2011	2012	2013	2014	2015	2016	2017
销量	7500. 5	7819. 8	8216. 6	8564. 2	8792. 0	8967. 8	9385. 6	9680. 4
产量	7758. 4	7988. 1	8423. 6	8735. 4	8977. 7	9068. 3	9497. 7	9730. 3

资料来源：OICA。

（二）汽车生产结构基本保持稳定

2017 年全球生产乘用车 7345. 65 万辆，同比增长 1. 5%，这一增长率与 2016 年 5. 1% 的增长率相比有明显的回落，乘用车生产总量占全球汽车生产总量的 75. 5%，与 2016 年的比重基本相同。生产轻型商用车 1938. 78 万辆，同比增长 3. 0%，略高于 2016 年 2. 7% 的增长率，生产总量占全球汽车生产总量的 19. 9%，基本保持在 2016 年的水平。生产重型汽车 414. 19 万辆，同比大幅增长 18. 2%，远远高于 2016 年 3. 2% 的增长率，生产总量占全球汽车生产总量的比重从 2016 年 3. 7% 提升至 4. 3%。生产大客车和教练车

31.63 万辆，同比增长 -6.5%，生产总量占全球汽车生产总量的 0.3%（见图 1）。

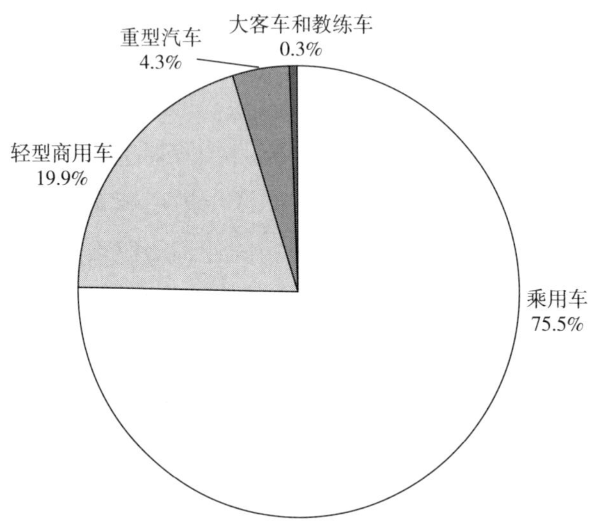

图 1　2017 年全球各类汽车生产结构

资料来源：OICA。

（三）乘用车和商用车销量基本保持同步增长

2017 年，全球销售乘用车 7084.95 万辆，同比增长 1.9%，与 2016 年 4.8% 的增长率有较大差距。商用车销售 2595.49 万辆，同比增长 6.4%，高于 2016 年 4.4% 的增长率（见图 2）。从销售结构来看，乘用车销量约占汽车销售总量的 73.2%，商用车销量约占汽车销售总量的 26.8%。而在 2010 年，乘用车销量约占汽车销售总量的 74.5%，商用车销量约占汽车销售总量的 25.6%。可见，近十年来，由全球乘用车和商用车的销售量构成汽车销售结构基本保持稳定。

（四）印度成为世界第四大汽车销售国

2017 年，全球汽车销量排名前十位的国家依次为中国、美国、日本、

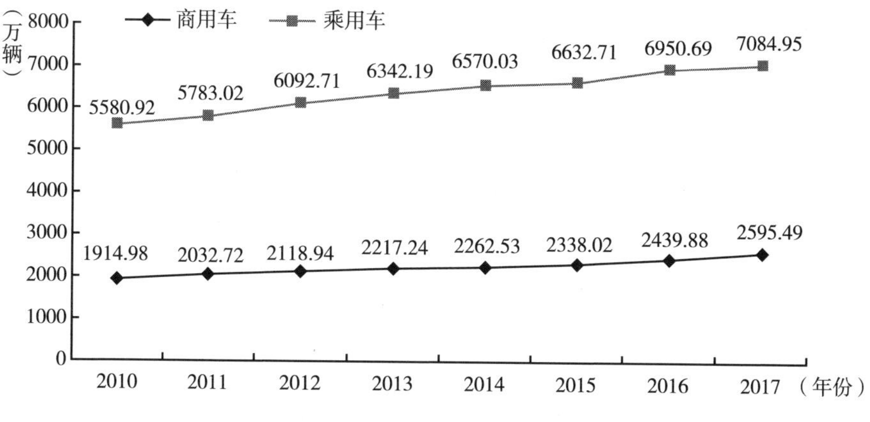

图2　2010~2017年全球乘用车和商用车销量

资料来源：OICA。

印度、德国、英国、法国、巴西、意大利、加拿大。上述国家共计销售汽车7184.03万辆，占全球汽车销售总量的比重达到74.2%，与2016年的74.5%水平大致相当。全球汽车销量最高的中国和美国两个国家共计销售汽车4670.63万辆（见图3），占全球汽车销售总量的比重为48.2%，与2016年的48.9%水平大致相当。印度汽车销量继续保持良好上升势头，增长率达到9.5%，全球排名超越德国上升至第四位。这也是2017年各国汽车销量排名相对2016年排名的唯一变化。值得注意的是，美国汽车销量增长-1.6%，英国汽车销量增长-5.4%，是排名前十位中销量负增长的两个国家。

（五）法国汽车产量跻身世界前十位

2017年，全球汽车产量排名前十位的国家依次为中国、美国、日本、德国、印度、韩国、墨西哥、西班牙、巴西、法国①。上述国家共计生产汽车7628.59万辆，占全球汽车生产总量的比重达到78.4%，略低于2016年的79.3%。全球汽车产量最大的两个国家共计生产汽车4020.54万辆，占

① 根据OICA的统计，德国汽车产量仅为乘用车的产量，法国汽车产量仅为乘用车和轻型商用车的产量。

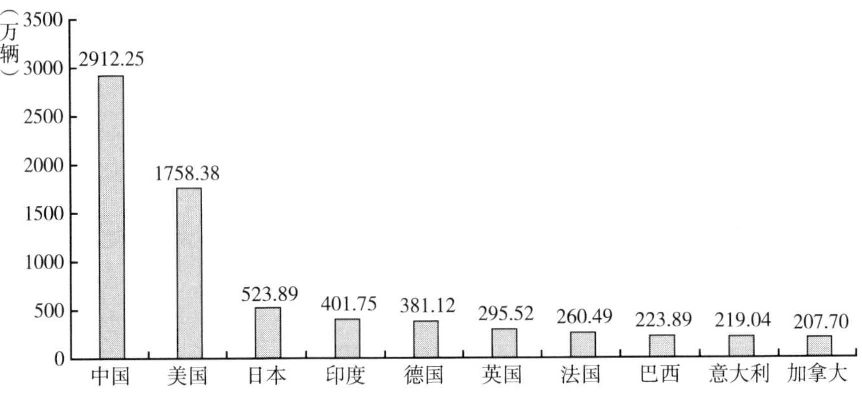

图3　2017年全球汽车销量前十位国家

资料来源：OICA。

全球汽车产量的比重为41.3%，略低于2016年的42.4%。在汽车产量前十位榜单上，法国取代加拿大成为全球第十大汽车生产国，巴西则从2016年的第10位上升至第9位（见图4）。

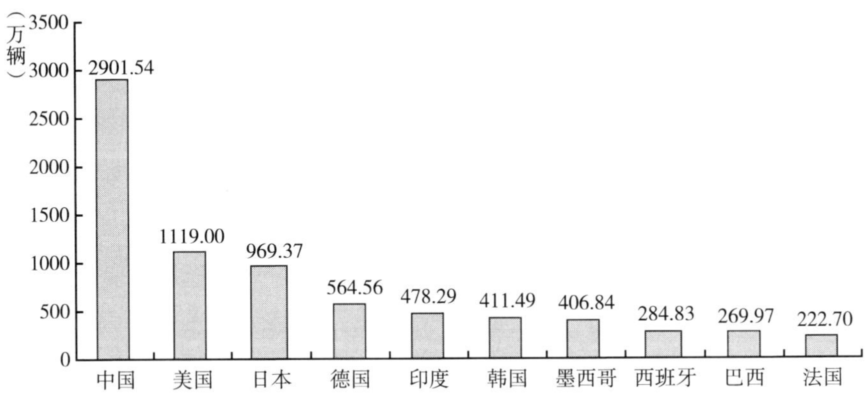

图4　2017年全球汽车产量前十位国家

资料来源：OICA。

（六）新能源汽车市场发展迎来两个标志性事件

2017年是对全球新能源汽车市场发展具有历史意义的一年。这一年发生两件标志性的事件。一是全球新能源汽车市场销售继续保持高速增长态势，根据EV Sales公布的数据，2017年全球电动汽车销量达到122万辆，同比增长58%，占全球汽车销售总量的比重首次超过1%。二是全球许多国家纷纷提出燃油汽车退出计划，全力支持新能源汽车的发展。在2017年举行的二十国集团（G20）汉堡峰会上，为更加积极应对全球气候变化，法国、荷兰、挪威、英国、印度、德国、美国等国家都提出全面禁售燃油车的明确时间表，其时间大致定在2040年之前。作为全球最大的汽车生产和销售国，中国政府也表示正在研究禁止生产内燃发动机汽车的时间表。大众汽车、戴姆勒集团、通用、丰田等汽车巨头积极跟进响应，相继宣布加大新能源汽车布局，在未来某一个时间节点将不再生产和制造传统燃油车。

（七）新能源汽车市场竞争火热

在快速扩张的新能源汽车市场中，各大汽车厂商纷纷加大研发力度并竞相推出新的车型，试图引领新能源汽车发展新潮流。2017年，比亚迪、北汽、特斯拉、宝马、雪佛兰、日产、丰田、荣威、大众、知豆品牌的新能源汽车销量最大，在新能源汽车市场的份额超过一半，达到56%。从国别来看，来自中国的新能源汽车品牌在全球新能源汽车市场的份额最大。对比2016年，2017年新能源汽车的十大品牌销量排序发生了较大的变化，除比亚迪稳居榜首外，其他品牌的新能源汽车位次均发生变动，丰田从第30位跃升到第7位，荣威从第15位跃升至第8位（见表2）。

表2　2017年全球前十大新能源汽车品牌

单位：辆，%

2017年排名	品牌	销量	市场份额	2016年排名
1	比亚迪	109485	9	1
2	北汽	103199	8	5
3	特斯拉	103122	8	2
4	宝马	97057	8	3

续表

2017 年排名	品牌	销量	市场份额	2016 年排名
5	雪佛兰	54308	4	8
6	日产	51962	4	4
7	丰田	50883	4	30
8	荣威	44661	4	15
9	大众	43115	4	6
10	知豆	42484	3	14

资料来源：盖世汽车网。

从车型来看，2017 年北汽 EC 系列、特斯拉 Model S、丰田普锐斯 Prime 插电混动、日产 Leaf、特斯拉 Models X、知豆 D2、雷诺 Zoe、宝马 i3、比亚迪宋插电混动、雪佛兰 Bolt 为全球销量前十位新能源汽车，其销量占全球新能源汽车销售总量的30%。与 2016 年相比，丰田普锐斯 Prime 插电混动、日产 Leaf、知豆 D2、比亚迪宋插电混动、雪佛兰 Bolt 五种车型作为新车型跻身前十位，其排名均实现大幅度的跃升。从销量前十位的品牌和车型排序位次的大幅变化可以看出全球新能源汽车市场新产品不断问世，任何汽车厂商都面临前所未有的机遇和挑战，整个新能源汽车市场热闹非凡、竞争激烈。

表 3　2017 年全球新能源汽车市场十大畅销车型

单位：辆、%

排名	车型	销量	市场份额	2016 年排名
1	北汽 EC 系列	78079	6	42
2	特斯拉 Model S	54715	4	2
3	丰田普锐斯 Prime 插电混动	50830	4	64
4	日产 Leaf	47195	4	1
5	特斯拉 Models X	46535	4	7
6	知豆 D2	42342	3	32
7	雷诺 Zoe	31932	3	8
8	宝马 i3	31410	3	6
9	比亚迪宋插电混动	30920	3	—
10	雪佛兰 Bolt	27982	2	93

资料来源：盖世汽车网。

（八）主要汽车企业经营总体表现较为稳健

2017 年，全球共有 23 家整车企业进入《财富》世界 500 强之列，与 2016 年相比企业数量和具体企业都没有发生变化，除了个别企业排名略有下滑，大部分企业在排行榜中的位次有所上升。其中，丰田汽车公司排名最高，达到第五位。作为全球两大汽车巨头，丰田汽车公司和大众公司排名经常发生交替变化，但两者与其他汽车公司相比的优势十分明显。从营业收入来看，现代汽车、标致、印度塔塔汽车公司、沃尔沃集团的营业收入略有下滑，其他整车企业的营业收入均有不同幅度的增长，其中来自中国的广州汽车工业集团、浙江吉利控股集团两大汽车集团营业收入增长率为 20% 左右，表现引人注目。此外，来自法国的雷诺和日本的斯巴鲁公司营业收入增长率也超过 10%（见表 4）。

表 4　2016～2017 年世界汽车企业在世界 500 强的排名

单位：百万美元，%

企业	营业收入	同比增长	2016 排名	2017 排名
丰田汽车公司	254694	7.7	8	5
大众公司	240263.8	1.5	7	6
戴姆勒股份公司	169483	2.2	16	17
通用汽车公司	166380	0.3	20	18
福特汽车公司	151800	1.5	21	21
本田汽车	129198.4	6.2	36	29
上海汽车集团股份有限公司	113860.8	6.7	46	41
日产汽车	108164.1	6.5	53	44
宝马集团	104129.7	1.8	51	52
东风汽车公司	86193.5	4.1	81	68
现代汽车	80701.4	-0.8	84	78
中国第一汽车集团公司	64783.9	3.1	130	125
北京汽车集团	61129.5	11.3	160	137
标致	59748.8	-1.5	140	140

续表

企业	营业收入	同比增长	2016 排名	2017 排名
雷诺	56666.8	12.7	178	157
起亚汽车	45425	3.7	208	209
广州汽车工业集团	41560.4	20.7	303	238
印度塔塔汽车公司	40329.2	-4.2	226	247
沃尔沃集团	35268.6	-4.8	272	301
浙江吉利控股集团	31429.8	19.5	410	343
斯巴鲁公司	30695.5	14.0	395	352
马自达汽车株式会社	29665.3	4.5	373	367
铃木汽车	29251.6	6.7	405	373

资料来源：根据2016~2017年《财富》世界500强企业榜单整理。

（九）主要汽车零配件企业经营表现不一

2017年，全球共有10家汽车零配件企业入围《财富》世界500强，依次为博世、大陆、电装、采埃孚、江森自控、麦格纳国际、现代摩比斯、爱信精机、普利司通、米其林公司。相比2016年，住友电工跌出世界500强榜单，博世公司的领先地位依然十分明显。从经营表现来看，采埃孚、爱信精机的营业收入增长率超过20%，而江森自控、现代摩比斯、普利司通、米其林公司的营业收入增长率则为负，江森自控甚至出现亏损（见表5），可见全球主要企业零配件企业经营状况有好有坏，出现不同程度的分化。

表5　2017年全球汽车零部件企业在世界500强企业中的排名

单位：百万美元，%

序号	公司	营业收入	同比增长	2016年排名	2017年排名
1	博世	80869.4	3.3	87	76
2	大陆	44841.5	3	213	213
3	电装	41781	10.9	268	236
4	采埃孚	38888.2	20.2	320	263

续表

序号	公司	营业收入	同比增长	2016 年排名	2017 年排名
5	江森自控	37674	-6.3	242	272
6	麦格纳国际	36445	7.6	306	290
7	现代摩比斯	32971.8	-0.7	310	323
8	爱信精机	32879.4	21.7	393	324
9	普利司通	30678.3	-2	333	353
10	米其林公司	23119.9	-1.7	451	466

资料来源：《财富》杂志中文网。

二 2018年世界汽车市场前景展望

（一）预计2018年全球汽车产销量增长率为2%

2018 年，世界经济有望继续复苏，主要国际机构基本都对全球经济持续向好表现出乐观态度，对增长率的预测普遍在 3% 以上（见表 6）。与此同时，相关机构也对世界经济回暖基础还不稳固、金融市场风险、资产价格泡沫、全球债务水平过高、内向型政策压力、反全球化趋势、美国政策调整与不确定性、英国脱欧进程及地缘政治冲突等问题表示担忧。

表 6 一些组织和机构对 2018 年全球经济增长率预测

单位：%

组织	联合国	国际货币基金组织	世界银行	经济合作与发展组织	高盛	花旗	瑞银	摩根大通
预测增长率	3.0	3.9	3.1	3.7	4.0	3.4	3.8	3.7

资料来源：根据各个机构发布报告整理。

全球经济的发展变化必然会对汽车市场产生直接影响，中国、美国、日本、欧洲等主要汽车市场国家和地区经济发展稳中向好尤为关键。运用 2007～2017 年全球汽车产量增长率与全球经济增长率进行线性回归预测，得出结果见图 5。按照相关关系，如果 2018 年全球经济增长率取各机构预测的均值即 3.5%，那么预计 2018 年全球汽车生产量的增长率将达到 2.3% 左右，基本与 2017 年 2.6% 的实际增长率相当。

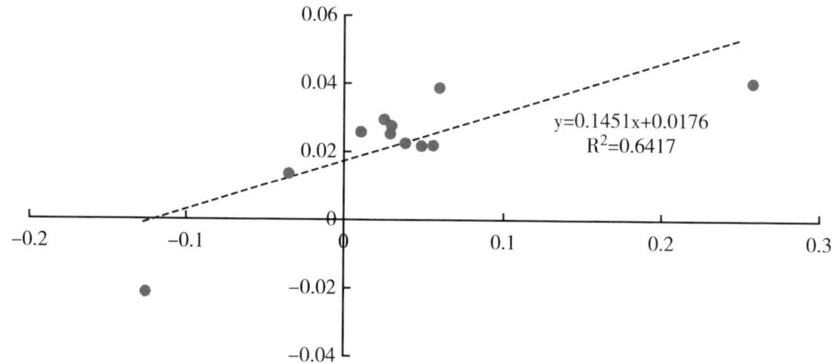

图 5　全球汽车产量增长率和全球经济增长率线性回归结果

按照相同的经济增长率，采用同样的方法对全球汽车销量与全球经济增长率进行回归预测得出结果见图 6，即可以预计 2018 年全球汽车销量增长率为 2.3% 左右，略低于 2017 年 3.1% 的增长率。

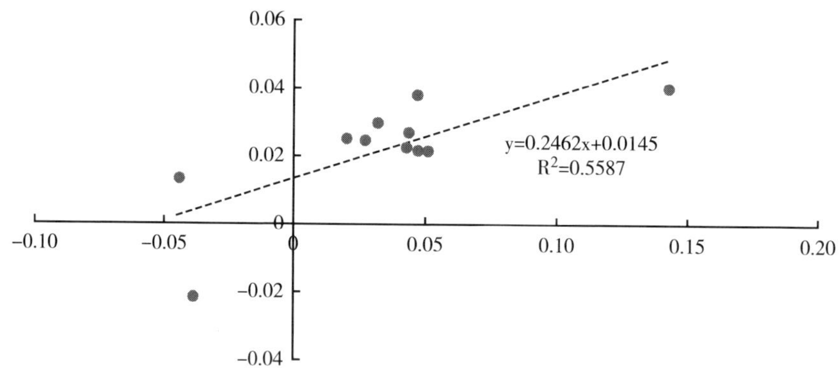

图 6　全球汽车销量增长率和全球经济增长率线性回归结果

国际上一些机构也对 2018 年全球汽车市场进行预测分析，德国汽车工业协会（VDA）预测 2018 年全球汽车销量有望增长 1% 至 8570 万辆，日本汽车产业专业调研公司 FOURIN 预测 2018 年全球汽车销量将比上年增长 1.0% 至 9695.1 万辆。综合这些预测，笔者认为 2018 年欧美等汽车市场相对成熟国家的汽车产销量增长率相对较慢，但发展中国家和新兴国家汽车市场发展仍有较大活力，因此预计全球汽车产销量增长率将在 2% 左右，这一增长率与 2016 年和 2017 年相比有所降低，但也不至于断崖式下跌，体现了笔者对全球经济和汽车市场发展相对稳定的判断。

（二）全球新能源汽车市场份额将冲击2%的关口

2017 年，全球新能源汽车占全球汽车市场份额终于突破 1%，达到 1.3%。受到技术、配套设施、消费者心理和行为等多种因素的影响，新能源汽车市场用了相对较长的时间才实现这 1% 的份额。然而，展望未来，新能源汽车市场份额再提高 1% 所需要的时间一定会大大缩短，极有可能只需要 1～2 年时间。首先，全球新能源销售正处在爆发式增长的阶段，2017 年增长率为 58%，尤其是 2017 年 12 月全球电动汽车单月市场份额首次突破 2% 的大关。其次，世界一些主要国家提出传统燃油车退出时间表，虽然还没有具体的实施路径和行动，但是已经在市场形成一种导向，刺激各大汽车企业加快研发和生产新能源汽车，各大汽车企业几乎把争夺新能源汽车市场“蛋糕”作为未来决胜的关键。再次，新能源汽车的一系列技术持续取得突破，世界各国对新能源汽车配套设施建设也更加成熟，新能源汽车的消费政策也趋于稳定，消费者对新能源汽车的态度正从观望向尝试再向主动接受转变，尤其是在绿色经济、绿色消费理念的影响下，新能源汽车购买和使用正逐渐成为一种潮流。

事实上，国际一些机构也对 2018 年新能源汽车市场做出了十分乐观的预测。如 EV – VOLUMES 预测 2018 年全球新能源汽车市场销量将增长 55% 达到 190 万辆，全球电动汽车保有量很有可能突破 500 万辆。如果全球汽车销量按照 2% 的速度增长至 9874 万辆，全球新能源汽车销售总量达到 197 万辆，那么新能源汽车的市场份额将达到 2%。当然，2018 年全球新能源汽车的销量可能还无法达到 197 万辆的关口，

预计全球新能源汽车的整体市场份额可能在1.8%左右，但其中一定有部分国家的新能源汽车在其国内汽车市场份额达到乃至超过2%。因此，2%的市场份额将是观察2018年全球新能源汽车市场的一个重要窗口数字。

（三）无人驾驶汽车能否正式驶向开放道路值得关注

2017年，无人驾驶是汽车行业年度热词之一。在这一年，无人驾驶汽车已经从概念构想走向实践上路测试，引发社会的高度关注。根据美国彭博慈善基金会和阿斯彭研究所联合发布的城市自动驾驶车辆全球地图集，截至2017年底，全球已经有包括中国杭州在内的、超过35个试点城市正在或准备开展自动驾驶测试项目，而超过19家公司的自动驾驶车辆在道路测试中。与此同时，2017年9月，美国众议院正式通过《自动驾驶法案》，世界第一份自动驾驶法律即将出台。2018年3月1日，上海发放中国首批智能网联汽车开放道路测试号牌，无人驾驶从封闭园区测试开始走向实路测试新阶段。Alphabet旗下自动驾驶公司Waymo也在2018年3月宣布已经在美国亚利桑那州运营没有司机的无人驾驶汽车，为指定客户提供乘车服务。福特汽车公司等也准备启动无人驾驶出租车和无人驾驶货车业务。无论是从政府还是企业来看，推动无人驾驶汽车进入实际应用的步伐都在加快，并且也取得显著的成效。然而，无人驾驶汽车在测试过程中产生的事故又让公众感到紧张。2018年3月20日，Uber自动驾驶测试汽车在美国亚利桑那州发生全球首例自动驾驶车辆致行人死亡的事故引发全球关注和讨论。之后，宝马、丰田的汽车企业纷纷表示无人驾驶汽车需要更长时间的测试，以确保技术的稳定和行车的安全。

综合来看，可以预见2018年是无人驾驶汽车发展非常关键的一年，一方面，无人驾驶的道路测试和局部运用可能取得突破性进展，另一方面，社会对无人驾驶是否安全仍然紧绷神经。然而，无论如何，我们相信作为一种新技术和新趋势，无人驾驶汽车将在各种测试和问题事故中不断积累经验、成长和完善，无人驾驶汽车时代终将到来。

参考文献

张宇燕主编《2018年世界经济形势分析与预测》，社会科学文献出版社，2018。

刘晓林：《从底特律到硅谷的自动驾驶商业战：谁能最快“消灭”方向盘》，《经济观察报》2018年3月9日。

B.3

我国汽车产业生产效率影响因素空间异质性研究

程风雨*

摘　要： 汽车产业是整个制造业的标杆，我国汽车产业生产效率的提升，关系到我国由制造大国向制造强国转变。本文利用三阶段 DEA 模型考察我国汽车产业生产效率，并结合地理加权回归模型（GWR），实证考察经济发展、所有制结构、城镇化发展和对外开放等因素对汽车产业生产效率影响的区域空间差异。实证结果表明：外部环境和随机因素会导致我国汽车产业规模效率虚高，进而导致汽车产业整体技术效率也高于自身实际水平，纯技术效率对汽车产业整体效率提升的关键性作用还不明显；对外开放是促进我国汽车产业综合技术效率的提高的普遍性因素，政府干预行为会显著阻碍其生产效率的提升；地区经济发展均能促进汽车行业生产效率的提升，而城镇化的发展对汽车产业的拉动作用并不显著，且其对汽车行业生产效率的影响存在明显的个体差异。

关键词： 汽车产业　生产效率　三阶段 DEA 模型　地理加权回归模型　空间异质性

* 程风雨，博士，广州市社会科学院助理研究员，研究方向为区域与产业经济。

一 引言

制造业是国民经济的主体，是立国之本、兴国之器、强国之基。2015年，党的十八届五中全会通过《中共中央关于制定国民经济和社会发展第十三个五年规划的建议》，明确指出加快建设制造强国，实施《中国制造2025》。2017年，中共十九大报告再次明确指出，加快建设制造强国，加快发展先进制造业。在新时代，已是制造大国的中国，要实现发展的可持续性，必然要经历由大到强的转变。在新科技革命兴起，人类步入智能制造时代的当下，建设制造强国具有重大而深远的意义。从制造大国走向制造强国，这条路该怎么走，是我们必须思考的时代课题。

虽然汽车产业在科技含量、产业链复杂度、安全性能要求、质量缺陷低容忍和产业发展速度五种单项指标评价下都不是最佳，但是综合得分能排在第一位，也只有汽车行业能够通吃这五种特性，这就要求该行业不断采取更高水平的管理方式，最终使汽车产业管理水平始终在整个制造业中最高，所以汽车行业被认为是制造业的发展标杆①。

二 考虑环境因素下的我国汽车产业生产效率的测度

（一）生产效率测度方法简介

数据包络分析方法（Data Envelope Analysis，DEA）最早是由美国运筹学家Charnes、Cooper和Rhodes提出，后来由魏权龄等众多学者进一步发展完善。经典DEA方法主要运用CCR、BCC等模型，通过构造生产前沿面来测度决策单元（Decision Making Units，DMU）的相对有效性，寻求各无效

① 参见《为啥说汽车行业是整个制造业的标杆？世界顶级工程师是这么说的》，雪球网，https：//xueqiu. com/1831827479/80285668，2017年1月17日。

DMU 的优化空间。但是传统 DEA 方法是假定在无差外部环境下对各 DMU 进行效率评价，这一研究假设会导致各 DMU 的相对效率被扭曲，容易造成对生产要素结构调整决策的偏差。Fried 等人在 1999 年采用 DEA-Tobit 方法在一定程度上对环境因素的处理进行优化，但其并不能在测度各 DMU 效率时将环境因素的影响剥离。对此，Fried 等人在 2002 年提出三阶段 DEA 模型，它能较好地对环境因素对效率测度的偏误影响进行修正，从而获取的效率值可以更加真实准确地反映各 DMU 的生产要素结构状况。本文所用三阶段 DEA 模型方法的主要内容如下：第一阶段，以 BCC 模型作为基础使用经典 DEA 模型来测度各 DMU 的效率值；第二阶段，鉴于环境因素和随机误差的影响，以第一阶段投入要素的松弛变量作为因变量，使用随机前沿模型 SFA 模型将其分解成环境因素、管理无效率和统计噪声三种效应，进而剔除环境因素和随机因素对效率测度的影响，从而使各 DMU 调整于相同的外部环境中；第三阶段，将调整后的投入要素量重新代入经典 DEA 模型来测度生产效率。以上三个步骤的具体推演请参阅 Fried 等人文献论述，在此不再赘述。

（二）产出、投入和环境变量选取

在变量选取上，本文综合考虑重要性原则、可行性和不相关原则等原则，借鉴有关学者使用 DEA 方法对效率测度评价时所采用的指标，并针对我国汽车产业生产效率差异化特征的研究，分别采用两类产出变量，包括衡量经营状况的利润总额（亿元）和衡量生产状况的工业销售产值（亿元）。值得注意的是，由于 DEA 模型要求产出或投入变量均为非负数，因此面对利润总额数据中出现负值的情形，本文借鉴沈江建和龙华的做法，采用接近于零的数即 0.001 来代替负值要素；两类投入变量，包括衡量人力资源状况的年末平均用工人数（万人）和衡量资本投入状况的固定资本净值（亿元）。关于环境变量，本文采用公路里程数（公里）、政府支持程度（%）及经济发展水平（元）作为不可控的外部环境因素。其中，政府支持程度用各地区政府一般公共预算支出总额占地区生产总值的比重来衡量，经济发展水平则用省际人均国内生产总值来衡量。

本文产出、投入及环境变量的相关数据，均来源于各省份2016年的有关数据，包括《中国统计年鉴》、《中国工业统计年鉴》和《中国汽车工业年鉴》等，其中所用的样本为我国30个省份的汽车产业数据，由于西藏数据存在缺失，本文分析中对其不予考虑。

（三）测度结果及分析

本文基于2016年的最新可得数据，按照上文提到三阶段DEA模型的分析内容，分别对我国30个省份汽车产业的生产效率进行测度。其中，在第一和第三阶段均采用DEAP2.1软件，而第二阶段则采用Frontier4.0软件。具体计算过程在此不再赘述，调整后的计算结果见表1。为更加直观地表现出在考虑环境因素后各DMU生产效率的变化，本文分别在表1中罗列使用原始产出投入数据，根据投入导向的BCC模型、经典DEA模型得出各DMU的效率值。

为更加清晰地展现考虑环境因素后汽车产业生产效率所发生的变化，本文使用自然断点法将30个DMU划分为前沿面（DMU=1）、高效率区（0.8≤DMU<1）、中效率区（0.6≤DMU<0.8）和低效率区（DMU<0.6）四个等级区，相应的生产效率对比结果见表1，效率变化同时反映在汽车产业的地理分布上（见表2）。通过表1和表2的内容可知，我国汽车产业生产效率发生了较大变化，具体结果如下。第一，调整外部环境和随机因素之后，我国汽车产业整体技术效率值（*TE*）由0.713降至0.669，纯技术效率值（*PTE*）由0.779提升至0.805，规模效率值（*SE*）由0.920降至0.811。这说明外部环境和随机因素会导致我国汽车产业规模效率虚高，进而导致汽车产业整体技术效率也高于自身实际水平。同时，调整后的我国汽车产业规模效率略高于纯技术效率，这说明纯技术效率对汽车产业整体效率提升的关键性作用还不明显，供给侧结构性改革在我国汽车产业仍亟须深入推进。第二，调整后，处于技术效率前沿面的省份由3个变为4个，其中，北京和上海调整前后均处于效率前沿面，说明该地区汽车产业生产效率确实较

高；与此同时，广东和广西已由高效率区升至效率前沿，表明这两个地区在剔除外部环境因素之后，其汽车产业生产效率也是高效；宁夏却退出了效率前沿变成低效率区，这说明该地区汽车产业高效生产效率与有利的外部环境因素有密切关系。第三，具体从7个省份的变化情况来看，除云南和宁夏综合生产效率显著下降外，广东、广西、安徽、江苏和四川5个省份调整后的汽车产业整体效率值都随着规模效率值的增长而有了较为明显的上升，说明这些省份在调整前的效率并不能反映这些地区汽车产业真实生产率水平。

表1　考虑到环境因素下的2016年我国各DMU汽车产业的综合效率值

省份	第三阶段下的DEA效率值			第一阶段下的DEA效率值		
	TE	*PTE*	*SE*	*TE*	*PTE*	*SE*
安　徽	0.851	0.857	0.993	0.745	0.851	0.875
北　京	1.000	1.000	1.000	1.000	1.000	1.000
福　建	0.895	0.948	0.944	0.875	0.945	0.926
甘　肃	0.114	1.000	0.114	0.446	0.464	0.961
广　东	1.000	1.000	1.000	0.926	1.000	0.926
广　西	1.000	1.000	1.000	0.901	1.000	0.901
贵　州	0.613	0.771	0.795	0.704	0.781	0.901
海　南	0.306	0.608	0.503	0.481	0.575	0.836
河　北	0.677	0.683	0.991	0.640	0.680	0.940
河　南	0.774	0.776	0.998	0.715	0.779	0.919
黑龙江	0.484	0.758	0.639	0.547	0.548	0.998
湖　北	0.895	0.956	0.937	0.832	0.956	0.870
湖　南	0.700	0.707	0.990	0.637	0.702	0.907
吉　林	0.976	0.988	0.988	0.899	0.995	0.904
江　苏	0.854	1.000	0.854	0.760	1.000	0.760
江　西	0.704	0.716	0.984	0.641	0.700	0.916
辽　宁	0.635	0.638	0.995	0.635	0.635	1.000
内蒙古	0.321	0.503	0.639	0.417	0.417	0.998
宁　夏	0.020	1.000	0.020	1.000	1.000	1.000
青　海	0.051	0.450	0.113	0.526	0.604	0.871

续表

省份	第三阶段下的 DEA 效率值			第一阶段下的 DEA 效率值		
	TE	*PTE*	*SE*	*TE*	*PTE*	*SE*
山 东	0.937	1.000	0.937	0.818	1.000	0.818
山 西	0.364	0.476	0.764	0.347	0.378	0.918
陕 西	0.779	0.803	0.971	0.681	0.787	0.866
上 海	1.000	1.000	1.000	1.000	1.000	1.000
四 川	0.837	0.838	0.999	0.764	0.833	0.918
天 津	0.909	0.915	0.994	0.845	0.908	0.931
新 疆	0.099	0.218	0.454	0.336	0.341	0.985
云 南	0.720	0.980	0.734	0.821	0.903	0.910
浙 江	0.768	0.770	0.998	0.726	0.774	0.938
重 庆	0.774	0.801	0.966	0.732	0.801	0.913
均 值	0.669	0.805	0.811	0.713	0.779	0.920

表 2　考虑环境因素下的我国汽车产业生产效率变化

指标	第三阶段所含区域	第一阶段所含区域
前沿面（DMU = 1）	北京、广东、广西和上海	北京、宁夏和上海
高效率区（0.8≤DMU <1）	安徽、福建、湖北、吉林、江苏、山东、四川和天津	福建、广东、广西、湖北、吉林、山东、云南和天津
中效率区（0.6≤DMU <0.8）	贵州、河北、河南、湖南、江西、辽宁、陕西、云南、浙江和重庆	安徽、贵州、河北、河南、湖南、江苏、江西、辽宁、陕西、四川、浙江和重庆
低效率区（DMU <0.6）	甘肃、海南、黑龙江、内蒙古、宁夏、青海、山西和新疆	甘肃、海南、黑龙江、内蒙古、青海、山西和新疆

三　汽车产业生产效率及其影响因素空间计量分析

汽车产业作为现代综合性最强的产业，其发展与影响因素通常具有空间相关性，因此本文运用 GeoDa 软件来实证检验考虑环境因素后汽车产业生产效率是否具有空间自相关和异质性，在此基础上运用地理加权回归

(Geographical Weighted Regression, GWR) 模型对我国汽车产业生产效率影响因素的空间异质性进行剖析，以期更为客观地反映各种因素对汽车产业发展的影响程度。

(一) 地理加权回归模型估计方法

1. 地理加权回归 (GWR) 模型

GWR 模型是由一般线性全局回归模型扩展而来，其具体公式如下：

$$y_i = \partial_0(u_i, v_i) + \sum_k \partial_k(u_i, v_i)x_{ik} + \varepsilon_i \tag{3.1}$$

方程 (3.1) 中，(u_i, v_i) 代表研究样本 i 的空间地理坐标。GWR 模型估计隐含一个研究假设，即与研究样本 i 距离更近的因素变量对其所研究样本的参数估计影响程度更大，考虑到研究对象空间异质性的影响，使每一个样本 i 都拥有自己的估计系数。因此，GWR 利用样本点 i 周边一定距离的样本，运用加权最小二乘法来进行局部参数估计，得到如下系数估计式：

$$\hat{\partial}(u_i, v_i) = (X^T W(u_i, v_i) X)^{-1} X^T W(u_i, v_i) Y \tag{3.2}$$

方程 (3.2) 中，W (u_i, v_i) 为空间权重矩阵。目前一共有四种空间权重函数，分别是固定高斯 (Fixed Gaussian)、固定双重平方函数 (Fixed bi-square)、适应性双重平方函数 (Adaptive bi-square) 和适应性高斯函数 (Adaptive Gaussian)，Tomoki Nakaya 认为在实证研究中通常选择固定高斯函数和适应性双重平方函数这两种空间权重函数。对于带宽选择问题，普遍采用修正后的 AIC，即 AIC_c 指数法。

考虑到影响因素的局部性，GWR 模型进一步扩展为混合地理加权模型 (MGWR)，其模型设定具体如下：

$$y_i = \sum_k \partial_k(u_i, v_i)x_{ik} + \sum_j \delta_j \lambda_{ij} + \varepsilon_i \tag{3.3}$$

方程 (3.3) 中，$\sum_k \partial_k$ (u_i, v_i) x_{ik} 为变参数或局部项，$\sum_j \delta_j \lambda_{ij}$ 为常参

数或全局项。

2. 变量选择

被解释变量为考虑到环境因素的汽车产业的生产效率值（*TE*），是由前文三阶段 DEA 模型测算得出。解释变量为影响因素，按照相关文献及数据的可得性，本文选取的解释变量为：经济发展水平（*PGDP*），采用人均 GDP 作为衡量指标；贸易开放度（*OPEN*），采用省际进出口贸易总额占 GDP 比重来衡量；城镇化率（*URBAN*），采用城镇人口占总人口的比重来衡量；交通基础设施（*ROAD*），采用省际公路总里程数来衡量；政府干预程度（*GS*），采用地方政府一般公共预算财政支出占 GDP 的比重来衡量；所有制结构（*OS*），采用各省汽车产业国有资本占实收资本的比重来衡量。相关变量的统计性描述见表 3。

表 3　相关变量统计性描述

变量名	均值	标准误	分位点				
			最小值	1/4 分位数	中间值	3/4 分位数	最大值
TE	0.67	0.31	0.02	0.48	0.77	0.90	1.00
PGDP	10.88	0.40	10.23	10.60	10.75	11.19	11.68
OPEN	2.68	0.92	1.17	2.08	2.48	3.25	4.63
URBAN	4.06	0.18	3.79	3.94	4.03	4.15	4.48
ROAD	11.70	0.86	9.49	11.58	11.98	12.19	12.69
GS	3.18	0.36	2.55	2.98	3.19	3.31	4.08
OS	2.23	1.12	0.00	1.88	2.40	3.09	3.76

（二）空间自相关与空间异质性

在本文的研究框架下，空间自相关性检验的是某一个省份汽车产业生产效率与邻近省份汽车产业生产效率在地理空间上的相关程度，可使用全域指标和局域指标两种指标来度量，其中全域指标包括 Moran's I 指数和 Getis 指数，本文采用全局 Moran's I 指数，在邻接空间权重矩阵下经过999次随机排列模拟后得到空间自相关检验结果：全局 Moran's I 指数为0.4632（见图1），其正态统计量Z值为4.2161，大于正态分布函数在0.01水平下的临界值（1.96），表明我国30个省份汽车产业生产效率空间分布集聚化特征显著，整体上看我国汽车产业的空间分布具有正相关的空间依赖性。

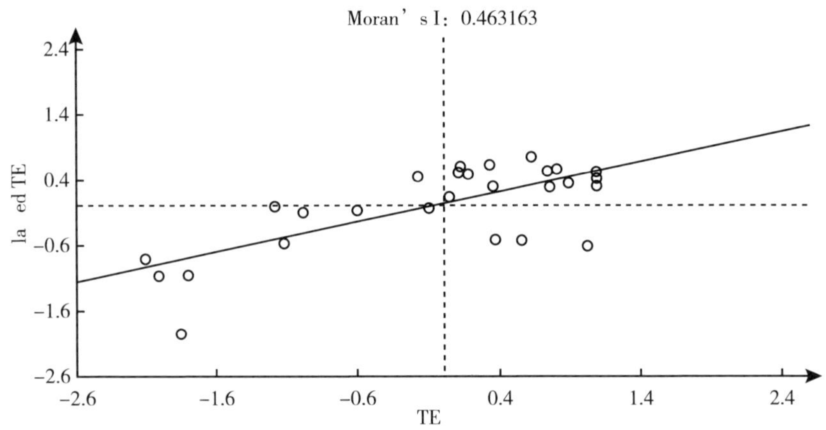

图1　我国汽车产业综合生产率的莫兰散点图

从图1不难看出，虽然我国汽车产业生产效率整体上呈现集聚态势，但是在空间分布上不平衡，大多数省份集中在第一和第三象限，呈现出高高集聚和低低集聚态势。这表明如果忽视空间地理的异质性和相关性，只是单一从时间维度分析我国汽车产业生产效率，与我国经济社会发展现实不相符，据此得出的结论和政策建议势必会存在偏误。为此，有必要采用能够考虑到空间异质性的空间计量模型，即地理加权回归模型来探讨我国汽车产业产出行为。

接下来，本文采用GWR4软件进行地理变异性检验（Geographical variability test），它通过检验自变量是否存在空间非平稳性来判断该自变量是全局固定变量还是局部变异变量，相关结果见表4。

表 4　变量系数的地理变异性检验

变量名	F	DOF for F test	DIFF of Criterion
OPEN	0.675620	0.279　20.879	1.072869
ROAD	2.853536	0.380　20.879	0.299223
PGDP	11.521486	0.248　20.879	-2.651702
GS	3.320430	0.263　20.879	0.037092
LU	19.984190	0.344　20.879	-6.882804
SO	2.383802	0.389　20.879	0.556748
常数项	43.533688	0.364　20.879	-15.198707

由表 4 可知，在研究模型中经济发展水平（*PGDP*）和城镇化率（*LU*）等 2 个变量具有显著的空间非平稳性，则应该视作局部变异变量进行局部回归分析，对外开放（*OPEN*）、城市道路（*ROAD*）、政府干预程度（*GS*）和所有制结构（*OS*）4 个变量空间非平稳性不显著，则需要作为全局性固定变量进行回归分析，据此设置如下混合地理加权回归模型：

$$TE_i = \partial_0(u_i,v_i) + \partial_1 OPEN_i + \partial_2 ROAD_i + \partial_3(u_i,v_i)PGDP_i + \partial_4 GS_i + \partial_5(u_i,v_i)LU_i + \partial_6 SO_i + \varepsilon_i \tag{3.4}$$

（三）混合地理加权回归模型结果

1. 全局固定变量结果分析

由方程（3.4）可得全局固定变量的结果（见表 5），通过对比 MGWR 和 OLS 回归结果发现，MGWR 在 R 平方和调整的 R 平方等方面均优于 OLS 模型，说明混合地理加权回归模型拟合程度有了进一步提高。表 5 的内容显示，对外开放（*OPEN*）估计系数为正，且通过 1% 的统计性检验，说明对外开放可以显著促进我国汽车产业综合技术效率的提高；政府干预程度（*GS*）的估计系数为 -0.0209，即政府干预程度每提高 1%，则汽车产业生产效率会降低 2.09%，且通过 1% 的统计性检验，说明在汽车行业内政府的干预行为会显著阻碍其生产效率的提升；所有制结构（*SO*）在 10% 的统计性水平下对汽车行业生产效率起到显著的推动作用。另外，公路建设（*ROAD*）对我国汽车产业综合效率的促进作用并不显著。

表 5 MGWR 模型下全局固定变量系数估计

参数	OLS	MGWR	变量类型
OPEN	0.008896*** (3.079729)	0.008675*** (2.941990)	全局固定变量
ROAD	0.003000 (−0.425661)	0.003500 (−0.509634)	
GS	−0.019586*** (−4.080656)	−0.020924*** (−3.321903)	
SO	0.006521* (1.918061)	0.006212* (1.816927)	
PGDP	0.000003 (0.823260)	NA	局部变异变量
LU	−0.018352 (−1.622827)	NA	
常数项	1.830067*** (2.966962)	NA	
R 平方	0.731	0.748	
调整的 R 平方	0.645	0.655	

说明：(1) *** 在 0.01 的水平下显著，** 在 0.05 的水平下显著，* 在 0.1 的水平下显著；(2) 括号内的值为回归系数的 t 值。

2. 局部变异变量结果分析

对每一个省份汽车产业综合效率的影响因素进行局部五分位回归，得到由 Gaussian 权重函数计算而来的局部变异变量 GWR 参数分位估计值（见表 6）。结果显示，不同分位点上的回归估计系数存在差异，表明 3 个局部变异变量对样本点的影响不是均质的。

基于混合地理加权回归模型的空间异质性变参数具体的估计与检验结果（见表 7），得出三点结论。第一，30 个省份汽车行业综合生产效率的局部拟合优度系数在 0.67409 与 0.76646 之间，意味着所设定的两个局部变异变量对汽车行业综合生产效率具有较强的解释力。第二，从地区经济发展对汽

表 6　局部变异变量在不同分位点上的 GWR 估计

变量	最小值	1/4 分位数	中位数	3/4 分位数	最大值	范围
PGDP	0. 000002	0. 000003	0. 000003	0. 000004	0. 000004	0. 000002
LU	－0. 022189	－0. 020354	－0. 018612	－0. 016972	－0. 016083	0. 006105
常数	1. 804215	1. 852648	1. 923445	2. 029106	2. 094463	0. 290248

车行业生产效率的影响来看，所有样本省份经济发展程度的提高均能促进汽车行业生产效率的提升，但是在统计上却不显著。第三，北京、天津、河北等 17 个省份城镇化的参数估计值显著为负，而广东、海南、广西等 13 个省份城镇化的参数估计值在统计上却不显著。因此，城镇化对汽车行业生产效率的影响存在明显的个体差异。

表 7　MGWR 模型下局部变异变量估计结果

省份	常数	*t* 值	*PGDP*	*t* 值	*LU*	*t* 值	localR2
北　京	1. 8161	2. 5699	0. 0000	0. 7336	－0. 0168	－1. 4182	0. 6983
天　津	1. 8202	2. 5824	0. 0000	0. 7124	－0. 0168	－1. 4183	0. 6943
河　北	1. 8180	2. 5738	0. 0000	0. 7287	－0. 0168	－1. 4191	0. 6981
辽　宁	1. 8369	2. 6113	0. 0000	0. 7210	－0. 0170	－1. 4500	0. 6962
上　海	1. 8735	2. 6955	0. 0000	0. 5557	－0. 0170	－1. 4535	0. 6841
江　苏	1. 8537	2. 6646	0. 0000	0. 5538	－0. 0167	－1. 4189	0. 6801
浙　江	1. 8885	2. 7211	0. 0000	0. 4895	－0. 0170	－1. 4469	0. 6825
福　建	1. 9575	2. 7869	0. 0000	0. 6156	－0. 0186	－1. 5847	0. 7082
山　东	1. 8042	2. 5803	0. 0000	0. 6026	－0. 0161	－1. 3557	0. 6741
广　东	2. 0273	2. 8363	0. 0000	0. 7497	－0. 0203	－1. 7075	0. 7291
海　南	2. 0346	2. 8329	0. 0000	0. 8319	－0. 0208	－1. 7512	0. 7431
山　西	1. 8538	2. 6105	0. 0000	0. 7904	－0. 0177	－1. 4839	0. 7153
内蒙古	1. 8387	2. 5923	0. 0000	0. 7925	－0. 0174	－1. 4774	0. 7206
吉　林	1. 8496	2. 6275	0. 0000	0. 7422	－0. 0173	－1. 4782	0. 7045
黑龙江	1. 8537	2. 6284	0. 0000	0. 7637	－0. 0175	－1. 4929	0. 7135
安　徽	1. 8707	2. 6882	0. 0000	0. 5169	－0. 0168	－1. 4222	0. 6819
江　西	1. 9633	2. 7912	0. 0000	0. 5852	－0. 0186	－1. 5691	0. 7040
河　南	1. 8943	2. 6890	0. 0000	0. 6881	－0. 0179	－1. 5061	0. 7054
湖　北	1. 9747	2. 7839	0. 0000	0. 6659	－0. 0192	－1. 5832	0. 7066

续表

省份	常数	*t* 值	*PGDP*	*t* 值	*LU*	*t* 值	localR2
湖　南	2.0374	2.8437	0.0000	0.7137	-0.0204	-1.6838	0.7188
甘　肃	1.9374	2.7077	0.0000	0.9382	-0.0195	-1.6711	0.7602
广　西	2.0716	2.8582	0.0000	0.8564	-0.0215	-1.7827	0.7413
贵　州	2.0945	2.8693	0.0000	0.9172	-0.0222	-1.8158	0.7440
宁　夏	1.9305	2.6974	0.0000	0.9196	-0.0194	-1.6432	0.7476
青　海	1.9597	2.7351	0.0000	0.9486	-0.0199	-1.7079	0.7665
陕　西	1.9464	2.7218	0.0000	0.8863	-0.0195	-1.6419	0.7370
四　川	2.0391	2.8154	0.0000	0.9816	-0.0214	-1.7956	0.7584
新　疆	1.9163	2.6917	0.0000	0.8814	-0.0189	-1.6372	0.7636
云　南	2.0590	2.8339	0.0000	0.9587	-0.0217	-1.8122	0.7591
重　庆	2.0557	2.8404	0.0000	0.9009	-0.0215	-1.7692	0.7396

四　主要结论与政策建议

本文利用三阶段 DEA 模型考察了我国汽车产业生产效率，并利用地理加权回归模型（GWR），实证考察了经济发展、所有制结构、城镇化发展和对外开放等因素对汽车产业生产效率影响的区域空间差异，得出以下主要研究结论。第一，外部环境和随机因素会导致我国汽车产业规模效率虚高，进而导致汽车产业整体技术效率也高于自身实际水平。纯技术效率对汽车产业整体效率提升的关键性作用还不明显，供给侧结构性改革在我国汽车产业仍亟须深入推进。第二，从全局性固定变量来看，对外开放是促进我国汽车产业综合技术效率的提高的普遍性因素。未来，汽车产业要积极加快构建开放型经济新体制的改革步伐，提高汽车产业开放质量，为汽车企业走出国门创造各方面条件，促进我国汽车企业对外合作稳步升级；汽车行业的政府干预行为会显著阻碍其生产效率的提升，在继续深入推进供给侧改革过程中，要减少政府对市场的干预，降低政府直接参与汽车行业资源配置的程度，打造让企业和市场发挥主要作用的机制氛围。第三，从局部性可变变量来看，区域省份经济发展程度的提高均能促进汽车行业生产效率的提升，而城镇化的发展对汽车产业的拉动作用并不显著，且其对汽车行业生产效率的影响存在明显的个体差异。

参考文献

H. O. Fried, S. S. Schmidt, S. Yaisawarng, "Incorporating the Operating Environment Into a Nonparametric Measure of Technical Efficiency," *Journal of Productivity Analysis*, 1999, 12 (3): 249 – 267.

H. O. Fried, C. A. K. Lovell, S. S. Schmidt, et al., "Accounting for Environmental Effects and Statistical Noise in Data Envelopment Analysis," *Journal of Productivity Analysis*, 2002, 17 (1 – 2): 157 – 174.

H. A. Kloos, "Decomposition of Total Productivity Growth: A Regional Analysis of Indian Industrial Manufacturing Growth," *Working Papers*, 2004, 55 (3 – 4): 311 – 331 (21).

R. A. Mahadevan, "DEA Approach to Understanding the Productivity Growth of Malaysia's Manufacturing Industries," *Asia Pacific Journal of Management*, 2002, 19 (4): 587 – 600.

S. M. Kang, M. H. Kim, "Analysis of Technical Efficiency and Productivity Using Meta – frontier – Manufacturing Industries in Korea and China," in *Green Growth: Managing the Transition to a Sustainable Economy*. Springer Netherlands, 2012: 121 – 126.

R. D. Banker, A. Charnes, W. W. Cooper, "Some Models for the Estimation of Technical and Scale Inefficiencies in Data Envelopment Analysis," *Management Science*, 1984, 30 (9): 1078 – 1092.

朱峥峥：《基于三阶段 DEA 方法的我国建筑业效率研究》，东北林业大学，硕士学位论文，2013。

卢方元、常艳华、卢欣：《中国装备制造业 R&D 投入产出绩效分析——基于全国三次经济普查》，《工业技术经济》2016 年第 4 期。

吴玉鸣、李建霞：《基于地理加权回归模型的省域工业全要素生产率分析》，《经济地理》2006 年第 5 期。

魏传华、胡晶、吴喜之：《空间自相关地理加权回归模型的估计》，《数学的实践与认识》2010 年第 22 期。

B.4 我国共享汽车产业发展面临的困境和机遇

刘晓晗*

摘 要： 共享汽车产业在一些发达国家和地区已经相对成熟，在我国尚处于起步阶段。当前，我国共享汽车产业发展还面临盈利模式不明晰、停车难停车贵和用户使用不规范等一些问题，但同时我国共享汽车产业也有用车市场供需缺口大、移动互联网发达、移动支付便捷性高和政府大力支持等特有优势。我国共享汽车产业还面临一些发展瓶颈和不确定性，总体而言其市场空间大、增长速度快、发展后劲足，将成为我国共享经济的重要增长点。

关键词： 共享汽车　汽车共享　共享经济　分时租赁

一　我国共享汽车产业尚处于萌芽期和起步期

共享汽车的雏形源于20世纪40年代瑞士的“自驾车合作社”，随后在美国、德国、日本、意大利、荷兰和澳大利亚等国逐渐兴起。现在，共享汽车在一些国家和地区的发展已相对成熟，成为所在城市交通客运体系的重要组成部分，发挥了缓解停车难、出行难和交通拥堵的作用。

---

* 刘晓晗，博士，广州市社会科学院助理研究员，研究方向为金融政策与产业经济。

全球第一家现代意义的共享汽车公司 Zipcar，1999 年诞生于美国马萨诸塞州剑桥市。我国最早从事汽车分时租赁的共享汽车公司是 2011 年成立于杭州的“车纷享”公司。虽然共享汽车在我国起步较晚，但是发展速度很快，由于我国一些特有的因素，共享汽车产业在我国具有更多的发展空间，更大的成长潜力，也伴随更复杂的发展风险。

总体而言我国的共享汽车产业还处在萌芽期和起步期，行业渗透率较低，仍处于规模商业模式的探索阶段，绝大部分共享汽车项目属于短时分时租赁形式，远未达到以“共享”替代私家车的阶段。截至 2017 年 6 月，我国共享汽车企业约有 40 余家，车辆总数超过 4 万辆，其中 95% 以上为新能源汽车，注册“共享汽车”业务的公司约有 370 家，实际拥有运营车队的公司超过 100 家。现有共享汽车主要布局于北京、上海、广州、深圳、杭州、重庆等一线城市及佛山、珠海、合肥等二线城市或省会城市。从主要经营企业看，目前较大的品牌有 Togo 途歌、Evcard、GoFun、Car2Share、PonyCar、Car2go 等，其中既包括 Togo 途歌等自创立就致力于共享汽车业务的初创公司，也包括上汽集团旗下的 Evcard、首汽集团旗下的 GoFun、北汽集团旗下的绿狗和华夏出行、力帆集团旗下的盼达用车等传统汽车生产企业向共享汽车产业拓展而投资设立的品牌。

我国共享汽车企业拥有的可用于分时租赁的车辆基数还不大，但是成长速度快，各城市只要有新的大型资本进入该领域，就会带来共享汽车数量的大幅度提高。以广州为例，2017 年 4 月，广州共享汽车数量约为 2000 辆，到同年 12 月，进驻广州的共享汽车企业已经超过 20 家，共享汽车数量超过 5700 辆，预计在 2018 年即可突破 1 万辆。

二　我国共享汽车仍面临的发展困境

我国共享汽车正处发轫之始，盈利模式尚未明晰，法律法规建设有待跟进，用户理念仍须培养，公司运营风险不断涌现，用户使用痛点亟待解决。

（一）盈利模式尚不明晰

根据是否拥有自有运营车辆的标准判断，我国共享汽车主要分为两大类：一类是以自有运营车辆为主的企业，如Togo途歌、Evcard、GoFun等；另一类是不以自有运营车辆为主，甚至无自有运营车辆的平台服务型企业，如易约车、PP租车等。其中第一类企业是我国共享汽车企业的主体，属于典型的重资本投入企业。和共享单车不同，共享汽车单车成本高昂，投入运营车辆的价值回收周期长。更为严峻的现实是，该产业尚未确立有效的盈利模式，多数企业处在“烧钱”的市场布局阶段，只有个别企业可以勉强实现盈亏平衡。盼达用车CEO称，盼达用车将于2017年5月“在单个城市实现盈利，成为全世界第一个能够实现单个项目盈利的共享汽车企业”。共享汽车“自我造血”能力的不足已经导致一些企业的倒闭或退出，如2014年，创立不到一年的CoCar倒闭；2017年3月，友友用车停止运营；2017年10月，EZZY公司宣布解散，EZZY创始人付强甚至悲观地表示“死亡，是所有分时租赁公司的最终命运”。共享汽车产业只有规模化才能提高车辆使用效率，但我国92.7%的共享汽车企业拥有车辆数不足50辆。企业运营和管理成本高与盈利模式不明晰的矛盾给共享汽车企业带来了巨大的资金压力。

（二）交通事故损失处置的法律困境

在许多共享汽车公司制定的共享汽车用户使用协议中存在交通事故后用户须支付一定费用作为车辆维修或贬值损失补偿的条款。如GoFun公司的《GoFun出行分时租赁服务会员协议》中规定“车辆发生重大事故导致车辆残值受损的，会员以事故前评估车价的20%承担车辆贬值损失”。该类条款在不同共享汽车企业的用户使用协议中规定的比例不同，但是对于消费者是否应该承担此类赔偿，许多消费者持否定意见，消费者普遍认为共享汽车企业已经为共享汽车购买保险，消费者无事故赔偿责任。对此，法律专业人士的判断也存在分歧。共享汽车市场仍缺乏行业规范，政府在法规条例上的跟进也稍显不足，在交通事故认定和安全规范等领域仍须完善。

（三）停车难、停车贵

停车难、停车贵问题是共享汽车发展的重要瓶颈。随着我国机动车保有量的迅速攀升，停车位不足问题愈发凸显，特别是在北上广深等大城市的中心城区停车位资源更加稀缺，停车费用高昂。许多共享汽车企业以车辆不需要固定取车还车地点为卖点，以提高消费者用车便利性。但事实上城市中心城区停车位不足，用户在还车时常难以就近找到停车位，由此导致的不规范停车问题又进而加大城市道路交通管理压力。

另外，部分共享汽车用户使用汽车前需要结清上一位用户停放车辆后产生的停车费。一些停放在收费较高的路段或停车场的共享汽车显著提升了用户的用车成本。一些共享汽车公司对此提供 10 ~ 20 元的代金券补偿，但该补偿在一些时候仍远低于停车费，同时申请代金券补偿的程序也降低了用户使用共享汽车的便利性。

（四）消费者押金成本及其退还风险

近年来，我国一些共享单车企业违约无法退还用户押金问题屡见报端，共享汽车产业也面临同样的风险。共享汽车需要缴纳比共享单车更高的押金，如监管不到位不及时，也存在押金“跑路门”的风险。事实上，已经有共享汽车企业发生该类问题，2017 年 10 月，北京共享汽车企业 EZZY 突然宣布停止运营，导致每位用户缴纳的 2000 元押金难以退回。此外，共享汽车押金退还周期较共享单车长。共享汽车押金退还周期中必须首先查明用户在使用共享汽车期间是否有毁坏车辆和交通违法违章等不当行为。在我国多数城市，交通违章查询多不能在违章行为当天查询到结果，而是需要 2 ~ 7 天的周期。类似的，如发现用户在用车期间车辆有剐蹭等交通事故，走保险程序确定保险理赔金额也需要一定的时间。

为降低用户押金成本和对押金退还风险的担忧，一些共享汽车企业开始推出免押金策略。如 PonyCar、Greengo 等公司与蚂蚁金服合作推出的芝麻信用免押金策略，支付宝用户的芝麻信用分达到一定要求就可以免除共享汽车押金。2017 年 8 月，交通部、住建部联合发布的《关于促进小微型客车租赁健康发展的指导意见》也提出“鼓励分时租赁经营者采用信用模式代替押金管理”的政策指导意见，今后免押金可能成为共享汽车的未来趋势。但就当前我国征信机制仍不健全的客观情况看，需要用户缴纳押金的共享汽车企业仍占多数，押金监管问题仍不容忽视。

（五）培养现代消费文明道阻且长

共享汽车和共享单车常常被媒体称为“照见国民素质的镜子”，发生在共享单车运营过程中的毁车、伤车、盗用等问题在各个城市都屡见不鲜，共享单车企业为此付出大量的资金成本和管理成本。同样的，共享汽车也正在面临类似问题的考验。面对不文明行为，共享汽车往往需要付出更高的成本。一是车内卫生状况堪忧，许多用户在使用过程中乱丢果皮、烟头、烟灰等垃圾；二是车内设施和汽车零件丢失，一些用户窃取行车记录仪、加油卡，以及拆卸汽车配件挪为自用；三是许多用户实际驾驶经验不足导致剐蹭碰撞等事故频发，有用户将共享汽车作为驾驶练习车辆使用，个别用户甚至蓄意暴力驾驶；四是违章停放、闯灯压线等违章行为频率高。客观而言，共享汽车在发达国家也会遭遇上述问题，但从对比中不难发现，我国的情况更为严重，培养用户文明消费观念仍需要政府、企业和用户的共同努力。

（六）规模化经营难题

由于共享汽车一些特有属性，难以实现类似共享单车一样的快速化规模化扩张，从而实现规模经济效益。首先，共享汽车比共享单车的购置成本高，即便以低端车型约 5 万元计算，其成本也是共享单车成本的过百倍；其次，汽车维护保养成本更高，维修保养周期更长；再次，我国共享汽车多为充电式新能源汽车，还需要解决充电桩配套不足问题。个别企业经营成长需要一个漫长的周期，因此更可能的情况是，共享汽车产业中众多资本和企业在经历一段时期的激烈竞争后，以兼并和合作联合等形式产生更大规模的少数几家企业分享这一市场，由此也可以避免很多低效率的重复投资。未来我国的共享汽车市场要达到规模化效应，很可能会形成2～3家全国经营型龙头企业和3～4家区域型龙头企业的总体格局。

（七）政府管理难度大

随着共享经济和创新经济的崛起，新生商业模式与原有管理制度和监管规则间必然出现不配套乃至矛盾之处。如共享汽车乱停乱放引发交通事故和交通拥堵，共享汽车交通事故中人员和财产损失引发的法律纠纷，在北上广深等机动车限牌城市共享汽车经营牌照发放，共享汽车企业收取的用户用车押金的资金管理等众多问题，都需要更加详细的法律法规予以明确。其中一些问题涉及不同政府部门间和不同层级政府间的管理权限问题，厘清一整套的管理体系还需要大量工作的跟进。

（八）新能源汽车充电难

充电难是以插线充电式新能源汽车为主要车型的共享汽车绕不过去的问题。以广州为例，2016年10月，广州新能源汽车保有量约5万辆，电动车充电桩约8500个，供需缺口巨大。如果充电设施不足，共享汽车的流动性和便捷性将受到很大限制。此外，现有共享汽车主要新能源车型续航里程仍偏短，为100～200千米，如考虑实际可行驶里程比理论续航里程更短的客观情况，则续航里程还需缩减。在北上广深等大城市，特别是赶往机场或火车站的路途时常为几十公里，期间如遇拥堵，新能源汽车半途因电量耗尽而抛锚的情况时有发生，由此也增添了消费者对使用共享汽车的顾虑。

三　我国共享汽车面临的机遇

（一）用车市场存在巨大需求缺口

我国私家车用车供需矛盾突出，根据公安部交通管理局的数据，2017年我国私家车数量达到1.7亿辆，机动车驾驶人数量超过3.42亿人，是私家车数量的两倍多，有驾照无车人群达1.7亿。根据中国汽车工业协会的预测，近十年我国驾照持有人数量将保持快速增长，用车需求缺口还将继续扩大。而共享汽车的应用和普及将有助于缓解这一用车供需矛盾。共享汽车可以为汽车使用人节省大笔购车成本，同时实现车辆、停车位、充电桩等资源使用效率最大化，满足更多人的用车需求，为人们提供更多的交通出行选择。

在北上广深等大城市，限行限号也限制了许多人的购车用车需求。2017年，深圳市普通家用车个人指标中签率不足0.5%，2018年北京市车牌首期摇号中，普通家用车个人指标中签率仅为0.05%。共享汽车的出现，将为巨大的用车需求提供更多的解决方案。相较于普通私家车，共享汽车的车辆利用率要更高，根据2017年交通运输部和北京途歌科技有限公司联合发布的研究报告《中国一线城市共享汽车出行分析报告》，共享汽车在北上广深四大城市每天平均使用频率分别为5.1次、2.8次、3.5次和4.5次，平均行驶里程分别为20千米、18千米、17千米、18千米，该行程约为普通私家车日均行程的4倍以上。

（二）共享经济大势所趋

根据国家信息中心分享经济研究中心课题组的报告《中国共享经济发展年度报告（2018）》，我国2017年共享经济市场交易规模达到4.9万亿元，比2016年增长47.2%，同时还预测未来五年，我国共享经济将保持年均30%以上的高速增长。我国已经成为世界共享经济创新者和引领者。麦肯锡研究报告《2030汽车革命的八大趋势》中认为，共享出行将日渐普及，到2030年世界新售汽车行驶里程中将有30%来自共享汽车，到2050年共享汽车销量将占世界汽车销售市场的三分之一。罗兰贝格咨询公司的研究报告《2018中国汽车共享出行市场分析预测报告》认为共享汽车在我国拥有广阔的发展空间，汽车共享出行需求将由2015年的每天816万次，增长至2018年的每天3700万次，对应的市场规模达到每年3800亿元，并测算认为在未来十年，我国共享汽车数量将保持45%的年均增长率。

共享汽车的运营模式和盈利模式将在摸索中继续前进，随着产业链条上各个环节被逐一打通，资本和企业经验的不断积累，市场竞争的日益规范，关键性技术的不断突破和新消费观念的日益成熟，共享汽车将成为共享经济新的引爆点。

我国共享汽车商业模式也在不断取得新进展。2018 年 2 月春运期间，广铁集团为更好解决旅客“最后一公里”问题，与共享汽车企业合作，在广州南站推出“高铁 + 共享汽车”接驳模式，每天提供 500 辆新能源共享汽车为乘客提供服务。2018 年 3 月，中国铁路昆明局集团有限公司也在火车昆明站和昆明南站推出了“火车 + 共享汽车”服务。共享汽车正在加速渗透到共享出行的更多区域和领域。

（三）资本加速布局

各大国际汽车生产巨头很早就开始投资布局共享汽车产业。世界汽车工业巨头丰田集团董事长丰田章男表示，丰田将转型升级为移动出行方案解决公司，丰田公司已于 2017 年 8 月宣布开发丰田共享汽车软件，同年还发布全新的共享汽车概念车 Wonder-Capsule Concept。Car2go 和 DriveNow 分别是戴姆勒和宝马旗下的共享汽车品牌，2018 年 3 月，这两大豪华汽车品牌竞争对手宣布将以 50∶50 股份比例将各自旗下的共享汽车品牌 Car2go 和 DriveNow 进行整合。这一合并完成后，新公司将成为共享汽车领域最大的运营商之一，世界市场份额有望超过 30%。德国汽车巨头大众汽车也宣布与滴滴合作，加速在中国的汽车共享、按需打车领域的布局。

在国内市场，传统汽车生产企业、共享出行平台公司、风投机构等也积极投资共享汽车产业。传统汽车生产企业上汽、北汽、首汽等除了开辟旗下共享汽车品牌，还与摩拜出行、滴滴出行等共享出行公司合作入局共享汽车产业。2017 年以来，共享汽车领域更是迎来资本加速布局，2017 年下半年，盼达用车融资 1575 万美元，途歌融资 2200 万美元，巴歌出行融资 2500 万美元，GoFun 融资 2. 14 亿元人民币，PonyCar 融资 2. 5 亿元人民币。

（四）新科技革命的支撑作用将越来越强

正如党的十九大报告中指出的“发展是解决我国一切问题的基础和关键”，新科技革命的发展进步将对我国共享汽车产业发展起到越来越坚实的支撑作用。

一是新能源汽车，特别是国产新能源汽车的性能会不断提升，同时购车成本会继续下降。随着比亚迪、吉利、荣威、广汽等国产汽车品牌新能源汽车技术的快速进步，特别是电池性能的不断提升，国产电动汽车将具有更长的续航里程和更高的性价比。同时，随着各地充电桩的建设和汽车充电速度的提升，电动汽车将更具使用性。此外，如果无线充电技术取得实质性突破，还将节省电动汽车充电桩建设需要的成本和物理空间。

二是各类信息平台建设将更有利于共享汽车产业挖掘规模经济效益潜力。从车型信息平台、路况信息平台、停车信息平台、用车信息调度平台到车辆免押金信用平台等众多服务平台的丰富和完善，将会为共享汽车全产业链提供更便捷高效的服务。

三是我国具有智能手机和移动支付普及率高的优势。我国智能手机和移动支付普及率全球领先，移动支付渗透率远超意大利、日本等发达国家，特别是支付宝、微信等客户端的移动支付已经是人们习以为常的重要支付手段，共享汽车软件只需要在手机上安装和使用。接下来，随着我国5G信息技术的率先推出和普及，将为共享汽车验车、用车和支付等环节提供更加高效的支持。

四是从中长期视角看，自动驾驶技术的突破将对共享汽车产业产生质的提升。以传感技术和人工智能为核心技术的自动驾驶和共享汽车商业模式的融合将使人类出行方式发生根本性变革。特斯拉、谷歌、优步等国际巨头在自动驾驶技术领域的激烈竞争已经展开。从国内看，2017年7月，国务院印发《新一代人工智能发展规划的通知》中提出要“形成我国自主的自动驾驶平台技术体系和产品总成能力，探索自动驾驶汽车共享模式”，百度自动驾驶汽车已经进入路试阶段，蔚来汽车、小鹏汽车等汽车产业新锐将自动驾驶技术研发和应用作为公司核心战略，腾讯也设立了自动驾驶实验室。自动驾驶技术的应用和普及，将为共享汽车发展带来更多发展空间，其不仅可以为汽车用户解放双手，还可以通过“车接人”取代“人找车”的方式创造性地解决找车难、停车难问题。

（五）政府的政策支持

2014 年 7 月，国务院办公厅发布《关于加快新能源汽车推广应用的指导意见》，提出“在个人使用领域探索分时租赁、车辆共享、整车租赁以及按揭购买新能源汽车等模式，及时总结推广科学有效的做法”。2015 年中共十八届五中全会公报首次正式提出支持“分享经济”发展。几年来各级政府和部门出台了多份文件大力促进涉及共享汽车领域的分享经济的发展。2016 年 3 月，李克强总理在《2016 年政府工作报告》中提出“以体制机制创新促进分享经济发展”，“以体制机制创新促进分享经济发展，建设共享平台”。2017 年 6 月，交通运输部出台《关于促进汽车租赁业健康发展的指导意见》，鼓励使用新能源汽车用于分时租赁，并充分肯定了发展共享汽车的意义，认为共享汽车是“传统汽车租赁业在服务模式、技术、管理上的创新，改善了用户体验，为城市出行提供了一种新的选择，有助于减少个人购车意愿，一定程度上缓解城市私人小汽车保有量快速增长趋势以及对道路和停车资源的占用”。2017 年 7 月，国家发改委印发《关于促进分享经济发展的指导性意见》，鼓励发展分享经济，促进大众创业万众创新。2017 年 8 月，交通运输部和住房城乡建设部联合发布了《关于促进小微型客车租赁健康发展的指导意见》，该文件从确定分时租赁发展定位、提升线上线下服务能力、建立健全配套政策措施、营造良好发展环境等方面对共享汽车产业规范发展提出了意见。

随着国家支持政策不断出台，一些地方政府的配套政策也陆续开始实施。2016 年 2 月，上海市人民政府办公厅发布《关于本市促进新能源汽车分时租赁业发展的指导意见》，提出加快新能源汽车分时租赁服务网点布局建设、引导分时租赁企业创新商业模式等政策，并提出到 2020 年的发展规划目标。2017 年 4 月，广州出台我国第一个共享汽车行业服务规范《广州市共享汽车（分时租赁）行业服务规范（试行）》，同时成立国内首个共享汽车行业协会“广州道路运输行业协会共享汽车（分时租赁）专委会”。

参考文献

杨再高等主编《广州蓝皮书：中国广州汽车产业发展报告（2017）》，社会科学文献出版社，2017。

国家信息中心分享经济研究中心：《中国共享经济发展年度报告（2018）》，国家信息中心网站，http：//www. sic. gov. cn/News/250/8873. htm。

陈清泰：《迎接汽车革命》，中信出版集团，2018。

B.5
2017年我国新能源汽车发展形势及对策研究

江彩霞*

摘　要： 得益于国家新能源汽车产业政策扶持，短短几年我国新能源汽车实现了飞速发展，自主品牌新能源汽车企业根据市场变化适时推出新能源汽车产品，紧抓机遇不断提高竞争实力。2017年我国新能源汽车呈现高速发展态势，产销均接近80万辆，产销增速均超过53%。本文分析了2017年我国新能源汽车产业发展形势及存在问题，并就我国新能源汽车产业未来发展提出进一步完善落实相关扶持政策、加强新能源汽车市场布局与推广应用、加强龙头企业的扶持、强化技术创新驱动、加快新能源汽车配套设施建设等对策建议。

关键词： 新能源汽车　技术创新　政策扶持

一　2017年新能源汽车产业发展概况

（一）新能源汽车发展势头强劲

在国家多重政策、技术助推下，新能源汽车成为2017年车市亮点，发

* 江彩霞，硕士，广州市社会科学院经济研究所副研究员，研究方向为经济与产业政策。

展势头强劲，实现了高速增长。2017 年我国新能源汽车产销均实现大幅度增长，其中产量达到 79.4 万辆，同比增幅为 53.8%，销量达到 77.7 万辆，较 2016 年增长 53.3%（见表 1），产销量增速较 2016 年分别提高了 2.1 个和 0.3 个百分点。新能源汽车市场占比进一步提高，达到 2.7%，比 2016 年提高了 0.9 个百分点。

表 1　2017 年全国新能源汽车产销情况

单位：万辆，%

类别	产量	同比增长	销量	同比增长
新能源汽车	79.4	53.8	77.7	53.3
新能源乘用车	59.3	71.9	57.8	72
纯电动	47.8	81.7	46.8	82.1
插电式混合动力	11.4	40.3	11.1	39.4
新能源商用车	20.2	17.4	19.8	16.3
纯电动	18.8	22.2	18.4	21.5
插电式混合动力	1.4	-24.9	1.4	-26.6

资料来源：中国新能源汽车网。

从月度数据看，2017 年我国新能源汽车月度销量整体呈现上升趋势，各月份销量除 1 月外，均明显高于 2016 年各个月份，其中 12 月新能源汽车销量 16.3 万辆，月度销量再创历史新高，同比增长 56.8%，环比增长 37%（见图 1）。其中，新能源乘用车月均销量接近 10 万辆规模，达到 9.8 万辆，新能源商用车月均销量达到 6.4 万辆。

从新能源汽车细分市场来看，2017 年纯电动乘用车产量达到 47.8 万辆，同比增幅为 81.7%，销量为 46.8 万辆，同比增长 82.1%，全部新能源汽车销量中纯电动乘用车的比重为 60.2%。插电式混合动力乘用车产量首次突破 10 万辆规模，达到 11.4 万辆，同比增长 40.3%，实现销量 11.1 万辆，同比增长 39.4%，全部新能源汽车销量中插电式混合动力车型比重为 14.3%。在新能源商用车方面，纯电动商用车产量为 20.2 万辆，同比增长 17.4%，完成销量 18.4 万辆，同比增长 16.3%，全部新能源汽车销

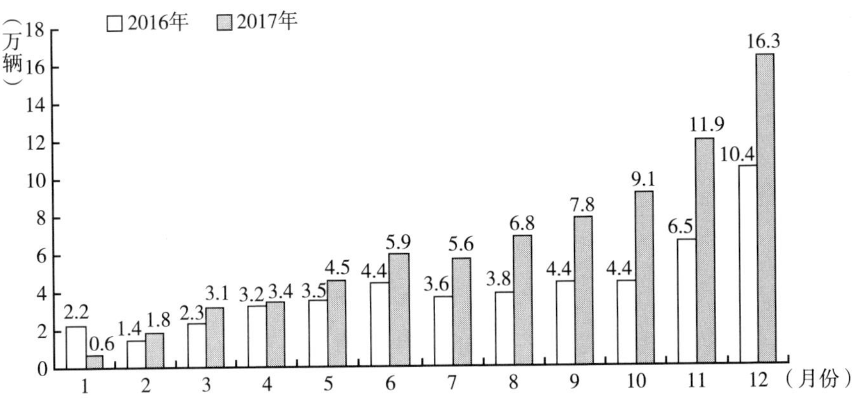

图1　2016～2017年新能源汽车月度销量

资料来源：中国新能源汽车网。

量中纯电动商用车比重为23.7%；插电式混合动力商用车产销量均为1.4万辆，增速下降明显，分别为－24.9%和－26.6%，市场份额较小，仅为1.8%。（见图2）。

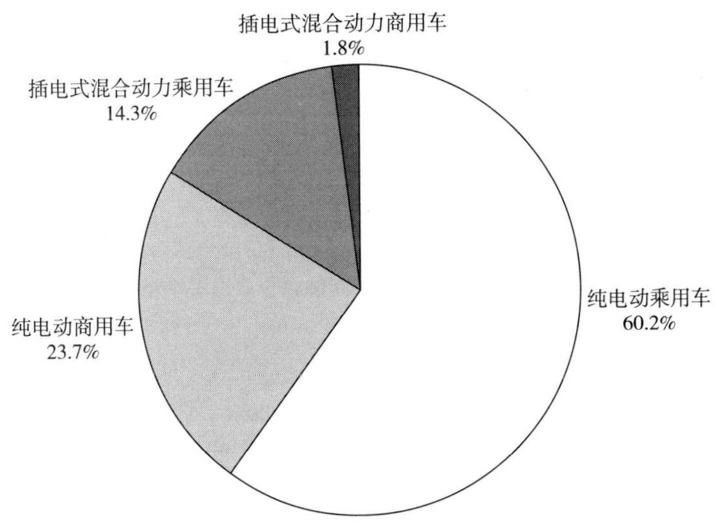

图2　2017年各类新能源车销量占比情况

资料来源：中国新能源汽车网。

（二）重点企业发展较快

在国家新能源汽车产业政策的大力扶持下，2017 年我国自主新能源汽车企业抓住机遇，根据市场情况变化适时推出新能源汽车产品，企业实力不断增强。作为最早进入新能源汽车市场的比亚迪和北汽新能源，比亚迪对症下药，针对自身最弱的产品设计方面进行提升，北汽新能源也在产品上不断下功夫。2017 年，比亚迪和北汽两家企业新能源汽车销量均已突破 10 万辆规模，整体增速都较快。比亚迪、北汽新能源、众泰汽车、奇瑞汽车、上汽乘用车、吉利及江铃新能源等车企新能源汽车销量规模均已突破 3 万辆，7 家企业销量累计达到 42. 62 万辆，市场份额达到 54. 9%（见图 3）。

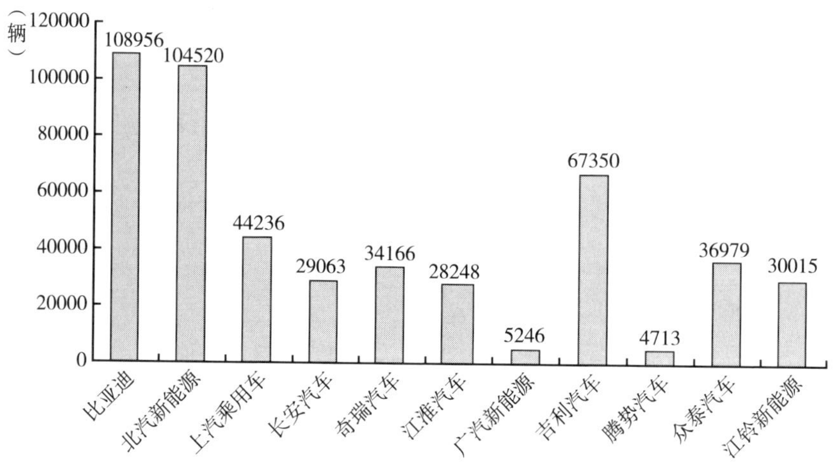

图 3　2017 年国内自主新能源企业汽车销量

资料来源：中国新能源汽车网。

短短几年，我国新能源汽车实现了飞速发展，作为我国新能源汽车领域领头羊的比亚迪，凭借技术优势及市场布局，混动车型有比亚迪秦和比亚迪唐，纯电动车型有 E5、E6、秦 EV、宋 EV 等，2017 年完成销量 10. 9 万辆，已经连续两年成为全球产销规模最大的新能源汽车企业。北汽新能源纯电动车 EC 系列 2017 年完成销量 78079 辆，成为国内新能源汽车型的“销售王”，EU 系列也完成 13158 辆。上汽乘用车是最凶猛的追赶者，旗下有荣威和名爵两个品牌，2017 年完成销量 4.42 万辆，2017 年仅荣威品牌发力就取得明显效果，对其他品牌已经构成较大的压力。吉利旗下新能源车主力军知豆品牌增速惊人，以微型电动车迅速占领市场，2017 年知豆 D2 的销量较上年增长 553.7%。从 2012 ~ 2017 年主要新能源汽车企业销量看，2015 年开始步入发展快车道，而 2017 年可以说是新能源汽车井喷的一年。比亚迪、北汽新能源和上汽乘用车三家企业，2017 年新能源汽车销量分别是 2012 年 40.2 倍、561.9 倍和 185.9 倍（见表 2）。

表 2　2012 ~ 2017 年我国主要新能源汽车企业销量情况

单位：辆，%

企业	2012 年	2013 年	2014 年	2015 年	2016 年	2017 年	2017 年增速
比亚迪	2709	2549	18471	58869	100178	108956	8.8
北汽新能源	186	1335	5549	17060	46420	104520	125.2
上汽乘用车	238	406	2896	11123	20017	44236	121
吉利汽车	—	2619	8564	26554	49218	67350	36.8
奇瑞汽车	3055	6039	9847	14147	20963	34166	63
众泰汽车	1126	529	9696	24408	36999	36979	0

资料来源：搜狐汽车网。

（三）产业政策不断调整

我国目前已经成为全球新能源汽车最大的市场，与国外自由发展市场相比，我国新能源汽车的销量、产业的快速发展，都与国内政策息息相关，就目前来说，我国的新能源汽车产业政策是全球范围最完善、扶持力度最大的。我国于 2010 年开始发布新能源汽车补贴政策，2017 年出台的新能源汽车政策有双积分办法推迟实施、新能源汽车发展规划、新能源汽车生产提高准入门槛、布局能源互联网、新能源汽车企业解除合资限制、鼓励新能源汽车开展分时租赁业务、提高新能源汽车贷款发放比例、规定公务用车新能源比例、促进动力电池回收利用、2018 ~ 2020 年新能源汽车将免征车辆购置税等。2018 年 2 月 13 日公布的《关于调整完善新能源汽车推广应用财政补贴政策的通知》强调，加强推广应用监督管理、调整完善推广应用补贴政策、破除地方保护主义、优化推广应用环境、建立统一市场。同时，全国各地相继出台新能源汽车补贴政策，进度比 2016 年明显加快，北京、天津、上海、重庆、广东、广州、成都、深圳等省、市都已经启动新能源汽车推广工作，与往年相比，中部城市 2017 年新能源汽车推广工作力度明显加大。

从国家有关部委发布的政策来看，2017 年国家从生产、销售、使用等层面均向新能源汽车方面给予一定倾斜支持，如新能源合资企业数量限制的放开，新能源汽车贷款比例高于传统燃油车、鼓励新能源车开展分时租赁等，但与 2016 年政策相比，2017 年国家政策多从打造有利环境入手，改变了以往直接以财政补贴的方式促进新能源汽车产业发展。例如，在规定公务用车新能源比例中明确提到，至 2020 年，公共机构新建和既有停车场要规划建设配置充电设施比例不低于 10%；中央国家机关及所属在京公共机构比例不低于 30%；在京中央企业比例力争不低于 30%①。

（四）推广应用加速推进

为更好推动新能源汽车产业发展，新能源汽车生产企业积极配合各地方政府，制定本地的新能源汽车推广应用方案，国家发改委也有专门针对经济发达地区而提出的新能源汽车推广任务，在部分地区逐步推广新能源汽车专用号牌，这些举措有利于进一步加速目前我国新能源汽车的推广应用。我国大部分新能源汽车产业激励政策从 2009 年开始推出，截至 2017 年我国新能源汽车累计推广已经超百万辆规模，达到 144 万辆，其中北京、上海率先成为新能源汽车推广应用总量超 10 万辆的城市。同时，北京、上海正式启用新能源汽车专用号牌，截至 2017 年底，全国启用新能

① 参见国家能源局、国资委、国管局联合下发的《加快单位内部电动汽车充电基础设施建设》通知。

源汽车专用号牌的城市的数量已经超过 100 个，发放新能源汽车专用号牌 26.57 万副，其中纯电动汽车 18.95 万副、其他类型新能源汽车 7.62 万副，覆盖 31 个省份。

在全国电动汽车充电基础设施推广应用中，中国电动汽车充电基础设施促进联盟提供的数据显示，截至 2017 年底，全国公共类充电基础设施保有量 213903 个，新能源汽车车桩比例大约为 3.8∶1，其中，纯电动乘用车车桩比例大约为 1.8∶1。北京、广东、上海公共类充电基础设施保有量分别达到 30363 个、29262 个、26314 个，其次为江苏、山东、安徽、河北、浙江、天津和湖北等省份。从公共类充电基础设施运营情况看，目前国内规模较大的运营商共有 13 家，其中特来电、国网公司、星星充电和中国普天四个运营商的保有量总和已经占全国公共类充电基础设施保有量的 86%。

二　我国新能源汽车产业发展存在的问题

新能源汽车已上升为国家层面的战略性新兴产业，一直在享受国家高额补贴、牌照限行优惠等政策红利，持续多年实现高速增长。国内新能源汽车企业在飞速发展的同时，正面临发展中的瓶颈问题，想要实现长远发展，引领中国占领新能源汽车的全球制高点，仍须下功夫。

（一）充电配套设施不够完善

对新能源汽车充电设施建设，国家一直都有专门的配套补贴资金，但受到技术更新、城市用地紧张及各地相关政策不健全等因素影响，各地的充电配套设施建设的步子没有迈开，充电设施数量与快速发展的新能源汽车规模不相匹配，导致配套设施整体状况不理想。

从公共充电基础设施整体情况看，2017 年全国公共类充电桩数量总计达到 213903 个，其中，交流充电桩 86469 个、直流充电桩 61375 个、交直流一体充电桩 66059 个。北京、广东和上海保有量位居前三位，分别达到 30363 个、29262 个和 26314 个，但排在后面的青海只有 340 个，新疆124个，省级行政区域内所拥有的公共类充电桩数量差距非常大（见图4）。

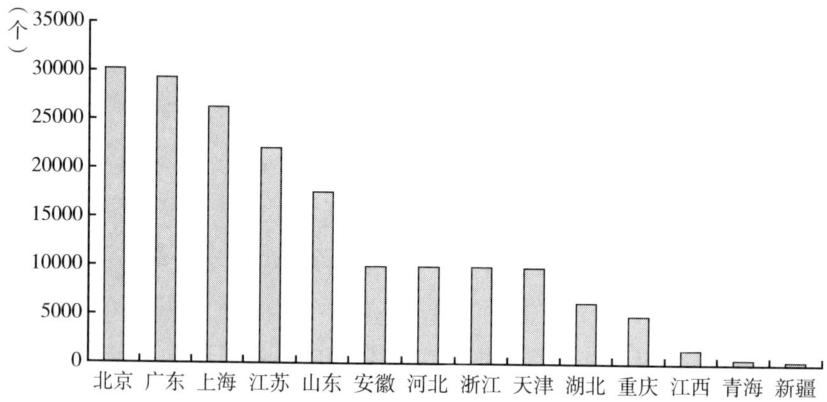

图4　省级行政区域拥有的公共类充电桩数量比较

国家信息中心针对1000多个新能源汽车用户的调研结果显示，用户不满意的地方主要集中在三个方面：一是续航里程不够长；二是充电时间长；三是充电不方便。目前国内已建成的充电站、充电桩数量不足，空间布局不够均衡（见表3），充电站、充电桩面向的市场小，仅面向公共领域，从而引发人们普遍认为的充电不便问题。

表3　各省市公共类充电桩数量排名情况

单位：个

省份	排名	合计	交流桩数量	直流桩数量	交直流桩数量	公共桩数量	专用桩数量
北京	1	30363	10172	11060	9131	25545	4818
广东	2	29262	19160	5020	5082	23805	5457
上海	3	26314	17908	5301	3105	24811	1503
江苏	4	22075	12378	6471	3226	19497	2596
山东	5	17557	2694	5960	8903	14280	3277
安徽	6	9909	3582	2223	4104	8129	1780
河北	7	9875	960	4396	4519	8624	1251
浙江	8	9866	2039	4339	3488	8789	1077

续表

省份	排名	合计	交流桩数量	直流桩数量	交直流桩数量	公共桩数量	专用桩数量
天津	9	9788	2325	2733	4730	8292	1496
湖北	10	6214	1292	1921	3001	4425	1789
重庆	13	4949	1238	877	2834	3364	1585
江西	20	1357	683	516	158	999	358
青海	26	340	148	166	26	248	92
新疆	30	124	108	16	0	110	5
总计	—	213903	86469	61375	66059	177799	36104

资料来源：根据中国充电联盟数据整理。

（二）自主品牌核心技术和服务有待提升

目前我国新能源汽车产销规模已位居全球第一，但近80%的产品都是以微型车为主的纯电动汽车，如2017年销量较高的吉利、奇瑞、众泰等企业，它们生产的新能源汽车主要是微型电动车，这类产品的技术含量较低，形成量大质不强的发展局面。技术含量较高的混合动力新能源汽车，如比亚迪的秦和唐系列、北汽EC系列和EU系列、上汽集团的荣威eR50、广汽集团的混动版GA5等，产品少且真正热销的产品也很少。

为抢占新兴新能源汽车市场份额，越来越多非汽车领域企业进入新能源汽车行业，但真正掌握核心技术的企业不多，对自主品牌来说，如果不能提高技术水平，仅靠补贴生存的企业必将被市场淘汰，难以真正做强我国的新能源汽车产业。日趋激烈的市场竞争环境倒逼自主品牌不断加强技术研发和售后服务提升，不断克服充电难、续航短、性能不稳定等令新能源汽车消费者担心的问题，这也正是中国自主品牌汽车产业在国际竞争中面临的攻克核心技术的关键问题。因此，需要政府对自主品牌车企的技术创新加大支持力度，特别是在动力电池的研发方面加强基础创新，力争在动力性能、能耗水平、加速时间、车辆操控品质及舒适性等方面缩小与国外水平的差距。

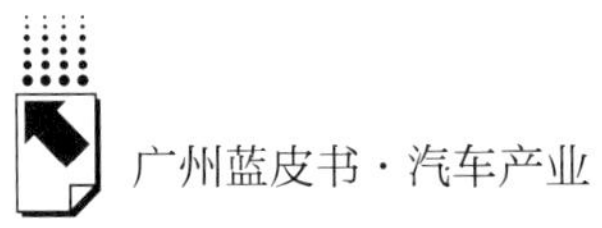

（三）动力电池技术还未取得关键突破

提升动力电池技术是一个长期的过程。新能源汽车要实现快速发展，电池技术一定要实现新突破。一方面，能量密度突破解决电池的重量问题；另一方面，功率密度突破解决充放电速率的问题。要想充电更方便，则必须加大功率密度。国外都在做高功率密度的车，美国高速公路网的充电设施标准大部分是150千瓦，并在将来通过技术手段，还能够达到300千瓦及以上，而现在已经出现高功率密度的电池，固态电池正在许多汽车企业研发，预计4~5年后可以实现产业化。针对2020年实现单体电池300瓦时每千克的能量密度目标，目前国内电池公司已经取得了实质性突破，但安全性研究尚待加强。丰田汽车的目标是在2022年实现固态锂离子电池的商品化，在固态锂离子电池的研发和量产方面，国内明显落后于日本。

电池技术如同变速箱、发动机，是新能源汽车的核心技术，电池技术一旦突破，新能源汽车渗透率就会有指数性增长，我国新能源汽车年产量为79.4万辆，占整个汽车市场的年产量比重为2%，想要达到3%、5%，甚至10%以上的发展亟须电池技术的突破。采用什么样的快速充电技术也是当前我们面临的大问题。据介绍，我国目前高速公路的充电设施功率约为40千瓦，实现大功率充电对基础设施、充电设备和整车技术体系都会造成巨大冲击。

（四）骗取补贴资金行为扰乱了新能源汽车市场的秩序

为贯彻国家战略，落实环境综合治理、促进节能减排要求，政府希望在新能源汽车发展起步阶段，通过补贴政策来刺激新能源汽车市场的技术研发和交付使用，推动新能源汽车产品升级和技术高端化发展。但在新能源汽车实施补贴政策过程中，不少企业利用政策漏洞采用非法手段大量骗取国家补贴资金。例如，2016年财政部等四部委对国内93家主要新能源车企业进行专项检查，正式公布新能源汽车企业骗补金额排在前五位的企业中，金龙联合汽车工业（苏州）有限公司，涉及骗取补贴金额达到52154.58万元，骗补车辆 1712 辆，苏州吉姆西客车制造有限公司涉及骗取补贴金额为 32019.56 万元，骗补车辆 1350 辆，河南少林客车股份有限公司涉及骗取补贴金额为 19230 万元，奇瑞万达贵州客车股份有限公司涉及骗取补贴金额为 14790 万元，深圳市五洲龙汽车有限公司涉及骗取补贴金额为 5574 万元，这五家企业涉及新能源汽车骗取补贴金额超过 12 亿元。

企业这种骗补行为严重违背国家推出新能源汽车产业政策的初衷，也扰乱了新能源汽车市场的秩序。为避免低质骗补现象再次发生，2017 年 7 月 1 日《新能源汽车生产企业及产品准入管理规定》正式实行，提高了新能源汽车生产企业的准入标准，并进一步强化新能源汽车产品的安全性能要求，这在很大程度杜绝了一些骗补车企的存在。这种“叫停”制度将有效提高新能源汽车产品质量及安全保障水平。

三　促进我国新能源汽车产业发展的对策建议

我国新能源汽车产销量已经连续三年居全球首位，但也存在竞争力较强行业龙头企业数量较少、单个企业规模和竞争力不足、企业“各自为政”、缺乏强有力的产业联盟协调机制等问题，要想从根本上扭转我国新能源汽车发展的困境，提高国际竞争力，实现跨越式发展，笔者提出以下对策建议。

（一）进一步完善落实相关扶持政策

我国新能源汽车产业要本着可持续发展战略，加大扶持力度。重点完善国家财政补贴机制，强化奖优罚劣，确实帮助企业提高竞争力。进一步完善新能源汽车产业研究、开发、引进等各个环节的配套扶持政策；建立科学有效的准入机制，防止跨行业资本钻政策漏洞，造成不利于行业整体有序发展的混乱局面。进一步完善过程监督与验收机制，财政补助要与企业技术研发紧密挂钩，对企业的奖惩一定要落到实处，在奖励的同时，建立适当的惩罚和退出机制。不断完善税收优惠政策，加强政策实施监管力度；加大终端消费鼓励政策和财政补贴支持力度，鼓励私人购买；加大政府采购力度，树立示范效应，激发企业研发生产节能和新能源汽车的积极性。

（二）加强新能源汽车市场布局与推广应用

健全市场标准体系和准入机制。贯彻落实国务院《关于加快新能源汽车推广应用的指导意见》，通过严谨的市场和技术分析，做到精准的市场定位。顺应互联网发展新趋势，促进相关行业的融合发展，进一步创新新能源汽车推广应用模式。积极创造条件引导和鼓励各类社会资本进入新能源汽车租赁和服务等领域；制定出台租赁、特许经营等配套支持政策，同时结合公私合营、合同能源管理、经营性租赁、分时租赁、融资租赁、买方信贷、换电模式等多样化商业模式，缓解公交公司、出租车公司等单位一次性购买新能源汽车的经费压力，同时发挥政府示范带头作用，在公务车领域租赁、采购等方面优先考虑纯电动汽车。加强对地方政府的指导，各地政府根据本地实际情况，形成各具特色的新能源汽车全面推广与应用模式。加强新能源汽车知识的宣传和普及，强调其安全保护方面的技术措施及其在生产、使用等过程中的行业标准和环保功能，强化消费者购买新能源汽车的积极性。

（三）进一步加强龙头企业的扶持

龙头企业是行业发展的标杆，对辐射带动新能源汽车产业发展具有重要意义，应该加强对新能源整车及零部件龙头企业的培育和扶持，进一步提升我国自主品牌新能源汽车竞争力，这样才能够代表国家参与国际竞争。经过多年的扶持发展，我国涌现出以比亚迪、北汽新能源、上汽乘用车等为代表新能源汽车龙头企业，尤为值得一提的是比亚迪新能源汽车产销规模已经跃居全球第一，而且在技术创新方面也具有较强的实力，国家应该在品牌宣传、技术研发资金、人才队伍建设等方面适当倾斜。发挥自主品牌新能源整车企业的辐射带动，促进自主品牌新能源整车与零部件企业的合资合作，扶持有潜力的零部件企业进一步做大做强，培育更多新能源汽车行业的领军型企业，提高单个企业的规模和竞争力，不断缩小与国际车企巨头的差距。同时加快新能源汽车产业联盟建设，不断引导企业开展强强合作与联盟，组建跨行业、跨部门的新能源汽车产业联盟。强化产业联盟的领导地位，使其能够在国家政策制定层面提供专家级的技术支持，不断完善国家相产业关政策的科学性和有效性。

（四）进一步强化技术创新驱动

加强新能源汽车领域的技术创新是我国新能源汽车产业下一步发展的根本支撑。与传统汽车领域的创新有所不同，新能源汽车领域的创新除了电池、电机和电控等方面的创新，还有更多是与电子信息、大数据等新兴行业进行跨界融合创新。因此，从国家政策层面到企业执行层面都应建立一整套激励创新的机制，以创新的研发思维应对新能源汽车的研发。首先，要加强新能源汽车核心技术自主创新能力，培育高品质和强竞争力的新能源汽车产品。政府应当鼓励新能源汽车核心技术的自主研发，创建自己的品牌。其次，对专利技术的分析和利用要高度重视。作为企业要善于利用专利保护政策，防止研发成果和利益受损受侵，同时还应及时了解国际龙头企业最新研发动态，及时掌握市场发展方向并制定与市场紧密结合的企业发展战略和技术研发路线。最后，在提升制造工艺的同时也要加强体系建设，确保研发成果能够及时有效地转化为生产力。

（五）加快新能源汽车配套设施建设

新能源汽车的发展离不开配套基础设施的建设与完善。新能源汽车配套设施对现有城市来说是相对新型基础设施，政府需要对新能源汽车配套建设进行顶层设计，出台相应的专项规划，而且要与现有的城市建设规划、城市产业规划、城市园区规划、城市交通规划等重要规划进行衔接。但完善相关配套设施仅依靠政府力量是远远不够的，应调动全社会力量，形成政府引导、市场推进、社会参与的运作模式，推动相关设施建设快速发展。鼓励私人和企业筹建新能源汽车配套设施；完善基础设施运营和财政学术补贴模式，给予新能源汽车更高的活动范围；统一充电标准，对新能源汽车用电实施优惠与补贴，并在保证充电桩的安全性与可靠度的基础上提高充电效率。

参考文献

薛冬美：《我国新能源汽车产业发展战略研究》，山西财经大学，2011。

李文辉：《新能源汽车产业链构建研究》，郑州大学，2012。

巫细波：《加快广州新能源汽车产业发展的对策建议》，《汽车工业研究》2015 年第 1 期。

张剑雯：《新能源汽车推动龙头企业实现规模化生产》，《山西经济日报》2017 年 4 月 17 日。

李振宇、任文坡、黄格省、金羽豪、师晓玉：《我国新能源汽车产业发展现状及思考》，《化工进展》2017 年第 7 期。

专 题 篇

Special Topics

B.6 中美贸易摩擦对广州汽车产业的影响及对策建议

广州汽车产业研究中心*

摘 要： 本文简要分析中美贸易摩擦可能对中美两国及全球汽车产业的影响，重点对广州汽车产业的影响进行深入分析。尽管短期内中美贸易摩擦对广州汽车产业的不利影响很小，但这种摩擦正式开启或进一步升级，将对广州汽车产业迈向全球价值链中高端造成不利影响，非常有必要重视并寻求应对之道，确保广州第一支柱产业稳健发展。为此，本文从政府、企业行业协会三个层面提出对策建议。

* 广州汽车产业研究中心课题组成员：杨再高，博士，广州市社会科学院研究员，研究方向为区域与产业规划；巫细波，硕士，广州市社会科学院副研究员，研究方向为区域规划、汽车产业、空间计量与 GIS 应用；覃剑，博士，广州市社会科学院副研究员，研究方向为城市与区域经济。

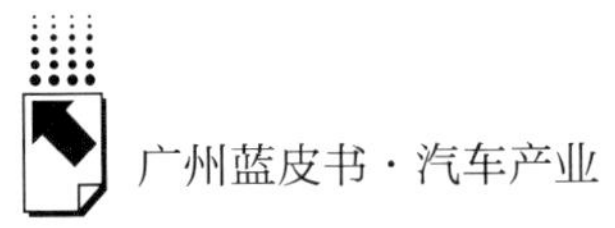

关键词： 中美贸易摩擦　汽车产业　广州　新能源汽车　智能汽车

汽车行业是近期中美贸易摩擦波及的主要领域之一。对主要依赖外资发展成为国内第一大汽车生产城市的广州而言，中美贸易摩擦可能对其第一支柱产业即汽车产业产生不能忽视的影响。从短期看，广州汽车品牌以日系和自主品牌为主，尽管广汽菲克生产美国 Jeep 品牌，但其国产化率接近 90%，因此中美贸易摩擦对广州汽车产业的影响很小；从长远看，中美贸易摩擦将对广州汽车产业发展产生较为明显的不利影响，主要体现在广州自主品牌在美国的海外扩张将受阻、引进美国高端汽车品牌将更加困难、对美国高端汽车技术及人才的整合形成阻力等方面。尽管中美贸易摩擦还存在进一步升级或通过谈判解决的可能性，但不管态势如何发展，广州汽车产业都需要设法提高自身技术创新能力和产品竞争力，逐步摆脱对外资的过度依赖。为此，广州市委、市政府应按国家部署，积极配合，加强跟踪研究，主管部门应与企业、汽车行业协会加强沟通联系、协同互动，尽量降低中美贸易摩擦对广州汽车产业的不利影响，确保其持续稳健发展。

一　中美贸易摩擦的汽车选项及其对全球汽车市场的影响

美国于 2018 年 3 月 22 日主动挑起和推动的中美贸易摩擦的负面效应正逐渐扩散到各个领域。两国作为全球最大的两个汽车生产国和销售国，在产业全球分工合作日益深入的今天，其汽车产业必然会受到贸易摩擦的不小影响。

（一）中美贸易摩擦的汽车选项

在本轮贸易摩擦中，中美双方均对对方汽车及相关产品加征关税，美国依据“301 条款”，对中国出口美国的 1333 项价值 500 亿美元的商品加征 25% 的关税，主要涉及信息和通信技术、航天航空、机器人、医药、机械等行业，共有 16 大类，其中第 87 类包括整车及零部件多达 42 项，受影响的出口汽车品牌包括沃尔沃、通用、凯迪拉克等少数几个品牌。

针对美国的加征关税清单，我国政府随即予以反击，拟对原产于美国的大豆、汽车、化工品等 14 类 106 项价值 500 亿美元的商品加征 25% 的关税。从目前中国的 14 类 106 项产品加征关税清单看，影响汽车的有 1 类 28 项产品，其中 27 项属于整车，只有 1 项属于零部件，意味着从美国进口汽车的关税税率将由 25% 变为 50% 。加征关税的汽车产品几乎涵盖美国所有主流品牌，包括通用、福特、克莱斯勒、特斯拉等在美国生产的车型，此外还影响一些在美国生产的其他品牌车型，包括奔驰、宝马、日产、英菲尼迪、讴歌等在美国生产的德国和日本汽车品牌。

从目前发展态势来看，中美贸易摩擦进一步升级或通过谈判解决的两种可能性都存在。但无论如何，都应该看到美国挑起贸易摩擦的核心目的之一就是通过对高端汽车芯片、智能驾驶、人工智能等技术及人才的封锁，阻止我国新能源汽车及智能汽车产业的快速崛起。美国将在较长一段时期内持续为实现这一目的对中国进行暗中或公开掣肘，构成长期风险和挑战。

（二）对两国汽车产业的影响

不管是从短期还是长期看，由于我国是全球最大的汽车市场并在新能源汽车领域逐步掌握话语权，总体上贸易摩擦对美国汽车产业的不利影响远大于中国；若贸易摩擦进一步升级，美国品牌汽车将极有可能失去全球最大的汽车市场并因此遭受重创。尽管这也将给中国汽车产业发展带来诸多不利影响，但也可能成为我国汽车产业核心技术和创新突破的新机遇，为中国自主品牌汽车迈向全球价值链中高端提供充足的时间和空间。

1. 对中国汽车产业的影响

总体上看，当前级别的中美贸易摩擦对我国整车出口影响较小，对整车进口的影响较为明显，但随着我国新一轮对外开放政策的实施，这种不利影响将不断减弱。2017 年，我国汽车产品出口美国贸易额为 176. 23 亿美元，占中国汽车产品出口贸易总额的21.13%。中国出口到美国的整车数量仅为5.3万辆，占全年中国整车出口总量的5%，而受影响的汽车品牌主要是沃尔沃、通用汽车、凯迪拉克等少数几个合资品牌，新能源汽车出口虽然以中国品牌为主，但数量很少，2017年出口到美国的新能源汽车不足300辆，因此美国对中国出口汽车产品加征25%的关税对我国造成的影响并不会太大。2017年，我国从美国进口的整车达28.02万辆，占我国全年整车进口的22%，整车进口额达到130.7亿美元，对我国汽车进口业务有不小影响。

如果中美贸易摩擦进一步升级，将对吉利、广汽集团、比亚迪等中国自主品牌在美国的海外扩张造成制约，一方面是限制中国汽车企业在美国的投资建设，另一方面是限制中国汽车企业对智能汽车、新能源汽车等新兴汽车领域技术及人才的整合。当然，升级版的中美贸易摩擦也可能给我国汽车产业核心技术的创新突破带来新机遇，使我国逐渐掌握新能源汽车发展的话语权，而我国近3000万辆级别的汽车市场足够支撑国内自主品牌企业的成长并培育出4~5个世界一流汽车品牌，也为中国自主品牌汽车迈向全球价值链中高端提供充足的时间和空间。

2. 对美国汽车产业的影响

总体上看，当前级别的贸易摩擦对已引入中国生产的通用、福特等美国汽车企业影响较小，但对特斯拉、林肯等未引入中国生产的企业影响较为明显。2017年特斯拉在中国的销量为1.7万辆，占其全球销量的16.5%，总量还不大；林肯品牌汽车在国内的销量达到5.4万辆，但部分车型由墨西哥和加拿大工厂生产。

若贸易摩擦进一步升级，由于全球汽车市场竞争激烈，美国品牌汽车替代品较多，美国品牌汽车极有可能失去全球最大市场并因此遭受重创。2017年，通用汽车在中国市场销量占其全球销量的比重为48%，福特在中国市场的销量也接近其全球销量的20%，尚未处于稳定发展阶段的特斯拉也将受到严重打击，将有可能导致美国汽车品牌重现2008年濒临破产的局面。

3. 对全球汽车产业的影响

中美两国作为全球两个产销规模最大的汽车市场，相互针对汽车产品加征关税，对其他国家的汽车市场总体影响不大，对主流豪华汽车品牌影响较为明显。中国从美国进口的汽车产品除了美国品牌，还有宝马、奔驰、讴歌、雷克萨斯等在美国生产的德国和日本豪华品牌，为应对中美贸易摩擦，这些豪华品牌在美国的生产很有可能被调整到非美国地区，而没有在美国设厂的奥迪等豪华品牌则有望进一步抢占中国豪华汽车品牌市场份额。

若中美贸易摩擦进一步升级，中美两国汽车产业的全球布局将面临重大调整，从而影响全球汽车生产及销售格局。一方面，美国品牌汽车及零部件企业可能撤出中国市场，对印度、巴西、伊朗、阿根廷等发展中国家而言则是进一步发展汽车产业的良机，市场规模进一步扩张的中国汽车市场仍将是全球非美国汽车品牌的战略重点，德国、日本、法国等品牌汽车则可能收缩其他地区的生产规模而加大中国市场的投资规模和力度，进一步抢占中国汽车市场份额。另一方面，中国品牌汽车的海外扩张重点则可调整到欧洲及“一带一路”沿线国家，在国内国外两个市场与其他品牌展开激烈竞争。

二　中美贸易摩擦对广州汽车产业的影响

总体上看，中美贸易摩擦对广州汽车产业的影响主要体现在自主品牌在美国的海外扩张战略将受阻、引进美国高端汽车品牌将更加困难、对美国新兴汽车技术及人才的整合形成阻力等几个方面。

（一）对整车企业的影响

1. 广州自主品牌在美国的海外扩张战略将受阻

中美贸易摩擦将极有可能导致广州自主品牌——广汽传祺在美国实施的海外扩张战略受制约，最坏的结果是放弃其之前在美国的努力，将外海扩张战略重心调整到其他地区。经过近八年的快速发展，广汽传祺在2017年的产销规模已突破50万辆，在国内所有汽车品牌销量排名中跃居第15位，广汽传祺已经发展成为支撑广州汽车产业走向全球化的关键，因此其海外扩张战略对广州汽车产业迈向全球价值链中高端具有重要意义。美国是全球第二大汽车市场，且市场成熟度、竞争水平和消费档次均处于较高水平，广汽传祺若能在美国汽车市场实现突破，对广州汽车品牌走向全球具有重要意义。广汽集团已花费三年多时间去研究北美的相关法规法律、产品适应性等，在硅谷和底特律设立研发中心及工程测试中心，尝试用这些平台来整合美国高端技术资源和人才，并在2018年1月的北美车展上宣布计划在2019年正式进军美国市场。然而，随着中美贸易摩擦的爆发，广汽集团在美国市场的海外扩张计划将受到影响，对美国高端汽车技术和高级人才的整合造成阻力，从长远看，对广汽集团抢占新能源汽车尤其是智能汽车产业发展先机造成不利影响。

2. 引进美国高端新能源汽车品牌将更加困难

广州作为我国五个特大汽车生产城市之一，引进高端新能源汽车品牌对提升广州汽车知名度并促进产业迈向全球化具有重要作用。特斯拉作为目前较为知名的高端新能源汽车品牌，国内很多城市都想引进其投资建厂，广州也曾经做出了积极努力，然而随着中美贸易摩擦的爆发，美国将限制包括新能源汽车、自动驾驶等高科技向中国转移，广州引进美国高端新能源汽车品牌将更加困难。

3. 对现有整车生产影响不大

目前广州地区的整车企业产品以日系品牌和自主品牌为主，美国品牌只有广汽菲克生产的Jeep品牌，但其产量占广州全市产量比重较小且国产化率较高，因此中美贸易摩擦对广州现有整车企业的生产影响很小。广汽菲克广州工厂主要生产自由侠、指南者等两款Jeep品牌汽车，2017年产量为13.06万辆，占广州全市汽车产量比重仅为4.4%；实现工业产值164亿元，占全市汽车制造业产值比重仅为3.1%，此外广汽菲克广州分公司的国产化率约为86%，目前只有9AT自动变速器、发动机ECU、少量传感器等为数不多的零部件需要从美国进口，如果中美贸易摩擦升级导致部分零部件进口受阻，借助国内完善的零部件供应体系，寻找替代部件也较为简单，因此总体上对广州现有整车生产影响不大。

4. 短期内对广州整车出口影响甚微

广州整车企业的产品市场主要在国内，因此中美贸易摩擦对目前广州整车出口几乎没有影响，但对欲开拓美国市场的广汽集团未来整车出口计划可能产生不利影响。广汽本田、广汽丰田、东风日产、广汽菲克等合资整车企业的产品均只能在国内销售，广汽乘用车、北汽乘用车、广汽比亚迪等自主品牌整车企业的产品只有少量出口，规模以上的整车出口企业只有位于广州开发区的本田汽车（中国）有限公司一家，目前其出口目的地也由之前的欧洲、北美地区转至非洲、中东等非美国地区，2017 年广州整车出口 21863 辆，因此中美贸易摩擦对广州整车企业出口没有任何影响。由于广汽集团欲开拓美国市场，如果中美贸易摩擦持续较长时间或升级，则会对广汽集团整车出口造成不利影响。

（二）对汽车零部件产业的影响

从短期看，中美贸易摩擦对广州现有传统燃油汽车零部件产业影响很小；从长远看，有可能对广州培育发展新兴汽车零部件产业造成不利影响，特别体现在对智能汽车零部件技术和人才资源的整合及引进方面。由于我国早已对汽车零部件产业实行完全开放政策，广州及周边珠三角区域拥有较为完整的汽车零部件产业体系，中美贸易摩擦对目前传统燃油汽车零部件产业发展几乎没有影响。但从长远看，广州要推动汽车零部件产业转型升级，非常有必要整合全球的新能源及智能汽车技术和人才资源。由于美国掌控了高端芯片、人工智能软件等未来智能汽车的关键领域，随着中美贸易摩擦的升级，美国将极有可能从两方面进行制约：一方面，制约美国的智能汽车技术向中国输出，另一方面，制约中国企业到美国投资人工智能、自动驾驶等高科技行业。因此，对欲抢占智能汽车产业发展高地的广州汽车零部件产业而言，中美贸易摩擦会制约其发展。

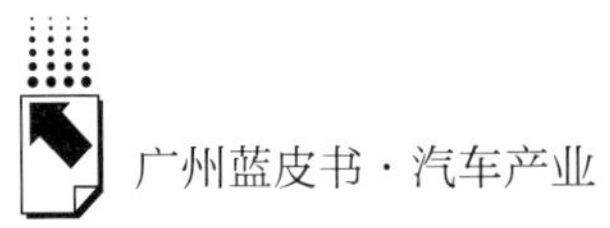

（三）对汽车服务业方面的影响

总体上看，中美贸易摩擦对广州汽车服务业的影响主要集中在汽车进口贸易及美国品牌汽车销售两个方面，总体不利影响较小且将不断减弱。短期来看，中美贸易摩擦对广州汽车进口贸易造成不利影响，对刚成长起来的平行进口汽车业务影响较为明显；长期来看，我国新一轮对外开放政策的实施及汽车进口关税的全面下调将不断降低中美摩擦带来的不利影响。广州的平行汽车进口贸易业务始于 2015 年，2017 年广州共有 11 家平行进口汽车试点企业，南沙口岸开展汽车进口贸易的企业已达 70 家，南沙平行进口汽车到港数量在 2017 年已达到 13688 辆，进入广州市场的为 5963 辆，南沙汽车码头已发展成为全国第二大、华南地区最大的平行进口汽车口岸。2017 年我国自美国进口的整车有 28.02 万辆，主要集中在天津，目前进口车型主要包括奔驰、宝马、雷克萨斯、凯迪拉克等品牌，这些品牌在非美国地区也有工厂，而且这些豪华品牌具有较高可替代性，因此中美贸易摩擦会对广州汽车平行进口业务造成暂时的不利影响，市场会自动进行调节，更重要的是随着我国汽车进口关税税率不断下调，这种不利影响将会不断减弱。

三　对策建议

尽管短期内中美贸易摩擦对广州汽车产业的不利影响很小，但这种摩擦正式开启或进一步升级，将对广州汽车产业迈向全球价值链中高端造成不利影响，非常有必要重视并寻求应对之道，确保广州第一支柱产业稳健发展。为此，政府、企业、行业都应该及早谋划应对之策。

（一）政府层面：加强形势跟踪研判与预警、调整汽车产业招商引资策略、出台政策支持智能汽车发展

一是主管部门加强跟踪研判并准确把握中美贸易摩擦动态变化。尽

管目前的中美贸易摩擦态势对广州汽车产业影响不大，但这种摩擦未来究竟如何发展还不明朗，工信部等汽车产业主管部门需要加强与相关部门的沟通联系，加强中美贸易摩擦对汽车产业的影响研究，做好风险预警。

二是针对汽车产业的招商引资重点应转向新能源、智能汽车零部件产业。美国发起贸易摩擦的目的在于阻击我国新兴产业的发展，新能源汽车和智能汽车则是重点领域。目前汽车产业正在发生深刻而重大的变革，新能源汽车及智能汽车的快速发展将使汽车产业成为融合智能制造、新一代信息技术、信息服务、人工智能、新材料、新能源等多个领域的庞大产业体系。对广州而言，要构建能够迈向全球价值链中高端的产业，汽车产业最具条件，不但基础扎实而且上升空间巨大。因此，着眼长远，政府应加强对新能源、智能汽车零部件的招商引资，加快形成本土化配套优势，以应对美国在这一领域封锁的风险。

三是尽快出台相应政策支持智能驾驶加快发展。尽管美国占领了智能汽车领域的高端芯片领域，广州想从美国获取技术和人才支持的计划有可能受到制约，但国内的自主品牌芯片、自动驾驶数据系统服务等方面也足以支撑智能汽车的开发测试。目前上海、重庆等城市均已出台支持自动驾驶上路的政策，广州也需要尽快出台相关政策，支持广州汽车产业积极抢占智能汽车发展高地。

（二）企业层面：强化技术研发、推进自主强强联盟、调整海外扩张战略、加强新兴领域人才培养

一是加强对技术的研发，减少对外资企业的依赖。美国发起贸易战的关键目的在于尽可能封锁核心技术流入我国企业，特别是智能汽车技术领域。对广州自主品牌而言，高性能涡轮增压发动机、智能网联系统、底盘设计与调教、新能源汽车动力系统等领域均已实现突破，但在多挡位自动变速箱、高性能混合动力系统、48V 电气系统、高集成度车机系统、自动驾驶集成解决方案等领域还需要加强公关与研发，可以通过自

主研发、联合开发、技术购买、兼并重组等多样化方式，尽量减少对美国及其他外资企业的过度依赖，增强自身在汽车零部件供应链及采购链上的议价能力。

二是积极构建自主强强联盟，培育全球性竞争力。广州汽车产业发展长期依赖外资企业的局面还没有得到根本改善，尽管这次中美贸易摩擦的不利影响还较小，但是为稳健应对未来复杂多变的国际关系变动，作为广州汽车产业龙头的广汽集团应适当调整过于依赖外资企业的合作模式，将合作对象逐渐转向国内新能源汽车、智能汽车、芯片设计、大数据、信息服务等领域的龙头企业，形成自主强强联盟，培育面向全球的竞争力。如进一步深入推进广汽集团与比亚迪在新能源汽车商用车研发制造、48V 电气系统、高性能混合动力系统、新能源汽车动力电池、高集成度电控系统、开放车载信息系统等领域继续开展深入合资合作，形成汽车产业领域的强强联盟；尝试与华为在汽车电子芯片设计领域开展合作、与百度在智能驾驶数据服务领域开展合作、与宁德时代在新能源汽车动力电池领域开展合作、与大洋电机在新能源汽车驱动电机领域开展合作等，形成跨领域的强强联盟，提高广州汽车产业在全球价值链的竞争力。

三是深入评估中美贸易摩擦可能带来的不利影响，适当调整海外扩张战略。摸清中美贸易摩擦中对我国汽车行业可能的不利影响细节，对美国市场的海外扩张不能轻易放弃，针对中美贸易摩擦发展态势及时调整在美国的海外扩张战略。如果中美贸易摩擦进一步升级则可考虑将海外扩张区域转移到欧洲等发达地区，特别是“一带一路”沿线国家和地区，确保广州汽车产业的海外扩张战略持续稳步推进。

四是推进企业与科研机构的合作，加强汽车产业新兴领域高端人才的培养。长期过于依赖外资企业导致广州汽车企业对技术研发人员的需求非常有限，广汽传祺的快速成长及新兴领域的快速发展，使汽车企业对技术人才的需求快速增长，推进企业与高校、科研机构的深入合作，开展定向人才培养，增强广州整车及零部件企业的技术研发能力，减少对国外汽车技术人才的依赖。

（三）行业协会层面：加强与各方沟通联系、及时反馈企业发展需求

充分发挥汽车行业协会的沟通联系作用，加强汽车行业协会与政府部门、企业之间的沟通。将企业在中美贸易摩擦下面临的困难及时反馈给政府主管部门，方便政府主管部门出台相关应对措施，尽量将中美贸易摩擦的不利影响降至最低，使政府层面、企业和行业协会之间能够形成合力共同应对中美贸易摩擦可能带来的不利影响。此外，还应就中美贸易摩擦可能对汽车产业形成的不利影响，开展专题走访调研，将广州汽车企业尤其是民营汽车零部件企业对汽车新兴领域的人才、技术方面需求，及时反馈给高等院校和科研机构，推进汽车企业和科研机构的深度合作，不断减少对外资的依赖。

参考文献

赵晋平：《多个视角看中美贸易摩擦》，《中国经济时报》2018 年 5 月 4 日。

闫东升：《中美贸易摩擦对我国战略性新兴产业的影响》，《新华日报》2018 年 4 月 25 日。

屠新泉：《中美贸易摩擦的缘起与应对》，《学习时报》2018 年 4 月 20 日。

吴光宇、李罂宇：《中美贸易摩擦频发的诱因与应对策略》，《对外经贸实务》2018 年第 3 期。

解瑞杰：《中美两国贸易摩擦的主要问题及对策分析》，《知识经济》2018 年第 5 期。

B.7

新一轮汽车产业开放下广州汽车产业面临的机遇及挑战

巫细波*

摘　要： 本文梳理汽车产业合资股比开放、单一品牌合资企业数量限制开放及汽车进口关税税率下调等新一轮汽车产业合资开放政策出台的背景、内容及总体影响，重点分析广州汽车产业发展面临机遇和挑战，提出强化整车及零部件核心技术研发、构建汽车及跨领域自主强强联盟、大力推进广州汽车产业全球化进程、调整汽车产业招商引资策略、大力培育汽车服务业新业态、加强汽车行业协会与相关部门沟通等促进广州汽车产业积极应对新一轮开放并谋求转型发展的对策建议。

关键词： 汽车产业合资股比　进口汽车税率　汽车产业　广州

正在发生重大变革并具有广阔发展前景的汽车产业是我国新一轮产业开放的重点领域。国家主席习近平在2018年博鳌亚洲论坛的讲话中提到"尽快放宽外资股比限制特别是汽车行业外资限制"及"2018年，我们将相当幅度降低汽车进口关税"，这两项产业合资及开放政策是我国推动汽车产业迈向全球价值链中高端的重大谋划，将对以汽车为第一支柱工业的广州未来

---

* 巫细波，硕士，广州市社会科学院副研究员，研究方向为区域规划、汽车产业、空间计量与GIS应用。

发展产生深远影响。尽管广州汽车生产规模已经位居国内前列，但过于依赖外资、研发实力不强、新兴领域缺乏龙头、民营汽车企业研发实力弱小、全球化进展滞后等问题仍然存在，需要把握新机遇谋划新转型，促使广州汽车产业能够代表国家参与全球产业竞争。总体上，新一轮汽车产业开放下广州汽车产业面临的机遇明显大于挑战。本文梳理新一轮汽车产业合资开放政策的出台背景、内容及总体影响，重点分析广州汽车产业发展面临机遇和挑战，提出促进广州汽车产业积极应对新一轮开放并谋求转型发展的对策建议。

一　新一轮汽车产业开放背景及政策内容

（一）政策背景

党的十九大报告指出促进产业迈向全球价值链中高端是我国构建现代产业体系的重点任务，而产值规模第三、利润规模第一的汽车产业是实现这一目标的关键领域之一，而现有产业政策难以支撑我国汽车产业真正做强做大，迫切需要推进新一轮对外开放。我国自 1994 年起对汽车产业实施较为严格的产业保护政策，但“以市场换技术”战略并没有促使自主品牌汽车技术得到提升，在国有汽车企业方面体现得尤为明显。自 2009 年以来，随着我国起连续九年成为全球第一大汽车市场，全球汽车产业正加速向新能源汽车、智能汽车等新兴领域转型发展，原有的汽车产业政策已经难以适应时代发展新步伐，导致我国汽车产业难以真正融入全球汽车市场，反而不利于我国自主品牌汽车真正做强做大。过于依赖合资企业、自主品牌核心竞争力偏弱、中国品牌全球化进程滞后等问题对我国汽车产业迈向全球价值链中高端形成制约，要求我国必须通过实施新一轮汽车行业开放，加快推动自主品牌汽车企业的兼并重组进程，使更多具有国际竞争力的自主品牌龙头企业迈入全球 500 强企业行列，同时吸引更多先进技术与国内汽车产业实现跨界融合，推动我国抢占汽车产业新兴领域发展高地。

（二）政策内容

1. 合资股比及单一品牌合资企业数量限制放开

我国一直对汽车产业实施较为严格的宏观调控政策，新一轮政策重点针对合资股比、单一品牌合资企业数量等方面的限制进行开放，具体内容如下：汽车行业将分类型实行过渡期开放，2018 年取消专用车、新能源汽车外资股比限制；2020 年取消商用车外资股比限制；2022 年取消乘用车外资股比限制，同时取消合资企业不超过两家的限制。通过五年过渡期，汽车行业将全部取消限制。目前我国汽车产业的综合实力和竞争力有大幅度提升，但要真正迈向全球产业价值链中高端，对汽车产业实施新一轮的开放势在必行。

2. 汽车进口关税税率进一步下调

我国汽车进口关税税率曾多次下调，1986～2006 年，我国进口车关税税率经过九次调整，由 220% 下调至 25% 并延续至今，未来将继续下调，但具体下调幅度还未公布。总体上看，我国汽车进口关税税率明显高于发达国家而低于大部分发展中国家。目前日本汽车进口是零关税，美国是 2.5%，韩国是 8%，欧盟是 10%，而印度、阿根廷、墨西哥等国分别为 60%、35% 和 33%。尽管目前还没有公布具体的关税下调幅度，但下调至 15% 的可能较大，而下调至 10% 以下的可能性很小。如果进口汽车关税税率降到 25%～15%，那么国内自主品牌在面临全球竞争压的同时仍然有关税方面的优势，而对于利润来源靠合资的国有车企也并不会从根本上动摇合资模式；如果关税税率降低到 10%～15%，则进口车与国产车仍有价格差异，对中国汽车产业价格体系影响有限；若进一步降低到 10% 及以下，可能大部分外资企业无须在国内投资建厂，将工厂迁移到成本更低的地区而将精力集中在出口更廉价汽车到国内市场，但出现这种情况的可能很小。

（三）政策影响

总体上看，新一轮汽车产业开放采取分领域、分时段方式实施，挑战与机遇并存，仍然为我国自主品牌汽车发展预留了继续做强做大的发展空间和时间，意味着新政策对我国汽车产业的冲击效应较为缓和，更有利于我国汽车产业深度嵌入全球汽车产业并迈向全球价值链中高端。具体影响主要有以下几个方面：①汽车产品进一步多样化，汽车价格将呈现下降趋势；②倒逼自主品牌加速发展，加速行业兼并重组进程；③进一步深化合资合作进程，完善汽车零部件产业链；④自主品牌话语权或将减弱，冲击中高端面临更大挑战；⑤我国将以更大力度推动新兴领域发展，有望掌握新兴汽车产业领域话语权；⑥产业技术人才流动将加速，对与市场接轨不足的国有汽车企业形成挑战。

二　新一轮汽车产业开放后广州汽车产业面临的机遇及挑战

总体上看，不管是汽车产业合资股比限制逐步放开还是汽车进口关税降低，都将使广州汽车产业全面融入全球汽车市场，一方面将面临更加激烈的竞争，给广州汽车产业向全球汽车产业价值链中高端提升带来巨大挑战和压力；另一方面倒逼广州自主品牌汽车企业加快核心技术研发创新、加快整合全球汽车技术及人才、积极抢占汽车产业新兴领域高地，把握我国新一轮汽车产业开放和全球汽车产业链变革新机遇，彻底改善外资主导的发展模式，有利于广州推进全球性汽车名城建设。

（一）面临机遇

1. 我国有望掌握全球新兴汽车产业领域话语权，有利于广州抢占未来汽车产业发展先机

为积极应对新一轮汽车产业开放并推动汽车产业迈向全球产业价值链中高端，我国通过密集的产业政策推动新能源及智能汽车加速发展并取得了积极成效，这对传统汽车产量规模位居国内第一并主动谋划转型升级的广州汽车产业有积极影响，有利于抢占未来汽车产业发展先机。随着新一轮汽车产

业开放，外资车企为抢占我国庞大的新能源汽车、智能汽车市场份额，必须按照我国新能源汽车、智能汽车行业标准开展产品研发、设计和销售，使我国有望掌握全球新兴汽车产业领域话语权。目前广州已经拥有广汽比亚迪、广汽新能源、北汽新能源、小鹏汽车等已实现量产的新能源整车企业，特别是广汽比亚迪旗下的新能源客车 K9 已在全球 50 多个国家超 200 个城市运营。作为广州十大价值园区之一的广汽智联新能源汽车产业园正在快速推进，同时宝能汽车、睿驰汽车等新兴势力也陆续入驻，使广州具备抢占汽车产业新兴领域发展先机的良好基础，有利于广州乘势抢占未来汽车产业发展先机。此外，新一轮开放意味着国内汽车市场竞争更加激烈，倒逼广州自主品牌不断加快发展速度，从技术研发、产品营销、供应链管理等多方位提升竞争力。

2. 引入高端豪华品牌机会大增，有利于提高广州汽车品牌全球知名度

为进一步抢占国内高端豪华汽车市场份额，新一轮汽车产业开放将会吸引更多汽车企业及高端豪华车型引入国内生产，使广州引入高端豪华汽车品牌的机会大增，有利于提高广州汽车品牌全球知名度。目前，广州已拥有本田、日产、丰田、日野、传祺、比亚迪、广汽新能源、绅宝、小鹏、讴歌、Jeep 等多个品牌，但高端豪华品牌少、产量低，而且奔驰、宝马、奥迪、沃尔沃、捷豹、路虎等主流高端豪华品牌均已在国内投资建厂且有较强的扩展意愿。随着合资股比及单一品牌合资企业数量限制开放，将有利于广州引入雷克萨斯、阿尔法·罗密欧、奔驰、宝马等高端豪华品牌入驻广州，对要迈向全球化的广州汽车产业而言，有利于提高全球性品牌知名度。

3. 吸引更多外资新兴汽车零部件企业入驻，有利于广州构建面向未来的汽车产业体系

汽车行业合资股比放开之后，广州地区的日产、丰田、本田、Jeep 等影响力和竞争力较好的汽车品牌有望导入更多优秀车型到广州生产，将针对国内市场开发新能源汽车及智能汽车，吸引更多相关配套的国际零部件生产企业进入国内市场，在智能汽车、新能源汽车等新兴汽车零部件领域有望吸引

更多跨国企业集聚广州发展，促进广州汽车零部件制造水平进一步提升，有利于广州构建面向未来的汽车产业体系。

4. 推进跨国兼并重组，有利于广汽集团进一步提升国际竞争力

新一轮汽车产业开放将使我国汽车产业深度融入全球汽车产业链，推动我国汽车产业实施新一轮跨国兼并重组进程，有利于广汽集团在新一轮跨国兼并重组浪潮中进一步提升国际竞争力。吉利对瑞典沃尔沃汽车、英国莲花汽车、马来西亚宝腾汽车的收购开启了我国汽车企业跨国兼并重组序幕，作为国内产销规模排名第六位、世界500强企业排名第238位的广汽集团也将加入这一轮跨国兼并重组浪潮，有利于广汽集团开展新一轮全球化进程，对全球高端及新兴汽车技术及人才进行整合，进一步提高国际竞争力。

5. 汽车进口量有望大幅度增长，有利于广州汽车服务业再上新台阶

汽车进口关税税率下调将大幅度提高广州南沙平行进口汽车总量，对广州打造汽车平行进口全产业服务链有积极促进作用，有利于广州汽车服务业再上新台阶。广州的汽车进口贸易业务始于2015年，2017年广州共有11家平行进口汽车试点企业，南沙口岸开展汽车进口贸易的企业已达70家，南沙平行进口汽车到港数量在2017年已达到13688辆，进入广州市场的为5963辆，这种体量还难以支撑广州打造汽车平行进口全产业服务链，同期的天津平行进口汽车已达到10.3万辆，进口额达到53亿美元，因此新一轮汽车进口关税税率下调将刺激广州汽车进口量大幅度增长，培育全新的平行汽车进口服务业，有利于广州汽车服务业再上新台阶。

（二）面临挑战

1. 更多汽车企业涌入国内市场，对广州自主品牌提升形成制约

新一轮汽车产业开放之后，更多汽车企业及产品涌入国内市场，导致汽车产品类多样化及合资汽车价格呈现下降趋势，对广州汽车品牌向上提升形成制约。为抢占国内汽车市场份额，大众、奥迪、宝马、奔驰、通用、本田、丰田等影响力和竞争力较好的外资品牌有望成立超过2家合资企业或成立独资企业，同时汽车进口关税税率下调将导致更多低价豪华品牌进入国内

市场，未来国内中高端汽车市场竞争将进一步加剧。尽管目前广汽传祺品牌已逐渐突破20万元级市场，但其在技术研发、品牌知名度等方面仍然存在短板，新一轮汽车产业开放带来的合资品牌汽车价格下降将对广州自主品牌提升形成制约。

2.现有合资汽车企业股比有望发生变化，国有汽车企业话语权可能弱化

目前广汽本田、广汽丰田、广汽日野、广汽菲克等合资企业均采取50:50股权结构，这种产业政策强制下的合作方式导致合资企业在运营成本、决策效率等方面存在较为明显的弊端，掌控核心技术的外资方迫切希望掌握更多股份。随着汽车产业合资股比的开放，尽管外资方独资的可能性不大，但外资方要求股比提高的可能性非常大，外资方话语权将进一步得到提升，作为广州汽车产业龙头的广汽集团将面临挑战，话语权或将减弱。

3.产业技术人才流动将加速，对国有汽车企业形成新挑战

新一轮汽车产业开放及新兴领域加速发展，导致国内汽车产业技术人才流动不断加快，对与市场接轨不充分的国有汽车企业构成新挑战。无论是在新能源领域、商用车领域还是在乘用车领域，汽车产业合资股比的放开势必会吸引更多外资企业进入国内汽车市场，而产业技术人才将成为外资企业、合资企业及自主品牌企业争夺的重要资源之一，对与市场接轨不够彻底、体制机制不够灵活的广汽集团、广汽部件等国有企业而言，外资企业和自主品牌企业将对产业技术人才更具吸引力，这将对广汽集团等国有汽车集团构成新的巨大挑战。

4.民营汽车企业总体实力较弱，难以形成大范围创新活力

新一轮汽车产业开放政策实施后，新能源及智能汽车将呈现快速发展趋势，与传统燃油汽车创新不同，未来汽车产业技术创新门槛将不断降低，在汽车电子与智能汽车领域将尤为明显，这将给广州大量民营汽车及零部件企业带来全新机遇，但由于总体实力较弱，难以形成大范围的创新活力。广州自主品牌汽车技术创新主要还是由国企支撑，国企的体制机制决定其难以成为有活力的广州汽车产业创新引擎，加上广州汽车产业长期有外资主导，民营汽车及零部件企业一直难有发展机会，面对新一轮开放新机遇，羸弱的广

州民营汽车及零部件企业难以形成大范围创新氛围，对要迈向全球价值链中高端的广州汽车产业而言又是一个挑战。

三　对策建议

新一轮汽车产业合资开放政策对正寻求转型升级的广州汽车产业而言，机遇明显大于挑战，需要高度重视并积极谋划将危机化为转机，努力将广州打造成为世界汽车名城。为此，本文提出以下几点策对建议。

（一）加强汽车核心技术研发，积极改善过于依赖外资的发展模式

新一轮汽车产业合资开放后，会有更多外资汽车及零部件企业入驻广州，而过于依赖外资的广州汽车产业将会面临不少潜在风险，对广州汽车产业稳健发展并迈向全球化产生不利影响，因此加强广州自主品牌汽车核心技术研发，有助于改善过于依赖外资的发展模式，不断增强广州汽车产业核心竞争力。依托广汽乘用车、广汽比亚迪等自主品牌整车企业，广州汽车产业在高性能涡轮增压发动机、底盘设计与调教、新能源汽车动力系统、智能网联系统等领域均已能够实现自主研发和生产制造，但在液力及机械式无级自动变速箱、高性能插电式汽车混合动力系统、自动驾驶集成解决方案等核心领域还需要加强公关与研发，可以通过自主研发、联合开发、技术购买、兼并重组等多样化方式，尽量减少对外资企业的过度依赖。

（二）构建汽车及跨领域自主强强联盟，提升广州汽车产业全球性竞争力

广州汽车产业长期过于依赖跨国汽车企业，导致国有汽车企业总体竞争力不强而民营汽车企业总体实力较弱，这种“外资强而自主较弱”的发展模式将不利于广州汽车产业迈向全球价值链中高端，必须顺应汽车产业变革新趋势，大力培育新兴汽车产业发展，积极推动广州国有汽车企业与国内汽

车及相关行业自主龙头企业进行强强联盟，不断提升广州汽车产业全球性竞争力。目前，广州汽车产业过于依赖外资企业发展的模式还没得到根本改善，为应对未来复杂多变的国际关系变动，广汽乘用车、广汽新能源等国有整车企业应适当调整过于依赖外资企业的合作模式，将合资合作对象逐渐转向新兴汽车产业关联领域的龙头企业，形成自主强强联盟。如推进广汽集团与比亚迪在新能源汽车、智能汽车等新兴领域继续开展深入合资合作，与上汽集团在汽车内饰用品、自动变速箱等领域开展合作，形成汽车产业领域的强强联盟。尝试与新兴汽车产业相关领域的国内龙头企业开展合资合作，形成跨领域的强强联合，如广汽集团可考虑与华为在汽车电子芯片设计领域开展合作、与宁德时代在新能源汽车动力电池领域开展合作、与大洋电机在新能源汽车驱动电机领域开展合作等，形成跨领域的强强联盟，不断提升广州汽车产业全球性竞争力。

（三）以“一带一路”沿线国家为重点，推进广州汽车产业全球化进程

新一轮汽车产业开放政策是我国积极推动汽车产业迈向全球化的重要谋划，广州应积极把握新机遇和顺应新趋势，重点围绕“一带一路”沿线国家，鼓励广汽乘用车、广汽比亚迪、北汽乘用车、广汽新能源等自主品牌整车企业实施“走出去”战略，积极研发设计符合“一带一路”沿线国家和地区实际需求和消费习惯的汽车产品，同时依托广交会、广州国际汽车展、加博会等广州优势特色的展会平台，积极推进广州汽车产业全球化进程。此外，鼓励国内银行等金融机构与广州市汽车企业开展境外项目战略合作，不断完善和提升投融资服务水平，在金融支持方面力助广州自主品牌企业不断提升全球竞争力。

（四）调整汽车产业招商引资策略，转向新能源、智能汽车零部件产业

广州市工信委、商务委等汽车相关主管部门须对新一轮汽车产业开放开

展研究并持续跟踪，加强与相关部门的沟通联系，准确研判汽车产业尤其是新兴领域的发展动态。而要促进广州汽车产业由传统燃油汽车领域转型升级到新兴领域，对整车产量已经突破300万辆规模的广州而言，重点不在于整车领域而是新兴汽车零部件领域，针对汽车产业的招商引资策略要及时调整，优先支持新能源、智能网联等汽车新业态发展。

（五）大力培育汽车服务业新业态，积极打造面向全球的汽车贸易枢纽港

发挥广州汽车产业集聚、市场辐射力强、营商环境优越等优势，重点在汽车进口、口岸批发、市场零售、保税展示及产业配套等方面培育新兴汽车服务业，打造汽车平行进口全产业服务链，进一步提升广州汽车进口贸易的影响力，把广州建设成为面向全球的重要汽车贸易枢纽港。

（六）发挥行业协会沟通联系与指导作用，加强汽车行业协会与相关部门沟通

积极发挥广东省汽车行业协会、广州市汽车行业协会、广州汽车服务业行业协会等汽车产业相关协会的沟通联系与指导作用，将汽车行业企业在中新一轮汽车产业开放下可能面临的困难及时反馈给政府主管部门，方便政府主管部门出台相关应对措施，使政府层面、企业和行业协会之间能够形成合力共同应对新一轮产业合资开放可能带来的不利影响。针对新一轮产业合资开放政策实施后国内汽车产业的发展趋势，邀请汽车行业专家重点针对中小企业，采取讲座、座谈、出版宣传册等多样化形势就汽车产业发展动态、新政策可能影响等方面加强指导，促使中小型汽车企业积极谋划并抢抓发展新机遇。

参考文献

怀玉：《股比放开政策对国内汽车产业发展的影响随想》，《上海汽车》2016年第12

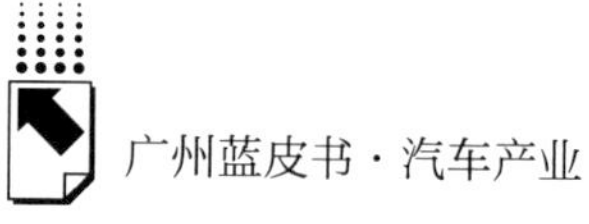

期。

朱盛镭:《合资博弈进入“暗战期”——关于汽车合资股比开放的思考》,《上海汽车》2014 年第 6 期。

俞立严:《汽车合资股比放开　外方谨慎中方更自信》,《第一财经日报》2018 年 5 月 8 日。

吴小飞、张洪杰:《汽车外资股比将逐步开放　合资车企话语权或临再博弈》,《中国经营报》2018 年 4 月 30 日。

王莉雯:《汽车业外资股比将放开　现有合资格局会否颠覆?》,《上海证券报》2018 年 4 月 21 日 (005)。

杨忠阳:《放开汽车合资股比激发创新活力》,《经济日报》2018 年 4 月 19 日 (009)。

B.8

广州汽车产业外经贸发展情况及展望

刘 旭　王凯龙*

摘　要： 广州市是国家汽车及零部件出口基地，汽车及零部件产销量和出口居全国前列。本文在阐述2017年广州汽车及零部件产业外经贸发展现状基础上，分析广州汽车及零部件产业外经贸的发展规划及发展思路，提出优化汽车产业布局、深化“一带一路”沿线国家外经贸合作、推进平行进口汽车工程、探索开展境外汽车维修复出口试点业务、加大政策支持力度等促进广州汽车及零部件产业外经贸发展的措施。

关键词： 汽车产业　外经贸　零部件

广州是国家汽车及零部件出口基地城市、国家节能与新能源汽车示范推广试点城市。广州是全国三大乘用车生产基地之一，汽车产业是广州工业第一大支柱产业，产销量位居国内前列。2017年，广州汽车及零部件产业总产值达5141.76亿元，同比增长17.40%。

一　广州汽车及零部件产业外经贸发展现状

（一）广州汽车及零部件产业外经贸发展现状

2017年，广州汽车及零部件产业出口总值为205.47亿元人民币，同比

---

* 刘旭，广州市商务委员会机电与科技产业处处长；王凯龙，广州市商务委员会机电与科技产业处科员。

增长7.49%。其中整车出口总值为24.85亿元人民币，同比增长12.76%。整车出口数量为21863辆，同比增长60.86%，主要以小轿车为主，出口数量达21322辆，同比增长71.44%，占整车出口数量的97.53%。自2012年以来，我国汽车出口经历连续四年下滑后于2017年再度实现同比正增长，而同期广州汽车出口经过短暂下跌后，于2016年再次扭跌转升，且2017年出口额同比增速较2016年继续拉升，往中高速趋势发展。近年来，广州汽车及零部件产业外经贸发展呈现如下特点。

1. 整体增速优于其他传统机电产品

目前广州拥有三大机电产品出口基地，即国家汽车及零部件出口基地、船舶出口基地、摩托车及零部件外贸转型升级基地。受国际消费市场低迷影响，广州三大机电产品出口整体上经受一定的冲击。汽车及零部件产业较船舶、摩托车产业而言，率先走出颓势，扭跌为增。2014～2017年，广州汽车及零部件产业出口额平均增速为10.38%，而船舶产业出口额平均增速为4.14%，摩托车产业出口额平均增速为－4.14%（见表1）。

表1 2014～2017年广州主要机电产品出口情况表

商品名称	2014年出口总值（亿元）	出口数量	2015年出口总值（亿元）	出口数量	2016年出口总值（亿元）	出口数量	2017年出口总值（亿元）	出口数量
汽车及零部件产业	152.79	—	175.13	—	191.16	—	205.47	—
其中:汽车(辆)	29.61	23704	21.08	15106	22.04	13591	24.85	21863
汽车零部件(万件)	123.17	—	154.05	38198	169.12	40552	180.62	42400
摩托车产业(辆)	55.80	1697599	51.09	1649947	51.75	1544148	49.14	1437093
船舶产业(艘)	93.81	5962	160.46	7905	134.60	93	105.94	97

2. 汽车进口贸易取得新突破

2017年，广州汽车及零部件进口总值为226.06亿元人民币，同比增长14.76%；其中汽车整车进口5963辆，同比增长14.23%，汽车整车进口总值为17.48亿元人民币，同比增长40.84%，主要以小客车（九座及以下，

2017 年进口 3127 辆，同比增长 4.16%）和四轮驱动轻型越野车（2017 年进口 2692 辆，同比增长 28.44%）进口为主。2015 年，国务院批准在广东自贸试验区南沙片区开展汽车平行进口试点业务。目前广州共有 11 家平行进口汽车试点企业，广州南沙口岸开展汽车进口贸易的企业已达 70 家。值得一提的是，经过不到三年的发展，广州南沙口岸于 2017 年 10 月首次实现平行进口汽车到岸数突破 1 万辆，这是汽车码头发展的一个里程碑，广州市南沙汽车码头已发展成为全国第二大、华南地区最大的平行进口汽车口岸，2017 年南沙平行进口汽车到港 13688 辆，同比增长 59.93%。

3. 生产经营以外资企业为主

截至 2017 年 12 月，广州市共有汽车及零部件生产企业 500 余家，其中有外商投资企业 385 家，累计吸收合同外资超过 45 亿美元，实际利用外资约 35 亿美元，累计完成投资总额超过 140 亿美元，涵盖广汽丰田、广汽本田、广汽日野、东风日产等整车龙头企业以及丰田发动机、东风本田发动机等龙头汽车零部件企业，直接带动形成年产值超 5000 亿元的超级产业，超过广州工业总产值的 1/4。目前，主要汽车龙头企业正在持续增资扩产，其中广汽丰田 22 万辆产能扩能项目于 2018 年 1 月正式投产，广汽本田第三工厂二期 12 万辆产能等扩能项目正在顺利推进，对广州汽车及零部件产业产销及出口产生新一轮的促进作用。

4. 汽车及零部件产业综合能力全面提升

行业研发实力不断增强。目前，广州汽车行业拥有国家级企业技术中心 1 个、省级企业技术中心 9 个、省级工程中心 2 个。其中广汽集团经过多年的创新实践，已具备同时主导开发三款整车和多款发动机、变速箱等核心部件的能力，先后获得中国汽车工业科学技术奖一等奖、“企业博士后科研工作站”、“院士专家企业工作站”等荣誉，在全国各行业 1100 多家国家级企业技术中心评价中排名全国第 12 位。广州威凯检测技术有限公司的“国家智能汽车零部件质量监督检验中心”已获国家工信部和认监委批复筹建。中国汽车技术研究中心华南总部基地（广州卡达克公司）落户增城。

整车板块竞争能力持续增强。初步形成自主品牌、日系合资品牌、欧美系合资品牌“三足鼎立”、协同发展的格局，形成覆盖面广、互补性强、稳定性高的整车生产结构。其中广汽生产方式（GPS）、传祺品牌新车质量（J. D. Power）近年来连续荣获中国品牌第一。广汽传祺 GS4、GS8、GM8 和广汽菲克国产 Jeep 自由光等车款均取得较好的销售业绩。2017 年，广汽传祺累计销量达 51 万辆，同比增幅为 34.6%。

行业品牌效应逐年提升。目前广州汽车行业拥有驰名商标 2 个、著名商标 4 个、广东名牌 3 个。广汽集团汽车销量超百万辆，成功晋级“百万辆俱乐部”，实现“A + H”股整体上市，2013 年首次跻身《财富》世界 500 强，位列第 483 位，2017 年在《财富》世界 500 强排名第 238 位，较上年大幅提升 65 个位次。

5. 节能与新能源汽车成为新的增长点

在新能源汽车领域，目前广州拥有广汽传祺、东风日产辰风、广汽比亚迪和北汽共 4 个新能源汽车自主品牌，占广东省拥有新能源汽车生产资质企业的 1/4。2017 年，全市新能源汽车产量约 8000 辆，同比增长约 64%，占广东省新能源汽车产量的 14.03%。2017 年，广州新成立广汽新能源汽车有限公司、东风启辰汽车有限公司及新引进广州宝能汽车有限公司，引进广汽智联新能源汽车产业园、日立汽车马达系统开发及生产基地、中国汽车技术研究中心华南总部基地等重点新能源汽车项目。其中，广汽智联新能源汽车产业园在广汽番禺汽车城开工，总投资额超 450 亿元，将形成 40 万新能源智能网联汽车及其配套规模。宝能集团在广州开发区动工建设新能源汽车产业园，项目总投资 300 亿元，首期规划产能 50 万辆新能源汽车及相关配套项目。

6. 公共服务平台支撑体系建设成效显著

广州建成了以广汽研究院、中国（广州）机械科学研究院和中国（广州）电器科学研究院等为代表的一批具有国际水平的公共技术研发中心。通过积极扶持开展公共服务平台建设，不断补充服务项目和更新设备设施，在协助自主品牌车企的诊断研究、拓展开发新能源汽车、技术参数检测、实验室软硬件建设及电子商务平台升级等方面进行拓展，形成立足广州、服务全省、辐射全国的汽车及零部件公共服务平台。

7. 广州国际汽车展影响力日益增强

2017 年 11 月，作为中国三大国际汽车展之一的第 15 届中国（广州）国际汽车展成功举办。本届展会展区面积达 22 万平方米，展车总数达 1081 台，其中全球首发车 47 台，跨国公司首发车 7 台；概念车 25 台，其中国际品牌展出 16 台，国内品牌展出 9 台。媒体日当天共举行 71 场新闻发布会，2432 家海内外媒体的 9747 名记者参与报道展会。广州汽车展作为大型综合性国际汽车展览会，吸引了全球车企的目光，被誉为“中国汽车市场发展风向标”。广州国际汽车展历时十天，吸引观众 67 万人次。本届展会有三大亮点：一是新能源汽车题材人气高涨。本届展会，国内外参展车企共展出新能源汽车 131 台，其中国外车企展车 55 台，展会吸引了奔驰、宝马、大众、奥迪、广汽、上汽等国内外主流电动汽车企业参展。二是全新题材注入新活力。本次展会首次开设车用新材料及改装车题材，展区规模近 2 万平方米，广汽零部件、广汽用品、爱机精机、TRD、HKS 等国内外品牌均大面积高规格参展。三是平行进口展区再造辉煌。本届展会平行进口汽车展区面积达 1500 平方米，8 家试点企业参展，所展车辆全部由广州南沙汽车口岸报关进口，并经出入境检验检疫局查验，车源可溯，除展出最新款的丰田霸道、奔驰 GLS450、玛莎拉蒂莱凡特等车型外，还展出普京总统座驾迈巴赫 S600Pullman 和路虎揽胜加长版 5.98 米全球限量版。据统计，本次展会观众现场订购平行进口汽车累计达 80 台，累计成交金额达 8000 多万元。

（二）广州国家汽车及零部件出口基地发展现状

广州国家汽车及零部件出口基地实际规划面积约 135 平方千米，主要由花都区、南沙开发区、黄埔区、番禺区、增城区和从化区 6 个“国家汽车及零部件出口基地广州分基地”覆盖的东部、南部和北部三大汽车板块组成。

目前，广州国家汽车及零部件出口基地拥有广汽本田、广汽丰田、广汽乘用车、广汽菲亚特克莱斯勒、广汽比亚迪、广汽日野、东风日产和北汽等8大汽车品牌，以及500多家汽车零部件企业，是全国第二大国家汽车及零部件出口基地。其中拥有广汽传祺和东风日产启辰2个新能源轿车自主品牌，新能源汽车年产能为3万辆。广州已形成东部、北部和南部三大千亿元级集聚区。东部（黄埔、增城）聚集了广汽本田（60万辆）、北汽（广州）（10万辆）、本田（中国）出口基地（6万辆），汽车零部件企业200多家。北部（花都、从化）聚集了东风汽车有限公司乘用车公司（60万辆）、广汽日野从化基地（2万辆）、广汽比亚迪客车有限公司（4万辆），吸引了180多家汽车零部件企业。南部以南沙广汽丰田（38万辆）和番禺广汽集团自主品牌乘用车（20万辆）为主，落户的汽车零部件企业有130多家。广州汽车产业集群日益完善，整车产能进一步扩充，吸引了一大批汽车及汽车认证检测机构不断集聚发展。2017年，广州汽车及零部件产业出口总值205.47亿元人民币，同比增长7.49%。

二　广州市汽车及零部件产业外经贸发展规划和发展思路

根据《广州市先进制造业发展及布局第十三个五年规划（2016—2020年）》、《广州市战略性新兴产业第十三个五年发展规划（2016—2020年）》、《广州市汽车产业2025战略规划》和《广州制造2025战略规划》等文件的总体要求，广州将按照“153”战略，即“一个基地、五个园区、三个重点”，根据差异化发展的原则，在现有产业基础上在番禺、增城、花都、南沙和从化布局建设新产业园区，以打造具有较强国际影响力的汽车及零部件产业集群为支点，深度打造国家级的机电产品出口基地和先进制造业基地。

（一）发展目标

广州市将在发展传统汽车的基础上重点谋划新能源及智能网联汽车、新一代汽车整车发展，推进广汽番禺汽车城、南沙国际汽车基地、增城汽车产业基地、花都汽车产业基地乘用车扩能项目建设，争取到2020年全市汽车产能达300万辆，其中自主品牌整车产能达100万辆。到2020年，汽车制造业产值超过5500亿元，力争达到6000亿元。其中，广州市将重点发展节能与新能源汽车项目。力争到2020年，形成完善的产业配套体系和创新体系，自主品牌汽车实现跨越式发展，总产值3800亿元。积极开拓“一带一路”沿线国家市场，力争到2020年，全市汽车及零部件出口总值达到260亿元。平行进口汽车业务跃上新台阶，把广州建设成为国际重要的汽车贸易枢纽港。国家、广东省、广州市在汽车产业政策上不断深化和强化，以促进汽车及零部件产业转型升级，优化发展。从近年来广州市汽车及零部件产业工业产值、出口总值等方面的平均增速来看，到2020年，广州市在汽车产能、汽车制造业产值和汽车及零部件出口总值应可完成规划目标任务。

（二）发展思路

抓好基地创新管理，加快培育本土产业。根据国家汽车及零部件出口基地管理办法的要求，按照国务院《汽车产业调整和振兴规划》和《珠江三角洲地区改革发展规划纲要》的部署，加快培育本地汽车零部件产业，扩大汽车及零部件出口，形成更加完整的产业链。打造2~3家产值超千亿元的特大型汽车制造企业，4家年营业收入超100亿元汽车零部件企业，50家超10亿元汽车零部件企业。

抓好节能与智能板块，抢占产业制高点。立足广州汽车产业基础和市场优势，以纯电驱动为新能源汽车发展的主要战略取向，重点发展纯电动汽车、插电式混合动力（含增程式）汽车和燃料电池汽车，继续推进节能汽车发展，积极探索“新能源+智能网联”汽车试点。集中力量突破智能网联汽车核心技术，加快开发核心系统，鼓励车网融合发展模式创新，构建

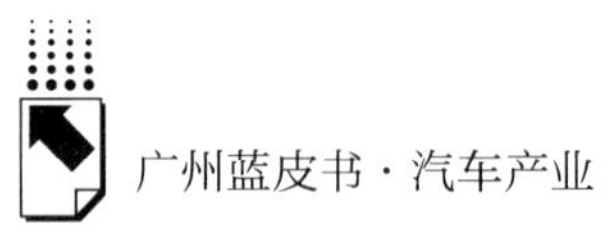

"新能源 + 智能网联"汽车产业链。

推动发展外贸新业态，促进产业协同发展。充分发挥南沙自贸区先行先试政策创新优势，做大做强汽车及零部件进出口业务，研究推动国内二手车出口试点，以及探索开展进口境外汽车零部件资源再利用，把南沙建设成为立足华南、辐射泛珠三角和影响全球的国际汽车贸易枢纽港。

抓好公共平台建设，助推企业自主创新能力。大力发展汽车及零部件公共服务平台，加快提升汽车及零部件企业技术创新能力，重点扶持汽车及零部件公共检测平台、扩大自主品牌产品出口等项目，努力提升广州市汽车产业的国际化水平。加快推进自主品牌整车和发动机系列产品的技术研发，重点扶持汽车整车集成开发、关键零部件的技术突破和产业化项目。

抓好国际市场支持体系建设，增强企业国际竞争力。组织企业参加国际汽车零部件展览会，进一步开拓新兴国际市场。积极发挥当地行业商协会的桥梁和纽带作用，推荐熟悉当地法规和运作方式的企业与广州"走出去"企业开展多种形式的合作，使"走出去"企业尽快适应当地的贸易和投资环境，更好地扎根和发展。

抓好综合服务效能，促进产业发展便利化。发挥广州市汽车出口基地建设工作领导小组的作用，在园区规划、土地利用、项目审批、扩大出口和通关便利等方面创造条件，进一步加强对各分基地的协调和服务，为产业集聚发展创造更好的环境，进一步提升汽车出口基地国际化水平。

三　促进广州市汽车及零部件产业外经贸发展若干措施

（一）优化汽车产业布局

未来广州将在现有产业基础上，在番禺、增城、花都、南沙和从化布局建设汽车零部件新产业园区，五个园区新增规划用地面积 40 平方千米。目前广州市用地指标相对紧张，广州市必须整合好资源，优化汽车产业布局。一要加快淘汰落后产能，加速“三高一低”、土地利用低效的企业或园区转移或转型，“腾笼换鸟”，优先支持新能源、智能网联等汽车新业态发展；二要积极发展汽车总部经济，通过产业链辐射半径范围的周边城市合理布局，借鉴广汽乘用车正推进杭州基地、新疆基地及宜昌基地产能布局建设经验，鼓励广州市整车企业向周边扩张；三要积极发展智能网联新能源汽车，鼓励攻关智能网联新能源核心技术、核心系统，支持广汽智联新能源汽车产业园、日立汽车马达系统开发及生产基地、中国汽车技术研究中心华南总部基地等重点新能源汽车项目房建设，推进产业结构转型升级。

（二）深化“一带一路”沿线国家外经贸合作

鼓励广汽乘用车、广汽本田、广汽丰田、广汽菲克、广汽比亚迪、广汽日野和东风日产等汽车整车厂，尤其是广汽乘用车、广汽比亚迪等自主品牌汽车企业应作为广州汽车产业实施“走出去”战略的先锋，依托国家大力推进“一带一路”建设契机积极开拓沿线国家和地区市场，推动广州汽车企业在海外抱团发展，不断提高广州汽车企业的国际化经营水平和竞争力。积极发挥广州作为“千年商都”优势，鼓励广州汽车整车及零部件企业依托广交会、广州国际汽车展、加博会等展会平台，有针对性地开发和设计符合“一带一路”沿线国家和地区实际需求和消费习惯的汽车产品及服务，不断促使广州汽车产业迈向全球化。此外，鼓励广东发展银行、广州商业银行、广州银行等广州本土银行及金融机构与广州市汽车企业开展海外项目战略合作，通过强强联合不断提高广州金融对汽车产业的支撑能力和水平，力助广州汽车企业增强国际化竞争力。

（三）推进平行进口汽车工程

发挥广州汽车产业集聚、市场辐射力强、营商环境优越等优势，加大招商引资力度，加快通关便利化，做好企业一体化服务，优化营商环境，进一步提升广州市汽车进口贸易的影响力，把广州建设成为国际重要的汽车贸易枢纽港。依托广州南沙汽车码头，推进建设汽车平行进口交易平台。向商务部申请更多平行进口汽车试点企业的名额，同时加强对现有平行进口汽车试点企业的管理，促进试点企业高效开展平行进口汽车业务，完善对南沙汽车码头和试点企业的管理服务。借力行业商协会开拓业务。积极开拓平行进口汽车车源市场，依托广东省汽车电子商务促进会、广州市汽车服务业协会等行业商协会的资源，到境外品牌汽车原产地开拓车源洽谈，解决无车源、无价格优势、时效差等平行进口汽车在进口时存在的问题。推动在广州以外地区搭建南沙进口汽车销售分拨网络，开拓平行进口汽车市场；支持各试点企业通过总部资源和营销渠道在广州以外地区建设平行汽车展销中心。依托广州国际汽车展等展会平台，以“展中展”形式，采用“政府整体形象设计＋企业个性化布展”的模式，支持广州汽车企业抱团参展，擦亮广州平行进口汽车招牌，提升广州市平行进口汽车影响力。

（四）探索开展境外汽车维修复出口试点业务

充分发挥广东自贸试验区先行先试的政策优势，借鉴国际先进经验和做法，让符合条件的企业先开展境外汽车维修复出口试点业务，待条件成熟时再开展拆解零部件及再制造复出口试点业务；同时明确执行项目的企业为环保实施的责任主体，广东自贸试验区广州南沙新区片区管委会为环保监督的责任主体。通过制度保障、体制创新，力争打造国际重要的汽车整车及零部件进出口商品交易枢纽。

（五）加大政策支持力度

落实国家税收优惠政策，加大收费清理，减轻汽车企业负担。制定广州市汽车产业重点发展目录，优先保障重点项目在立项、规划、用地报批等方面予以绿色通道支撑，优先保障用地。继续加大对企业及重点项目的资金扶持，在汽车零部件企业增资扩产、研发设计、自主品牌建设、上市融资等方面予以重点支持。

参考文献

广州市人民政府办公厅：《广州市先进制造业发展及布局第十三个五年规划（2016—2020年）》，广州市人民政府网站，2017年1月14日，http：//www.gz.gov.cn/gzgov/s2812/201703/8d496f057fcb424dbb7751b064fc1423.shtml。

广州市人民政府办公厅：《广州市战略性新兴产业第十三个五年发展规划（2016—2020年）》，广州市人民政府网站，2016年11月25日，http：//www.gz.gov.cn/gzgov/s2812/201612/0b5a544c5c8647529865d847f884c098.shtml。

广州市人民政府办公厅：《广州市汽车产业2025战略规划》，广州市人民政府网站，2018年4月19日，http：//www.gz.gov.cn/gzgov/s2812/201804/b03e5273794b4a14b4b8331ec0bd7b54.shtml。

B.9
广州新能源汽车产业发展情况及对策建议

唐锡禧*

摘　要： 本文在简要回顾国内外汽车产业发展形势的基础上，分析广州新能源汽车产业发展整体概况及主要措施，从技术研发、整体规模、配套设施等方面分析广州发展新能源汽车产业的不足，最后提出做好引资引技引智“三引”工作、抓好重点突破技术突破、加快广州国家级基于宽带互联网智能网联汽车与智慧交通应用示范区创建工作、加大充电设施建设力度、营造新能源汽车发展舆论环境等五点推进广州新能源汽车产业发展的对策建议。

关键词： 新能源汽车　配套设施　广州

一　国内外汽车产业发展形势

汽车产业是我国推动新一轮科技革命和产业变革的重要引擎。当前，新一代信息通信技术、新能源技术、新材料技术等新兴技术与汽车产业加快融合，产业生态深刻变革，全球汽车产业竞争格局进入全面重塑阶段。

---

* 唐锡禧，广州市工信委工业处，调研员。

（一）国际发展形势

新能源汽车和智能网联汽车将加速发展。从长期来看，随着新能源动力电池容量、安全性的提升，车辆续航里程超过500千米，以及快速充电控制在10分钟以内，纯电动汽车将是新能源汽车的主要技术方向，替代传统燃油汽车是发展趋势。欧洲发达国家相继发布传统燃油车退出时间表，其中，德国从2030年开始禁售传统内燃机汽车，挪威2025年之前禁止销售化石燃料汽车，荷兰2025年之前禁止销售化石燃料汽车。一些车企巨头虽未出台停售燃油车的明确时间表，但是已将业务重心向新能源汽车转移。宝马、奔驰、丰田等世界知名企业均相继发布新能源汽车量产计划。汽车产业各环节与互联网融合更加紧密，以特斯拉为代表的新一代汽车正在兴起，对传统燃油汽车造成巨大冲击。谷歌、苹果、英特尔、英伟达、高通等科技公司巨头纷纷加入自动驾驶战略领域的竞争中。

（二）国内发展形势

国家发布了《中国制造2025》《汽车产业中长期发展规划》《关于完善汽车投资项目管理的意见》《乘用车企业平均燃料消耗量与新能源汽车积分并行管理办法》等汽车产业政策，关键目标就是做大做强中国品牌汽车，培育具有国际竞争力的汽车企业。与此同时，要严格控制新增传统燃油汽车产能，放松对新能源汽车合资限制。未来我国乘用车企业将按照“双积分”体系来评价（即乘用车平均燃料消耗量积分与新能源汽车比重积分），评价体系的重点在于促使汽车企业生产更多低能耗、高效率的汽车产品。2017年进入汽车行业特别是智能网联新能源汽车的造车新势力不胜枚举，有蔚来汽车、车和家、小鹏汽车、国能汽车、威马汽车、拜腾汽车、云度新能源、新特汽车等。除此之外，还有不下十家造车新势力处在孕育之中，这些造车新势力看中的无不是汽车行业即将发生的产业巨变“新四化”（汽车电动化、智能化、互联化和社会化），以电动化作为入口，借助资本的力量，试图让新势力造车重塑汽车行业成为一种可能。中国互联网产业在全球具有一定的应用优势，信息通信领域技术和标准具有国际水平，阿里、百度、腾讯等互联网企业纷纷加入汽车行业，整车企业也在加快与其他产业融合，产业边界日益模糊。

二 广州市新能源汽车产业发展情况

（一）整体发展概况

1. 整车产能不断扩大

目前广州市拥有 4 个新能源汽车自主品牌（广汽传祺、东风日产晨风、广汽比亚迪和北汽）。2017 年全市累计汽车产量为 310.81 万辆，同比增长 17.6%；2017 年，全市新能源汽车产量约 8000 辆，同比增长约 64%。其中，广汽推出插电式新能源 GA3S PHEV 及 GS4 PHEV（A 级插电式混合动力 SUV），和首款纯电动专属平台 SUV 传祺 GE3（A0 级纯电 SUV，纯电续航里程 310 千米，快充 30 分钟可以充满 80% 电）三款新能源产品。广汽新能源汽车有限公司、东风启辰汽车有限公司、广州宝能汽车有限公司等新成立新能源汽车企业成为广州汽车产业新动力。总投资额超 450 亿元、产能规划达到 40 万辆的广汽智联新能源汽车产业园在广汽番禺汽车城开工建设，新能源智能网联汽车及其配套规模，首期投资额约为 47 亿元，一期产能为 20 万辆，工程计划在 2018 年底建成。此外，项目总投资 300 亿元、首期规划产能 50 万辆的广州宝能新能源汽车项目也在广州开发区动工建设。

2. 关键部件配套能力不断增强

2017 年，广州市新引进电动汽车核心部件日立汽车马达项目，投资额约为 30 亿元。2018 年，广汽集团规划在广汽番禺汽车城新建动力电池项目。广州力柏能源科技有限公司三元系锂离子动力电池单体能量密度达全国先进水平，已为多家国内一流车厂配套。广州鹏辉能源科技股份有限公司曾参与多项全国行业动力锂电池系统标准的制定。广州天赐高新材料股份有限公司电解液产销量居全国前列。

3. 自主研发实力不断提升

广汽集团首个国家 863 计划重大课题“增程式纯电动轿车研发与产业化技术攻关”顺利通过科技部验收，标志着广汽集团已具备自主开发、试验等完整研发能力。目前，广汽集团已掌握电池、电机、电控、机电耦合和系统集成五大关键核心技术，具备完整的新能源汽车开发能力，包括整车集成、三电零部件同步开发及测试、整车控制器开发等。在 2017 年上海国际车展上，广汽乘用车推出 4 款新能源车，进一步提高了广州市新能源汽车市场竞争能力。广汽研究院新能源汽车拳头项目——G - MC（广汽机电耦合系统）搭载到 GA3S PHEV 上实现量产，技术国内领先。

4. 公共检测平台不断完善

中国电器科学研究院、广州市质量监督检测研究院、广州市能源检测研究院建设的新能源汽车关键零部件检测平台已投入运营，成为华南地区重要的新能源汽车检测基地。广州威凯检测技术有限公司“国家智能汽车零部件质量监督检验中心”已获国家工信部和认监委批复筹建。中国汽车技术研究中心华南总部基地（广州卡达克公司）落户增城，广州市新能源汽车检测实力将更上台阶。

5. 推广应用不断深入

广州市新能源汽车保有量在 2015 年底达到 1.5 万辆的基础上，2016 年、2017 年分别新增 1.7 万辆和 1.8 万辆，截至 2017 年底，全市累计推广应用新能源汽车约 5 万辆，占全国新能源汽车总保有量（约 160 万辆）的 3%。与国内有关城市相比，推广规模次于北京（17.1 万辆）、上海（16.6 万辆）、深圳（13 万辆）、天津（8 万辆）、杭州（7 万辆），位居全国城市第六。从应用领域看，租赁 26495 辆（占 53%）、私人 12505 辆（占 26%）、公交 6878 辆（占 14%）、出租 2103 辆（占 4%）、物流 1245 辆（占 2%）、公务 396 辆（占 1%）。从技术路径看，纯电动汽车约 3.7 万辆（占 74%）、插电式混合动力汽车约 1.3 万辆（占 26%）。从使用效果看，车辆累计行驶里程超过 9 亿千米，累计充电超 1.9 亿千瓦时，行驶状况良好，节能减排效果明显。

6. 智能网联汽车产业成为新热点

广汽研究院完成了核心技术 Telematics 远程控制系统的自主开发，并首先搭载于传祺 GA3/GA3S 等上市车型，成为国内最早实现 Telematics 自主开发与商品化应用的汽车企业；同时，广汽积极研发具备自主知识产权的下一代 V2V、V2I 先进技术，抢占创新发展高地；多款自动驾驶原型车开始路测，并在国内挑战赛中名列前茅。此外，广州小鹏汽车也正在自主研发互联网汽车，目前已实现自助泊车等功能。2017 年 4 月 25 日，工信部与省政府签署《工业和信息化部　广东省人民政府合作框架协议》，将支持广州市创建国家级基于宽带互联网智能网联汽车与智慧交通应用示范区。目前广州准备出台相关措施以加快推进示范区创建，重点围绕智能网联汽车整车和汽车电子产业化，整合全省整车企业、汽车零部件、汽车电子、人工智能、互联网企业及其他关联企业的研发能力，通过构建综合产业链生态系统带动智能网联汽车产学研一体化发展。

（二）主要政策举措

一是突出顶层设计。编制《广州市汽车产业 2025 战略规划》，提出了到 2020 年，广州市汽车总产能达 300 万辆，力争实现汽车制造业年产值 6500 亿元，广州市新能源汽车产能达 30 万辆，进入国内前五位；到 2025 年，广州市汽车总产能达 500 万辆，新能源汽车产能达 100 万辆，进入国内前三位的战略目标。确立了大力发展中国品牌，突破智能网联新能源汽车产业化，健全创新开放共享体系，以将广州打造成为具有国际影响力的汽车产业“两区一高地”为战略定位，即中国品牌汽车标杆引领区、国家智能网联新能源汽车产业化应用示范区、汽车产业创新开放共享高地。同时，对于广州市汽车产业短板，精准提出了针对性强的七大重点任务、七大工程，重点之一就是突破智能网联新能源汽车产业。

二是加强政策支持。出台《广州国际汽车零部件产业基地建设实施方案》，按照一个基地、五个园区、三个重点的“153”战略构建广州国际汽车零部件产业基地，在原来布局基础上，新增规划番禺、增城、花都、南沙、从化5个园区，累计新增用地总面积为40平方千米（目前已安排用地面积约25平方千米），在土地规模及用地指标方面优先支持，将新能源汽车整车和“三电”（动力电池、驱动电机、电控系统）作为三个重点发展方向之一。市级财政安排约25亿元支持5个园区土地收储及基础设施建设，并且重点围绕新能源汽车产业发展，在金融、招商、核心技术研发攻关、公共服务平台建设、人才引进等方面进行全方位支持。

三是做好示范推广。积极争取成为国家确认的新一轮第一批新能源汽车推广应用城市之一。出台《广州市新能源汽车推广应用管理暂行办法》《广州市新能源中小客车车辆购置补贴实施细则》等文件，安排财政资金支持新能源汽车示范应用推广，对新能源汽车给予不限牌等购置鼓励政策。截至2017年底，广州累计推进使用节能与新能源公交车10265辆（约占公交车总数1.4万辆的71%），其中，纯电动车2872辆（中车牌纯电动车686辆）、插电式混合动力车2322辆、非插电式混合动力车1684辆、LNG车3387辆。

四是完善配套建设。出台了《广州市电动汽车充电基础设施建设专项规划》《广州市推进电动汽车充换电设施建设与管理暂行办法》《关于进一步加强电动汽车充电基础设施建设运营管理的通知》《充电桩（站）报装业务办理客户指南》《广州市电动汽车充电设施建设专项资金管理办法》等配套政策，指导全市充电设施建设与管理。据统计，截至2017年底，共建成各类充电设施13461个。

三　存在问题

（一）本地产业规模较小

2017年全国新能源汽车累计产量为79.4万辆，同比增长53.8%，产销量继续领跑世界，新能源汽车发展由培育期进入成长期。但广州市新能源汽车产量占全国总产量的1%，与乘用车销量占全国乘用车销量约10.8%相比差距明显。2017年，广汽传祺新能源车销量5246辆，与比亚迪、吉利、北汽新能源等相比，差距均较大。

（二）核心技术研发不足，产业配套体系有待完善

目前比亚迪、北汽集团、上汽集团均已完全掌握“三电”（动力电池系统、驱动电机、电控系统）核心技术，在核心技术支撑下，这些新能源领头羊的新能源汽车产销量比较高，尤其是比亚迪已经连续三年产销规模超10万辆，为全球规模最大的新能源汽车企业。

（三）技术路线不明朗，产业发展不确定性较大

整车方面，既有以纯电动为发展重点，也有以非插电式混合动力、燃料电池为方向，还有主攻插电式混合动力，不同企业在技术路线选择上侧重点不同。动力电池方面，目前主流动力电池采用锂电池，但新体系电池研发及电池管理系统（BMS）层出不穷。在燃料电池技术方面，有些地方已开始在客车方面突破并产业化，而广州市还处于起步阶段。

（四）充电设施大规模建设仍然存在难度

尽管广州市工信委早已出台支持充电设施建设的政策文件，资金配套、政策法规等各方面均有较为详细指导意见，但停车场地物管配合度较低、建设用地难以落实、企事业单位积极性较低等，是制约充电设施建设的主要因素。

四　推进广州新能源汽车发展的对策建议

对接《中国制造2025》《汽车产业中长期发展规划（2016～2025年）》，按照《广州制造2025战略规划》《广州市汽车产业2025战略规划》的部署，加大对新能源汽车的扶持力度，力争到2025年新能源汽车产量突破100万辆，将广州打造成为国内重要新能源汽车生产基地，引领我国汽车行业转型升级。

（一）做好引资引技引智“三引”工作

全面落实《广州国际汽车零部件产业基地建设实施方案》，加快广州国际汽车零部件产业基地建设，在加强对现有新能源汽车产业企业的培育的同时，创新招商引资方式，利用“中国广州国际投资年会”、“达沃斯论坛”、广州国际汽车零部件及售后市场展览会等平台，大力推介广州国际汽车零部件产业基地投资环境，引进一批汽车零部件领域的世界500强、中国500强、中央企业和龙头企业来穗投资创新发展。重点在动力电池、驱动电机、电机电控系统等领域，引进一批高端零部件配套企业。

（二）抓好重点突破技术突破

以纯电动汽车为发展重点，兼顾混合动力汽车，加强对低碳化、信息化、智能化技术和关键零部件研发和产业化支持，掌握动力电池系统、驱动电机、电机控制器等核心技术，搭建产业共性技术平台，形成从关键零部件到整车的完整产业体系和创新体系。“十三五”时期要实现在电池技术方面的重点突破。

（三）加快广州国家级基于宽带互联网智能网联汽车与智慧交通应用示范区创建工作

目前，广州示范区申报书已由省经信委正式报国家工信部。同时，在做好规划设计的基础上，立即启动示范区建设，包括推进成立市级协调机构、综合运营中心及国家级智能网联汽车电子联盟等，推动发展智能网联汽车电子产业，建立数据中心，开展封闭示范区智能网联汽车测试场地、测试高速公路等基础设施建设。

（四）加大充电设施建设力度

充电设施推动新能源汽车产业加速发展的重要保障。重点先围绕公共场所开展设施建设，优先选择在党政机关、公共机构、产业园区、大型工厂等具备条件的场所建设立体式停车和充电设施，通过组织实施充电设施建设

“双百”行动，即百家党政机关、公共机构及重点企业充电设施行动和百个经营性停车场充电设施建设行动，形成良好的示范带动效应。在非公共场所则按照国家要求，要求新建住宅小区配建停车位应100%建设充电设施或预留建设安装条件，大型公共建筑物、社会公共停车场建设充电设施或预留建设安装条件的车位比例不低于10%。鼓励通过众筹建桩、政府和社会资本合作（PPP）等多样化模式推进充电设施建设，不断增强充电设施建设力度。

（五）营造新能源汽车发展舆论环境

采取报纸、公众微信号、门户网站等多样化形式，大力度宣传新能源汽车对降低能源消耗、减少污染物排放的重大意义和作用，不断提升全社会对新能源汽车的认知和接受程度。重点依托“羊城充”门户网站加强宣传充电基础设施发展政策、规划布局及建设动态，让社会各界全面了解充电基础设施，促使越来越多社会资本投资进入充电基础设施建设运营领域。通过舆论监督曝光阻碍充电基础设施建设、损害消费者权益等不良行为，形成有利于新能源汽车发展及充电基础设施建设良好舆论氛围。

参考文献

温国辉：《2018年广州市政府工作报告》，广州市人民政府网站，2018年1月19日，http://www.gz.gov.cn/gzgov/s2342/201801/737dbb949da6417ab6ebcb16e13d74d6.shtml/?from=timeline&isappinstalled=0。

广州市统计局：《2017年广州市国民经济和社会发展统计公报》，广州统计信息网，2018年4月1日，http://www.gzstats.gov.cn/tjgb/qstjgb/201804/P020180401258724630561.doc。

鄂慧伟：《广州市新能源汽车产业扶持政策研究》，硕士学位论文，华南理工大学，2016。

巫细波：《加快广州新能源汽车产业发展的对策建议》，《汽车工业研究》2015年第1期。

李钦军：《基于低碳经济背景下广州市新能源汽车产业发展政策研究》，硕士学位论文，华南理工大学，2012。

B.10 新科技革命背景下交通技术对广州城市功能空间的影响

姚　阳*

摘　要： 在网络和移动互联技术、新能源技术的催化下，交通技术进入一个向信息化、智能化、高速化、绿色化方向发展的新时期。新科技革命背景下，城市交通朝着自动化、电气化和互联化三大趋势发展。广州作为一个特大城市，各种交通方式较为完备，技术应用多样性十分明显。总体上看，自动化、电气化和互联化三大领域的技术应用将成为广州未来交通发展的主要方向。交通技术创新变革直接影响广州城市交通功能空间的变革，同时将深刻影响城市社会交往、生态、居住等功能空间。

关键词： 交通技术　广州　城市功能空间

一　交通技术的发展阶段

交通技术发展大致经历了传统交通发展时期（1796 年以前）、现代交通启蒙时期（1797 ~ 1950 年）、现代交通体系发展时期（1951 ~ 2000 年）和现代交通技术大创新时期（见表 1）四个发展阶段。在蒸汽机发明以前，人

---

* 姚阳，硕士，广州市社会科学院广州国家中心城市研究基地副研究员，研究方向为城市与区域经济。

类的交通动力主要依靠畜力（马、牛、驴等）、水力和人力。在蒸汽机车、蒸汽机轮船、汽车、飞机等相继发明之后，人类进入现代交通的启蒙时期，但只是小范围、规模有限的试验性现代交通，尚未形成较为完善的交通体系。第二次世界大战以后，人类交通技术进步进入一个飞跃时期，公路、水运、航空、管道及轨道交通体系相继建立和完善，大运量、高速度的交通技术系统快速普及。进入21世纪后，在网络和移动互联技术、新能源技术的催化下，交通技术进入一个向信息化、智能化、高速化、绿色化方向发展的新时期。无线通信技术、传感器技术、电子信息控制技术、车联网技术等逐渐在交通领域得到广泛应用，促进交通向智能化、信息化、安全化方向发展。电动汽车、燃料电池汽车等新能源汽车的研发，促使交通工具向高效、低能耗、低排放方向发展，低碳节能环保的交通工具日益普及。新的高速铁路系统、无人驾驶汽车（飞机）、新能源汽车等新型交通工具逐渐出现并不断得到广泛应用，市场发展前景广阔。

表1　交通技术体系主要发展阶段

主要发展阶段	时间	技术特点
传统交通发展时期	1796年以前	蒸汽机车发明以前，交通主要依靠畜力、天然水力和人力。
现代交通启蒙时期	1797~1950年	实现了交通工具单项技术的发明创造。如蒸汽机车(1796年)、蒸汽机轮船(1807年)、汽车(1885年)、飞机(1903年)等
现代交通体系发展时期	1951~2000年	建立和扩展公路、水运、航空和管道交通系统。发展大运量交通工具，建设大型的交通基础设施，形成现代化车路技术系统，现代化船、港、路技术系统，先进的飞机、空港及航务技术系统，以及以城市为主体的轨道交通系统
现代交通技术大创新时期	21世纪以来	无线通信技术、传感器技术、电子信息控制技术、车联网技术等逐渐在交通领域得到广泛应用

二　新科技革命背景下城市交通技术的发展动向

新科技革命背景下，城市交通将朝着三大趋势发展：自动化、电气化和互联化。城市交通的目标是通过新科技和新技术的广泛应用，塑造面向未来的城市智慧交通体系，打造“环保、便捷、安全”的城市交通环境。

（一）交通技术自动化:无人驾驶技术逐步成熟

无人驾驶技术是多学科、多技术融合和应用的产物，涉及的理论包括感知定位、规划决策、执行控制等，涵盖人工智能、计算机技术、激光雷达技术、网络技术、通信技术、系统设计等新科技的深度应用。无人驾驶的关键技术是设备定位和设备控制技术。未来无人驾驶两大不同的技术路径分别由传统车企和互联网车企来推动（见表2），传统车企主张采取温和渐进的策略，从 Level 1 向 Level 4 循序渐进发展（见表3）。

表2　无人驾驶的两种路径及特征

路径特征	路径一:传统车企	路径二:互联网车企
路径本质	ADAS 功能和技术不断完善和发展	移动式机器人深度学习能力及自主决策能力提升
发展目的	缓解司机驾驶压力、改善司机驾驶体验	以计算机来控制汽车,取代人工驾驶
竞争优势	丰富的整车制造经验、完善的配套服务体系	先进的互联网技术,成熟的算法和云服务平台
核心技术	自动控制系统	人工智能
代表性企业	长安汽车	百度、谷歌

资料来源：参见崔丽媛《图解：智能驾驶 = 无人驾驶？NO》，交通建设与管理公众号，2016 年 8 月 23 日。

首先以高速公路为主，实现自动驾驶，然后逐渐推广到等级公路乃至普通公路，希望通过每一代车型搭载的 ADAS 高级驾驶辅助系统不断升级的方式，直到最后实现完全自动驾驶。而作为汽车领域新进入者的互联网车企则希望通过利用“传感器 + 高精地图 + 云计算”自动驾驶方案实现完全自动驾驶，试图一步到位直接进入 Level 4 的发展阶段。例如，谷歌公司

(Google) 的无人驾驶汽车在设计上只有启动和停止两个需要手动操作的功能按键，汽车的其他操作，如车辆行驶、道路选择等均由无人驾驶电脑系统控制，谷歌作为无人驾驶先行者，目前已经发展到第三代，前两代均是在现有车型上进行改造实现的，第三代是 Google 自主组装的无人驾驶汽车，取消了方向盘、后视镜、踏板等能够与驾驶者发生联系的配件。

表 3 各类型无人驾驶的形态

级别	主要特征	代表性功能	主要成果
L4	完全无人驾驶	完全自动驾驶	谷歌完成 209 万公里路测、百度完成北京三环路测
L3	受控的自动驾驶	高速自动驾驶	德尔福横跨美国
L2	组合功能自动驾驶	ACC、自动泊车等	Mobileye 辅助系统特斯拉、沃尔沃等
L1	特定功能自动驾驶	ESC、AEB、LKA	高档车辆
L0	不具备自动驾驶		

（二）交通技术互联化：智能互联智慧发展

打造互联互通的智能交通系统将成为引领未来交通领域发展的一大趋势，将成为交通领域颠覆性创新变革。通过新一代计算机技术、信息技术、通信技术、决策控制技术、环境传感技术和系统综合技术高效的集成和深入应用，使交通三元素即人、车辆、道路之间的互动作用关系以全新的方式呈现，从而实现智能交通的五大目标：实时、精准、高效、安全、环保。实时定制设计点到点的便捷出行模式是智能交通的核心。为实现这一目标，交通使用者与各类城市交通工具，如公交车、私家车、地铁、共享汽车、货车、低空无人驾驶飞行器，以及其他新型交通工具之间都需要实现实时无缝互联。未来在智能网联技术领域，人机交互、人工智能等为代表的新科技发展速度远远快于以机械为主的传统汽车技术，汽车功能软件化、电子化是一种必然的技术演变趋势。

（三）交通技术电气化：新能源汽车替代传统汽车

在环境污染问题和石油能源消耗双重压力下，电气取代燃油成为不可逆转的趋势。20世纪90年代，全球关注环境保护，提出缓解石油消耗过度问题，电气化交通开始进入快速发展时期。在未来的城市里，电气化交通将为低排放交通做出贡献。在交通领域的所有车型和细分领域电动化发展都是不可逆转的趋势。新能源技术趋势的关键在于动力电池技术的突破，届时电池能量密度将大大提高、充电续航里程将提升、成本进一步降低。另外，新能源技术的发展趋势是轻量化、低碳化。在轻量化方面，在目前技术下，电动车的电池能量密度还比较低，导致电动汽车车身还比较重，如车身每减重1%，带来的节能效果将非常显著，新型轻量化材料未来在电动汽车上将会广泛普及和应用；在低碳化方面，电动汽车是否低碳环保受电力发电结构的直接影响，按照目前煤电占电力供应70%的比例，如果电动车的单位能耗不能控制在合理的范围，低碳化的目标将难以实现。

分析当下电动车的发展趋势，与内燃机驱动的传统汽车相比，纯电驱动汽车的结构更加简单，零部件数目大量减少。这为行业外企业进入汽车行业提供了契机，与此同时，传统汽车面对的另一个挑战是汽车功能软件化、电子化的技术趋势，尤其是在智能网联技术领域。预计到2020年，新能源汽车电子电气零部件占整车总成本的比例将超过50%。

三　交通技术的在广州的应用与前景

（一）应用状况

广州作为一个特大城市，各种交通方式较为完备，技术应用多样性十分明显。从1992年广州就引入Sydney Coordinated Adaptive Traffic System（悉尼自适应交通控制系统），缩写为SCATS。至今广州全市已安装SCATS信号机约400台，全部集中联网控制，覆盖市区绝大部分道路，对交通信号的控制效果比较理想。广州还利用新科技探索了多种形式的公共交通系统，如珠江新城旅客自动输送系统（Automated People Mover Systems，APM），海珠新型有轨电车等，亚洲第一大、世界第二大的 BRT 快速公交系统，广州地铁首条线路于 1997 年 6 月 28 日开通，截至 2016 年底，广州已开通运营的地铁线路达到 10 条，总运营里程达到 308.7 千米，共设 167 座车站，日均客运量从 2010 年 324 万人次增至 2015 年 659 万人次，承担客运量占公共交通总量的比重由 27% 增至 43%。新能源汽车近年来有所发展，但由于核心技术支撑不足、配套设施建设缓慢、合资企业处于观望状态，广州新能源汽车发展较慢。但总体上看，新交通技术体系不断发展，地铁技术、轻轨技术和高速铁路技术的应用规模扩大加快。交通信息化程度较高，全球定位系统（GPS）、地理信息系统（GIS）、数字地形模型系统应用广泛，电子警察和视频监控等技术系统应用普遍，实现了对全市出租、公交、公路客运、危险品运输等各行业的信息化全覆盖，网约车、共享单车、共享汽车及共享停车等在特定平台得以实现。无线通信技术、传感器技术、电子信息控制技术等在交通领域应用普遍。海港、空港、路桥建设的技术先进程度不断提高，大飞机、新型船舶技术在交通领域应用大踏步前进。高速化、重载化、安全化、信息化、智能化的高速铁路系统技术开发及建设得到长足发展。

（二）应用前景

交通的本质是解决人与物的空间转移，运用现代化的技术手段实现对城市各项空间元素的合理有效组织。交通可达性的高低，决定了城市空间形态与脉络格局。没有一种固定的交通工具和交通模式能旷日持久，无论哪个时期，只有交通系统与当时的科学技术、社会需求相一致，才是适宜的交通方式。总体上看，自动化、电气化和互联化三大领域的技术的应用也将成为广州未来交通发展的主要方向。

在广州未来的智能交通体系中，无人驾驶将广泛运用于汽车、无人机、有轨电车、地铁等城市交通工具。无人驾驶将颠覆传统交通工具的控制模式，其在广州交通领域的应用，将大大提高广州城市交通的效率和安全性。无人驾驶汽车是广州未来无人驾驶技术应用最重要的领域之一，它将成为一种将感应、识别、判断、决策、优化、优选、执行、反馈、纠控等功能融为一体的智慧型交通设备。无人驾驶汽车主要依靠车身多个传感器来收集和感知车辆行驶过程中的周围环境，并根据所获得的各类综合信息，形成决策来控制车辆的方向和行驶速度，保障车辆能够安全、高效、可靠地进行无人行驶。无人驾驶交通模式最终将从根本上改变传统交通“驾驶员—车辆—道路”闭环控制方式，将不可控因素多的驾驶员从此闭环控制系统中分离，从而提高城市交通系统的高效率和安全性。作为产业发展，现代无人驾驶以传统汽车生产为基础，以高新科技为突破口，其竞争力的提高在于相关企业持续不断的各类综合技术创新和集成，其投入使用的广度将取决于广州城市各种交通用途的发展状况和实际需要。

据行业内预测，到 2020 年，在大多数高速公路条件下，很多汽车都可以实现自主驾驶，到 2025 年，第一批可以真正实现自主驾驶的汽车将会推向消费市场，到 2030 年无人驾驶汽车将会广泛进入消费市场，到 2035 年无人驾驶汽车将全面占领消费市场（见图 1）。

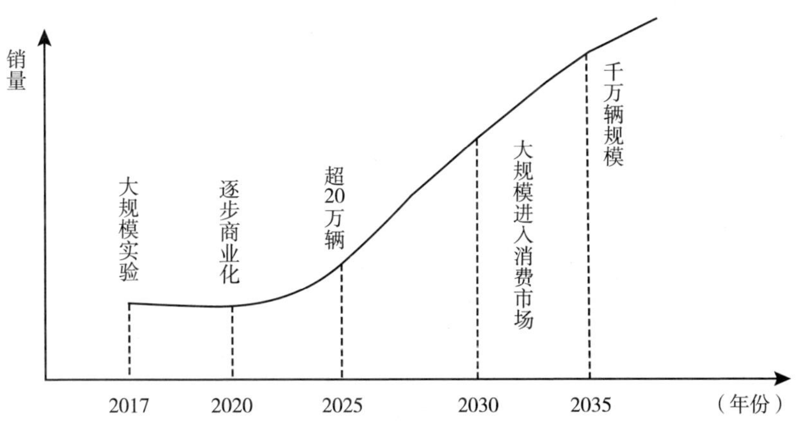

图 1　中国无人驾驶行业发展趋势

资料来源：参见崔丽媛《图解：智能驾驶 = 无人驾驶？NO》，交通建设与管理公众号，2016 年 8 月 23 日。

未来广州智能交通发展将呈现六大趋势。一是高效获取实时动态的交通信息。新一代信息技术在智能交通领域广泛应用，感知交通基础设施、交通流量及周边环境等外部交通环境将具备动态和实时的特征，这是打造广州智能交通发展的基础。二是提供随时随地能获取和随需求而快速定制的交通信息服务。智能交通提供的交通信息和方案将涵盖广州城市对内对外交通运输领域的各个网络，将根据出行者不同的需求及对速度、价格、舒适性、绿色出行等不同的价值取向，快速准确提供灵活、多样的出行方案。三是提供快速提前预警和反应敏捷的交通安全信息。通过车路协同、天气状况分析等方式，实现对广州及周边天气、事故、灾祸等危险情况的自动预警和对事件的快速应急响应，为交通使用者提供更加安全可靠的交通信息。四是打造信息共享互通和无缝衔接的便捷运输体系。通过信息互联互通和智能一体化的交通系统协同，促进交通、枢纽、运输工具等资源的最优化配置，促进广州城市各类交通方式之间的无缝衔接和快速便捷换乘。五是落实绿色低碳和可持续发展理念。智能交通作为重要技术应用和实践，将大大减少交通拥堵和无效交通，是广州城市交通运输节能减排的重要保障和支撑。六是引领创新驱动和市场主导的发展模式。未来智能交通通过信息网络技术和价值链将基础设施、交通工具、出行者、服务供应者等交通运输参与方连接起来，交通供需信息将按市场主导、价值驱动的原则在各相关参与方之间自由流动，并将催生新的交通服务供给模式，推动广州智能交通新产业、新业态的形成和发展。

在全世界范围内，中国、日本、美国、德国把2020年作为拐点，并预计在2030年，电动汽车将占领全球汽车市场的半壁江山。电气化汽车、电气化自行车、电气化飞行器等将作为电气化交通设备的细分业务领域。电动自行车发展迅速，中国两轮电动车市场保有量达到2亿辆，博世公司研发设计了适用于轻型电动车的紧凑型动力总成系统，小到两个轮子的E-schwalbe，大到四个轮子的e. Go均可兼容。大城市快递运输也会更多使用电动新能源，其方式也可能越来越多样化，包括无人驾驶车、无人机等设备。广州规划到2018年底，全市推广应用新能源汽车累计达10万辆以上，其中，公交、出租、环卫等公共服务领域推广应用新能源汽车将达到约1万辆，私人和租赁等领域约 9 万辆。到 2020 年底，全市新能源汽车保有量累计达 20 万辆左右，其中，公交、出租、环卫等公共服务领域推广应用新能源汽车约 3 万辆，私人和租赁等领域约 17 万辆。到 2018 年底，全市初步构建起以专项规划为指引、各项配套政策完备、社会力量积极参与、监控管理到位的充电基础设施建设体系，基本实现适度超前、车桩相随、智能高效、使用便利的充电服务。力争各类充电桩（机）保有量达 7 万个，基本满足全市新能源汽车需求。到 2020 年，全市各类充电桩（机）保有量达 10 万个。

总体上，交通是广州城市发展中一个具有短缺特性的领域。在新型先进现代交通技术及方式应用方面，广州一直处于国内的领先水平，但交通技术的创新及试点还有待深化。未来这些领域的技术应用需要整个交通系统的技术变革。

四　对广州城市功能空间的影响展望

与交通技术创新变革直接相关的是城市交通出行生态的变化，继而影响城市各功能空间变化。自动化、电气化、智能化、共享化四大趋势特征将改变原有的出行模式。交通工具已经不仅仅是简单的出行工具，它还是提供多样化信息和服务的载体。过去垂直一体化的汽车产业链也将会被彻底改变，众多新行业和新服务业态将深度嵌入，并打造一个全新的扁平化、网络状的出行生态。随着智能网联汽车的发展和成熟，汽车智慧化出行服务将大大提升交通效率和改善市民的出行体验，改变人们的生活。本部分将重点关注交通技术变革对城市功能空间的影响。

（一）推动城市交通功能空间的结构转型

1. 新型交通工具和交通模式催生城市新型交通基础设施建设，从而推动交通功能空间的转变

一是适应无人驾驶和人类驾驶的道路基础设施。目前的道路系统是依照

人类驾驶员的驾驶方式建造的。未来5~10年，当广州城市区域进入部分无人驾驶或全面无人驾驶阶段，道路基础设施需要进行适度调整，才能支持无人驾驶和人类驾驶两种驾驶方式。二是建设无人机配送仓等基础设施。近年来，亚马逊、DHL、京东、顺丰纷纷推出无人机物流计划，使用无人机将快递送给客户。无人机物流的发展需要广州在新建无人机配送仓、屋顶停机坪等基础设施上做出规划或预留可供改造的空间。三是新能源汽车充电基础设施。广州市充电设施智能管理平台的数据显示，2016年5月广州全市充电桩为582个，2017年4月这一数量为6207个，增幅达966.49%。未来广州新能源汽车保有量快速增长，亟待新能源充电基础设施的合理规划和建设。四是适应交通服务点到点的定制需要，交通枢纽向小型化、分散化发展。广州目前共有五级及以上公路客运站28个，其中中心城区场站16个（一级站场10个），主要有省汽车客运站、市汽车客运站、天河客运站等，总体上看远远不能满足未来发展的需要。得益于网络信息技术的发展，汽车服务将呈现点到点定制，根据需求组合共享最优乘车模式，因此未来汽车交通枢纽应向小型化、分散化发展。

2. 交通效率提高使传统交通空间需求逐渐转向其他功能空间

一是慢行交通空间将获得更多发展。目前广州慢行交通空间发展存在一些问题，自行车没有足够的道路空间和配套的遮阴绿化，部分道路的人行天桥等过街设施及非机动车辆道路严重缺乏；慢行空间还不断被其他交通方式挤压。受设计影响，慢行交通通道受物理空间阻隔严重，连续性较差，直接导致自行车出行的不便利和不安全。此外，慢行系统安全隐患也较大，人性化设计不足，缺乏必要的安全过道，没有将机动车、非机动车隔离的设施设计。未来快行交通的高效率发展，将使慢行交通获得更多、更优质的发展空间，自行车道、步行道的空间将有望得到扩展。二是复合功能空间融合发展。与慢行交通伴随发展的是人性化的城市文化休闲商业空间，步行空间包括人行道逐渐形成一个多元复合空间，并与生态空间融为一体发展，适应广州亚热带多雨、炎热气候，为骑行者和步行者提供一个阴凉、舒适的出行生态环境。三是停车场等静态交通空间分布和需求将发生较大改变。广州市一直以来重视轨道交通、路网等动态交通设施规划建设，但停车场等静态交通设施建设缓慢。以停车位为例，广州市现有道路运行车辆总数已经超过300万辆，但备案停车位数量不到66万个；预计五年内汽车增长速度仍将大大超过停车场、停车位的建设供给增长速度。无序停车占据道路行车空间和人行道空间，严重阻碍了城市交通的有序运行，尤其是阻碍了支干线道路和微循环道路的有效利用。但未来无人驾驶技术和共享经济的推进将使车辆的使用率大大提高，加上私人汽车使用成本的不断上涨等因素，私人汽车需求可能下降，停车需求相应地也会逐渐减小。目前所需要的大型停车场所，如体育场、主题乐园、购物中心的停车位将被无数分散的小型停车位取代。

3. 汽车成为“第三空间”并发挥多功能性

智能网联技术将赋予汽车更多的创新功能。在高度自动驾驶或无人驾驶情况下，驾驶员在行车过程中将有更多的自由时间。无处不在的车联网技术使汽车和人随时与办公室、家及其他公共设施连接。在未来5~10年，汽车将成为人们居住、办公以外的“第三空间”。颠覆性的内饰设计结合无人驾驶技术使汽车还可以用来处理公务、娱乐或当作移动会客室。而汽车将成为各种服务和第三方应用的平台或入口，从而形成一个全新的、具有最大限度移动性的空间。同时，汽车作为以被动接受信息为主的传统交通工具也正逐渐转变为收集信息方。这其中包含乘车人信息，同时存在对行驶道路周边环境数据的采集。车内智能系统能够识别驾驶人的困倦状态，皮肤静电传感器甚至可以提供驾驶人的压力指数。而在车外，雷达、摄像头和激光传感器能够收集感知路标信息及外部环境识别并做出反应，为城市管理大数据平台提供动态交通信息采集功能。

4. 夜间交通空间利用率大大提高

随着无人驾驶在货运物流、快递派送、城市保洁等领域广泛应用和智能物流的发展，大部分货车、拖车、垃圾车、城市保洁车等可以在夜间自动化完成，夜间交通空间利用率大大提高，对日间的交通压力起到缓解作用。而设计一体化、良好通达性、清洁、安全与高频率特性的交通服务体系是夜间

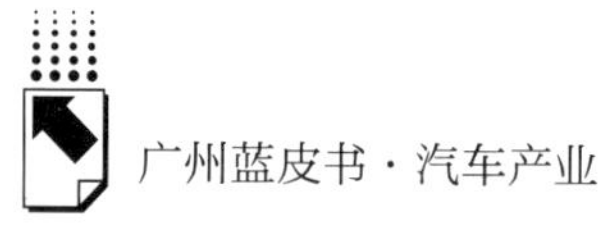

交通发展的重要支撑。广州各类规划中暂未涉及夜间交通发展，建议未来规划中结合实际前瞻性提出夜间交通相关规划内容。

5. 新能源汽车发展将促进加油站功能重构

从广州目前加油站经营范围看，除了油品零售业务，大部分加油站开展了便利店经营业务，还有小部分加油站开展了洗车、快修等服务。随着新能源汽车的不断发展，未来加油站油品业务将不断萎缩。广州应积极鼓励发展加油（气）站油品零售业与传统商业的融合发展。在加油（气）站发展便利店、洗车、快修、快递等业务。在郊区还可发展快餐、汽车旅馆等业务。借鉴国外加油站开展经营彩票、办理年审验车、汽车俱乐部网点等成功的经验，在政策允许的情况下，进行积极探索。

（二）进一步拓展城市社会交往功能空间

无人驾驶大大增加了各类人群出行的便利性，刺激和满足人们出行的需求，特别是将增加女性、老年人、残疾人的社会交往机会。以老年人为例，截至2016年底，广州市老年人口已经达到154.6万，占户籍人口的17.8%。未来广州市人口寿命预期不断增长，老年人群的基数不断扩大，社会交往的需求增加，各类人群的交通流动性将加大。针对特殊人群的日常购物、休闲、文化空间的社会交往环境建构与社会价值挖掘，对老年人、残疾人等摆脱孤独与寂寞、提高生活质量与幸福感具有现实意义。未来与交通无缝衔接的社会交往空间将会满足特殊人群的需求。

（三）有助于改善城市生态空间

城市道路的绿化建设具有塑造城市道路美观的特点，然而城市道路在景观建设的同时，会在一定程度上为城市交通运行带来安全隐患。广州近年来不断加大道路绿化面积，但缺乏对道路安全性的充分考虑，带来了一定的安全隐患。未来由于无人驾驶和智能交通对环境的识别能力增强，交通安全度将大大提高，道路绿化空间将获得更多的发展空间。道路生态空间将包含车行道路、人行道路、非机动车道等空间的立体式绿化。在智能交通发展的一定程度，车辆对绿化环境的状况采集也将为绿化管理提供了大数据基础。

（四）推动城市居住功能空间不断向郊区布局

随着更高效率交通空间的建设和完善，广州城市人口将进一步由中心城区向外围郊区迁移，推动城市居住功能空间向生态环境更好的郊区布局。从人口集聚看，2015 年广州市常住人口密度最大的越秀区达到 34225 人/平方千米，其余依次为海珠（17851 人/平方千米）、天河（16046 人/平方千米）、荔湾（15596 人/平方千米）、白云（3020 人/平方千米）、番禺（2914 人/平方千米）、黄埔（1856 人/平方千米）、花都（1047 人/平方千米）、南沙（837 人/平方千米）、增城（693 人/平方千米）、从化（317 人/平方千米）。与国内外其他大城市核心区相比，越秀、海珠、天河、荔湾等城市核心区人口集聚程度已达到很高水平。但白云、番禺、黄埔、花都、南沙、增城和从化的人口密度相对较低。从某种意义上看，交通就是人类用速度去置换时间和空间的过程和行为，是人类消耗其他资源，包括动力资源、运力资源、环境资源、信息资源和管理资源而换取“时空资源”的行为。未来随着交通通行速度大大加快，生活居住与工作地的通勤距离可能进一步加大，通勤时间却有可能下降，人们向非中心城区转移，生活居住品质大大提高，城市空间将进一步扩大。

参考文献

博世资讯：《城市智能交通出行：博世着眼未来智慧城市》，博世资讯小助手公众号，2017 年 7 月 5 日。

Adrienne LaFrance、Scott Bonjukian：《未来交通：无人驾驶的尖峰对决》，可持续城市与交通公众号，2016 年 11 月 8 日。

崔丽媛：《图解：智能驾驶 = 无人驾驶？NO》，交通建设与管理公众号，2016 年 8 月 23 日。

Invest Value：《无人驾驶市场深度研究报告》，Invest Value 公众号，2017 年 3 月 18 日。

希格玛：《无人驾驶时代将终结汽车私有变为共享模式》，希格玛公众号，2017 年 7 月 16 日。

Adrienne LaFrance，Scott Bonjukian：《无人驾驶对城市的对与错》，可持续城市与交通公众号，2016 年 11 月 8 日。

全球化生产网络中日资车企对广州汽车企业升级的影响研究

蒋 丽*

摘 要： 本文从全球化生产网络的产业升级理论视角，采用全球化生产网络中关于企业升级理论，运用统计数据分析和企业访谈方法对广州第一支柱产业——汽车产业在日资的影响下，汽车产业和企业升级的过程和特征、存在问题和将来发展对策进行探讨。研究发现，广州汽车产业在日资的作用下整体呈波浪式上升，汽车企业在产品、生产过程和功能方面都有提升，但也存在汽车整车企业利润下降、日资整车企业汽车研发能力弱导致升级能力不足而有下降趋势、广州汽车零部件企业升级缓慢、广州内资零部件企业难以升级等问题。因此，今后广州要引导日资整车企业加强对中国汽车消费市场的研究，研发符合中国汽车消费市场附加值高的车型，加快广州内资零部件企业的升级步伐，积极引入除日本之外的整车企业，大力发展内资整车企业以促进广州零部件企业的快速升级和打造成国家级甚至世界级汽车研发中心，为广州建设IAB产业高地和我国产业迈向全球价值链中高端，从制造大国到制造强国做出贡献。

* 蒋丽，硕士，广州市社会科学院副研究员，研究方向为人文地理与区域规划。

关键词： 全球化　生产网络　日资车企业　广州汽车产业

一　全球化生产网络中日资汽车产业升级影响的表现形式

众所周知，日本汽车生产具有鲜明的特点：“紧密可控的多层采购系统和精益生产方式”。当日本汽车整车生产企业投资到其他国家或地区，相应的零部件供应商也都会跟随迁移到整车生产企业的周边，当地零部件企业非常难以进入日本汽车采购系统。因此，与欧美汽车企业相比较，日资汽车企业的技术溢出是最少的，日资汽车企业对当地零部件企业发展的帮助也是非常有限的。

在全球化生产网络中，产业升级是指经济活动者——国家、公司和工人从低价值向相对高价值活动的移动过程，它也指企业生产更高价值的产品，采用更有效的生产策略和更成熟的技术手段。这些过程发生在不同的地理规模尺度：工厂内、公司外部网络，地方和国家经济及国际宏观区域。企业升级有四种表现形式：产品、过程、功能和部门之间升级。产品升级是指“移动到更复杂的产品生产线，也可以定义为增加单位价值”；过程升级是指“通过重组生产系统或者引进更好的技术，更加有效地转换投入成产出”；功能升级包括企业“获得新的功能或放弃旧的功能来增加生产活动的技术含量”；部门之间升级发生在“集聚企业进入新的生产活动”。一般来说，产品、过程和功能升级经常发生，但是部门之间升级比较难以达到。汽车企业的升级可以分为汽车整车和汽车零部件企业的升级，两类企业在产品升级中表现不同，由于汽车产业的生产线现都是柔性生产线，生产不同价值的车型都是在同一条生产线上完成，因此汽车整车企业的产品主要表现在车型价值的提升。汽车零部件企业的产品升级则包括两个方面：零部件价值的提升和零部件企业配套等级的提升（如从二级配套企业上升到一级配套企业，或者进入汽车整车配套企业）。两类企业在过程升级中一致表现为生产和管理过程的提升。功能升级主要是指汽车整车和零部件企业产业链的延长，如研发功能、销售功能、物流功能。另外，汽车企业升级也可以用指标来衡量，其中可以用统计数据计算得到经济效益（人均利润）指标。

二　日资对广州汽车产业的贡献

（一）广州是日资乘用车重要生产基地

广州自中华人民共和国成立以来就是汽车产业生产基地之一，1969～1978 年，红卫牌卡车在中国非常成功。之后，由于有限的投资和落后的技术，红卫牌卡车破产。为了安排下岗工人，1980 年以来，广州开始生产客车。在这个时期，中国也正在实行改革开放，大量外资涌入中国，改变中国汽车产业的结构。1984 年，广州汽车工业集团成为中央设计的一个汽车集团[①]。1985 年，广州汽车工业集团与法国标致汽车公司合资成立广州标致合资公司，成为中国的汽车工业“三大（一汽、东风、上汽）三小（北京吉普、天津夏利、广州标致）”的“三小”之一。自成立以来至 1993 年，广州标致运作非常成功，销售了 1 万多辆车并纳税 44 亿元。然而，由于标致公司在广州标致中仅拥有 25% 的股份而拒绝在广州引进最新车型，广州标致自 1994 年开始没落，并于 1998 年宣布破产。

自广州标致衰败之后，广州市政府就开始在全世界遴选新的合作汽车公司，经过多方比较，在 1998 年确定本田汽车公司作为新的合作伙伴，成立

① 1997 年更名为广州汽车集团有限公司，2005 年再更名为广州汽车集团股份有限公司。

了广州本田汽车股份有限公司[①]并取得巨大成功，创造了“广州本田神话”。2003年，以出口为主的本田（中国）在广州出口加工区成立，本田汽车公司占65%股份。2000年，东风汽车公司和台湾裕隆汽车公司合资成立东风风神合资公司，也取得了辉煌的成绩，而裕隆汽车公司的合作伙伴——日产看到了巨大的潜在市场，取代了裕隆，与东风汽车公司在2003年合资成立东风日产乘用车公司。2004年，丰田汽车公司也看到了中国南方的汽车市场，与广汽集团建立了广汽丰田汽车股份有限公司。期间，还有五十铃客车和日野卡车也分别在广州与广汽集团组成合资汽车公司，但是都以失败告终。至此，3家日资汽车整车（包括发动机）企业投资在广州东部、北部和南部形成三足鼎立之势。广汽集团也因此发展壮大，在2008年研发出传祺自主品牌，并因此专门成立广汽集团乘用车有限公司。

相应的，日本零部件供应商也跟随各自的汽车整车（包括发动机）以独资或合资的形式移植到广州或周边地区，核心的零部件供应商更是布置在整车企业周围，以实现零库存精益生产方式的运作。截至2017年，大约有150多家日本零部件企业投资在日资整车企业的周边。之后，日产和本田研发机构也跟随整车企业来到广州，日资整车企业根据国家的汽车产业发展政策设置研发中心，以针对中国汽车市场及时研发出新的配套车型。为配合汽车整车企业的生产和销售，当地合资企业也都设置了与整车生产企业配套的物流公司和销售公司。

（二）汽车产业对广州经济发展和税收的贡献巨大

由于日本三大巨头汽车整车企业陆续在广州投资，汽车产业自2004年以来一直是广州市支柱产业之一，占广州市工业总产值比重超过10%，在2010年甚至超过了20%（见图1）。而且汽车产业也成为广州市的纳税大户，对广州市一般财政收入的贡献都在15%以上，最高年份（2010年）曾达到33.60%（见图2）。

---

① 2009年更名为广汽本田汽车股份有限公司。

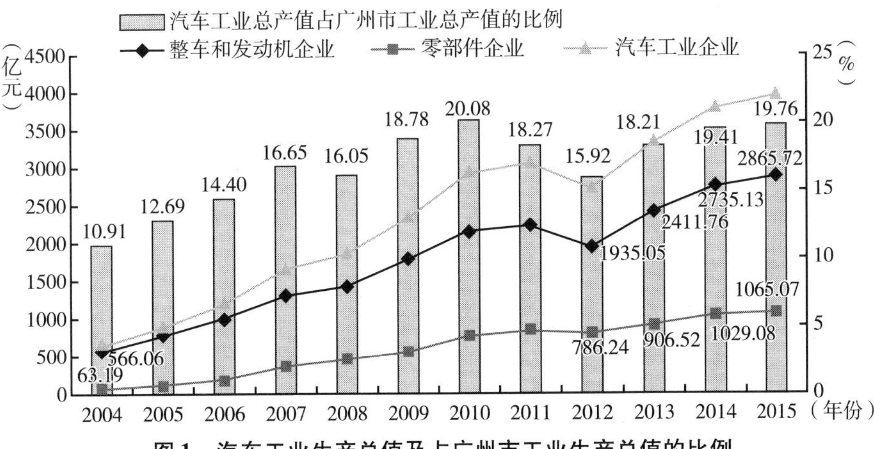

图1　汽车工业生产总值及占广州市工业生产总值的比例

资料来源：《广州统计年鉴》（2005～2016年）。

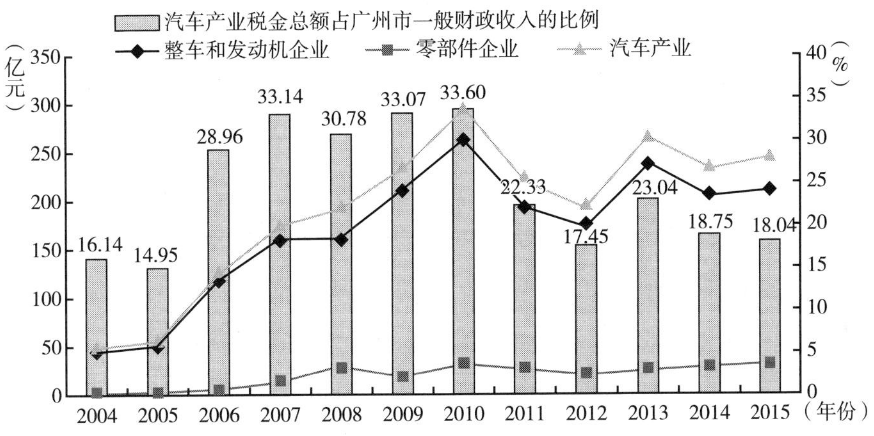

图2　汽车产业税金总额及占广州市一般财政收入的比例

资料来源：《广州统计年鉴》（2005～2016年）。

三　日资对广州汽车生产企业产业升级的贡献

（一）汽车产品有升有降

日资整车企业在开始生产时的车型主要定位为中档车型，如广汽本田的雅阁、东风日产的蓝鸟、广汽丰田的凯美瑞。之后，随着中国汽车消费市场的升级，日资整车企业也开始引入豪华车型。广汽本田在雅阁的基础上于2002年引入奥德赛，2010年引入歌诗图，2016年更是引入豪华品牌车型——讴歌CDX。广汽丰田在2009年引入汉兰达；日产也在2014年引入英菲尼迪（没有引入广州生产）。国家自2009年开始鼓励节能和新能源汽车的发展，并制定了相关的政策和规划，如2012年《节能与新能源汽车产业发展规划（2012—2020年）》和2013年《乘用车企业平均燃料消耗量核算办法》。广州日资汽车乘用车企业也纷纷采取两方面的对策来执行国家的发展政策。一方面，推出混动节能车型。广汽丰田在2014年和2015年分别开始生产凯美瑞混动和雷凌混动车型，东风日产在2015年推出楼兰混动车型，广汽本田在2016年开始生产雅阁混动车型。这些混动车型使日资汽车企业的产品得到升级。另外，广汽丰田也在2013年推出1.3L和1.5L的致炫，并在2014年推出1.2T的雷凌；广汽本田在2014年推出1.5L的缤智。这些价值低、小排量车型的推行却使广州日资汽车企业产品降级了。

广汽乘用车的产品推出策略与三家日资整车企业也比较类似，在一直紧紧跟随国家发展新能源车的政策推出高等级车型的同时推出小排量和更低价位的车型。2010年底推出首款传祺2.0L的GA5轿车，之后在2013年推出价格和排量更低的1.6L的GA3，2015年和2016年分别推出价格和排量更高的1.6T和1.8T的GA5及2.0T的GA8；SUV车型也是如此，首款SUV车型是1.3T和1.5T的GS4，之后在2016年和2017年推出价格和排量更高的2.0T的GS8和GS7，2017年又推出价格和排量更低的1.3T和1.5L的GS3。广汽乘用车分别在2015年和2017年推出GS4和GA3S插电式混动车，并于2017年推出了GE3纯电动车。可见，为占领更多的市场，广汽乘用车的车型也是有升有降。

随着日资整车企业的产品不断换代升级，广州相应的零部件配套企业的产品也得到了升级或被迫下降。然而，因为日资整车企业的一级内资零部件配套企业只占10%，其中大部分还在浙江省和广东省其他城市（清远、肇庆、东莞)，位于广州的内资零部件配套企业却只有几家大的企业在配套等级产品方面得到升级（进入日资整车企业的一级供应商），如广州福耀玻璃、广州市中新塑料有限公司、广州华德汽车弹簧有限公司、万力轮胎股份有限公司和广州凌云新锐汽车零部件有限公司进入广汽丰田、广汽本田和东风日产的一级供应商行列。

（二）生产自动化和管理方式升级

日资整车企业及其零部件供应商企业的在生产过程中都得到了升级，绝大部分企业在管理过程也得到升级。生产过程升级主要表现在生产线的自动化和绿色节能程度提升；管理过程升级则表现在采用新的管理系统和管理理念。日资整车企业都有生产过程升级，在汽车转配车间中都基本实现生产自动化和智能化。然而，管理过程的升级则主要是广汽本田和东风日产，因为广汽丰田一开始就采用了丰田自身的精益生产管理系统。广汽本田一直采用精益生产管理系统，但其物流系统在2006年由送货方式改为取货方式。东风日产一直沿用日产自身的CATS生产管理系统。广汽乘用车在成立的同时就沿用了广汽丰田和广汽本田的精益生产管理系统。

零部件配套企业也相应改进了生产线自动化和使用新的管理系统以节约日益增长的人工成本。大型的一级配套企业都声称提升生产线自动化程度，开始实践《中国制造2025》，裁减了几百名工人，有的还采用了新的生产管理系统，如Enterprise Resource Planning（EPR）系统和Manufacturing Execution System（MES）系统。其他汽车零部件企业也为了节约成本，有一定的自动化程度的提升。

（三）研发功能升级

日资整车企业及其零部件供应商企业普遍为满足技术质量的提升要求而增加了研发功能，导致了企业功能升级。三家日资企业都相继设置了研发中心，各自的研发功能等级不同，其中东风日产的研发功能等级最高，广汽本田次之，广汽丰田最后。2006年，东风日产设置了东风日产乘用车技术中心，这是日产汽车公司在全球第四个具有同等研发平台的技术中心，在2010年研发出中国汽车合资企业的第一个自主品牌——启辰。为提升东风日产价值链前端的研发实力，强化启辰品牌的造型竞争力和新车品质，2016年又分别建成东风日产先进工程技术中心、启辰造型中心、东风日产大学。2007年，广汽本田设置广汽本田汽车研究开发有限公司，在2008年研发出广汽本田的自主品牌——理念，并上市销售。2013年，为加强对中国汽车市场的研究，本田投资成立本田技研科技（中国）有限公司。然而，广汽丰田只在2004年设置了广汽丰田研发中心和丰田汽车技术研究交流（广州）有限公司，但直到2015年才研发出了自主品牌——领志，还没有正式生产。广汽集团在2006年设立了广汽研究院，研发出了自主品牌——传祺，并于2017年在美国硅谷设立了广汽首个海外研发中心。

零部件配套企业也都有内部的研发部门，一是配合整车企业的需要，二也要研发具有核心竞争力的专利产品，以适应竞争激烈的市场需求和拓展供应渠道，促进企业发展。一般来说，大型零部件配套企业投入的研发经费与营业收入成正比。

此外，三家日资企业都设置自身的汽车销售有限公司和物流有限公司，这两类公司也分别可为日资整车企业及其零部件供应商企业提供客户需求信息和物流技术支持。

三　存在问题

（一）日资整车企业汽车研发能力弱和对政府、市场反应慢导致汽车产品升级能力不足

虽然广州日资整车企业起步就是中高档车型，20世纪初期辉煌一时，甚至广州在2008年汽车产量成为全国城市之最，随后在生产过程、功能和产品方面都得到了升级，但是研发功能尤其是广汽本田和广汽丰田在广州的研究机构的研发功能并没有真正得到应用，产品的升级只是采用引进现有日

本车型，而没有跟上市场需求研发出适合中国消费者的车型，尤其是SUV、涡轮增压发动机和新能源或节能车型，远远落后于欧美合资整车企业，甚至是国内整车企业。在国内市场，日本高端车型的名气较德国的奔驰和宝马小，竞争力不强；再加上2009年中国汽车政策对小排量和低能耗车型的支持，日本低端车型的优势更加凸显。例如，东风日产在2006年分别推出了9.98万元和9.88万元的1.6升的骐达和奇骏；广汽本田的2013年推出10.98万元的凌派，2014年推出12.88万元的缤智和销量持续增长的7.38万元的飞度；广汽丰田在2013年推出6.98万元的致炫，2014年推出10.98万元的雷凌。2016年，奇骏、雷凌、缤智分别是东风日产、广汽丰田和广汽本田的最高销量车型，而讴歌的销量只有0.68万辆。在2016年，广汽传祺与日资整车企业的产品销售不同，销量最高的车辆既不是最低价位的GA3，也不是最高价位的GA8或GS5，而是处于中等价位的GS4。

（二）广州汽车零部件企业升级缓慢

由于日资整车企业的封闭式采购方式，广州零部件配套企业发展缓慢。一是数量少。广州规模以上零部件企业截至2016年底只有275家，其中日本投资约140家，日本之外的国外零部件企业到2016年底只有40家左右（包括投资和合资），其他国家的零部件企业都由于没有供货市场而不愿意到广州投资。世界排名第3位的麦格纳在中国已经拥有30多家工厂，10个研发中心和销售办公室，2015年才落户广州，世界排名前列的博世、采埃孚、大陆等德国零部件配套企业都没有到广州，甚至未在珠三角投资设厂。另外，由于环境污染、土地等投资环境因素，很多外资零部件企业宁愿选择佛山、中山、肇庆、东莞、江门等广州周边的城市发展，因此广州汽车零部件企业一直发展缓慢。二是规模偏低。2004～2015年广州汽车零部件企业虽然持续上升（除2012年外），2004年最低为63.19亿元，仅为当年汽车整车企业的7.23%；2015年上升至1065.07亿元，是当年汽车整车企业的36.88%，与国际上成熟汽车市场相比还有很大差距。截至2016年底，规模以上的零部件企业有300家左右，没有一家入围2016年全球汽车零部件企业（中国共有4家零部件企业入围），也只有6家入围2016年中国汽车零部件企业，其中5家是日本投资的零部件企业，都在第35位之后。这主要由于在广州日资零部件企业由于内资企业的低价格优势，很难进入内资和其他外资汽车整车配套体系，无法进一步发展壮大。三是研发能力弱。广州规模以上的汽车零部件企业基本上都是在2000年之后随着日本整车企业的投资而成立的，而且一半是日本投资的零部件企业，这些零部件企业的研发功能基本上都在日本，在日本整车企业的新车型开发阶段就已参与，在中国的合资或独资企业的研发功能很少，大部分只有参与测试功能，没有核心技术，只是加工生产供货给日本投资的整车企业，很难与其他汽车整车企业竞争，因此很难发展壮大。以广州市科技创新委员会2016年的“广州市企业研发经费投入后补助拟补助情况汇总表”的企业名录为例，零部件企业受补助的，也就是有研发投入的只有60家左右。

（三）广州内资零部件企业难以升级

广州汽车零部件企业升级缓慢，其中内资零部件企业更加难以升级，主要表现在三个方面。首先，规模以上的内资零部件企业资金基础薄弱。截至2016年底，营业收入2000万元以上的内资零部件企业只有100家左右，只有1家（万力轮胎）入围2016年中国100强汽车零部件企业；注册资本上亿元的只有3家（万力轮胎、华德弹簧和广州飞歌汽车音响有限公司），上千万元的也只有约30家，大部分都是投资规模在百万元上下。其次，内资零部件企业很难进入日资整车企业的配套体系，也就意味着发展空间受到限制。广州内资零部件企业进入日资整车企业的一级配套零部件企业也不到10家，而且产品只是塑料、弹簧、玻璃、轮胎、车门窗框等非核心件。再次，成立时间晚，技术薄弱。广州内资零部件企业只有几家是成立于20世纪90年代，其余都是成立于20世纪以后，这意味着广州汽车零部件企业基础薄弱。一般来说，能够长期生存下来的零部件企业一定有过硬的核心技术，才能在竞争中发展壮大。例如，中国进入世界500强的本土零部件企业只有3家（敏实集团是中国台湾企业），分别于1959年（2家）和1988年就开始进入汽车零部件市场，经历史沉淀的核心技术成为发展坚实基础。最后，研发力量弱。广州内资零部件企业中具有研发能力的企业非常少，以广州市科技创新委员会2016年的“广州市企业研发经费投入后补助拟补助情况汇总表”的企业名录为例，内资零部件企业受补助的，也就是有研发投入的还不到20家。

（四）广州整车的研发力量还有待提升

虽然广州三大日资整车企业都设置了自身的研究中心（公司），但是除了本田将所有的研究中心（公司）都设在广州，其他两个日资企业也在其他地区设立了设计中心，尤其是丰田，其主要设计中心是在东部（常熟和上海）和北部（天津）。丰田将丰田汽车研发中心（中国）有限公司设在常熟、丰田汽车技术研发（上海）有限公司设在上海，天津也设立了丰田汽车技术中心（中国）有限公司和一汽丰田技术开发有限公司，并且在天津和沈阳设立了技术合作项目。虽然日产的研发中心主要在广州，但是它最关键的研发部门——中国设计中心（日产全球五大设计基地）还是设在北京。另外，虽然广汽也设立了广汽研究中心，并在海外设立了研发中心，但是相比上汽、一汽和东风汽车集团而言，其研发实力还是比较弱。

（五）汽车产业利润下降

广州汽车产业的汽车产品在发展过程中有升有降，虽然生产自动化和管理过程有所升级，但广州整个汽车产业利润波动很大，而且呈下降趋势。从人均利润总额指标来看，广州汽车产业从2004年的76.95万元/人下降至2015年的64.50万元/人，虽然2004～2010年由于日本的车型优势和2009年国家对小油耗车型的鼓励，汽车产业人均利润总额呈上升趋势，到2010年达到顶峰123.76万元/人，但是，由于2012年钓鱼岛事件，日本车受到不利影响，加上日本汽车公司不重视中国市场需求的研究，尤其是本田和丰田，错失了SUV车型市场，广州汽车产业人均利润总额自2012年以来都低于2004年，在2015年达到11年以来的最低值（见图3）。广州汽车产业人均利润总额的降低主要是整车和发动机企业的人均利润总额的降低造成的，相反，零部件企业人均利润总额基本上是上升的，但偶尔也会跟随整车和发动机企业有些略微的起伏。因此，如果从这个指标来看，广州汽车产业和整车、发动机企业并没有升级，反而呈波浪式下降，只有零部件企业得到升级。

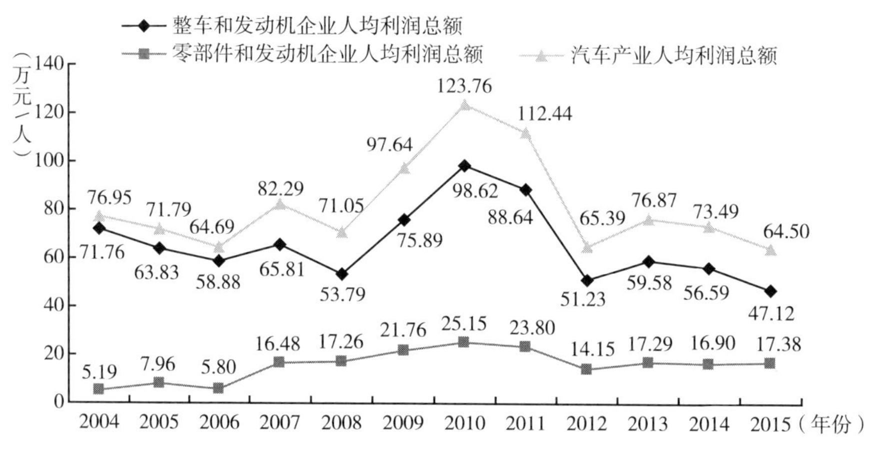

图3　广州汽车产业人均利润总额

资料来源：《广州统计年鉴》（2005~2016年）。

四　全球生产网络中促进广州汽车产业升级的对策

（一）引导日本整车企业加强对中国汽车消费市场的研发

日本整车企业不重视对中国汽车消费市场的研发，导致产品尤其是中高端产品的缺失，利润下降明显，今后要适当加强引导日本整车企业加强对中国汽车消费市场的研发。一是要向日本整车企业宣传中国汽车产业发展重点和方向。例如，鼓励日本整车企业多参加有关行业会议，在会议让他们上了解新能源汽车尤其是电动汽车、智能网联汽车是未来中国汽车行业的发展方向，鼓励日本整车企业引进新的高端新能源车型，并根据中国汽车行业发展进行车型引进。实际上，日产在2010年就生产出聆风纯电动车，成为世界上首家推出量产纯电动车的汽车生产商，具有生产纯电动车的独特优势。丰田和本田在新能源汽车生产的储备上也具有自身独特的技术，如丰田的氢燃料电池车。如果日本整车企业充分重视中国汽车行业发展的需求，应该在产品升级方面不落后于欧美整车企业。二是要引导日本整车企业面向中国汽车消费者研发生产。对中国汽车消费市场进行调查研究，了解中国汽车消费者对汽车性能、外观、空间大小、技术、价格等各方面的需求，在原有车型的技术上进行本土化改进，制造出符合中国汽车消费者要求的产品，如研发出使用涡轮增压发动机车型、大空间的SUV车型、插电式混合动力车型、纯电动车型甚至氢燃料电池车。

（二）加快广州内资零部件企业的升级步伐

广州内资零部件企业起步晚，本身弱，发展空间小，要在日资整车企业的封闭采购体系中求发展，非常困难，需要转变观念，树立走出去和面向新时代发展的新观念。一是要培育和发展面向新能源和新时代的零部件企业。广州内资零部件企业起步较晚，要赶上欧美日系零部件配套企业非常困难，但是在新能源车和智能网联新技术的零部件企业的发展方面，还是很有希望发展壮大。例如，成立于2007年的广州飞歌汽车音响有限公司的注册资金已经达到1.24亿元，发展成为国内汽车音响行业的龙头企业。二是要走出日资整车企业的采购体系，利用价格优势，为国内其他整车企业配套。例如，广州飞歌汽车音响有限公司的主要客户不是日资整车企业，而是长安福特、北京现代、东风风神、东南汽车、北汽幻速、比亚迪，甚至是奔驰。万力轮胎也为26个整车厂配套。可见，为非日资整车企业配套也是一条发展壮大零部件配套企业的道路。三要加强研发投入，拥有行业专利。在市场经济中竞争，能进入整车企业的零部件配套企业都依靠自身的专利，即有不可替代的核心技术。内资零部件企业要加大研发投入，获得更多的专利技术，才有可能进入整车企业的供应链。

（三）积极引入除日本之外的外资整车企业和大力发展内资整车企业

事实已经证明日本整车企业的封闭式采购系统特征很难促进本土汽车零部件企业的发展壮大，因此广州要加强与非日本之外的外资整车企业的合作，尤其是具有新能源汽车制造优势的外资企业。只有建立可以供汽车零部件企业配套的整车企业，才能吸引实力强大的零部件企业来广州投资。还要大力发展和引进自主品牌的整车企业。自主品牌整车企业的发展壮大也可以带动一批本土的零部件企业发展，本土零部件企业的产品对自主品牌的供货在价格上具有一定的竞争优势。例如，广汽传祺自主品牌的大部分零部件配套商都属于内资企业，包括发动机，但是主要零部件供应商都不在广东省内。随着广汽传祺的发展，为其配套的零部件企业可能直接到广州投资。日本投资的零部件企业也声称难以与本地零部件企业在价格上进行竞争。

实际上，在广州发展的广汽传祺自主品牌、广汽菲克合资、北汽集团自主品牌已经吸引了一些国内外的汽车零部件企业来广州投资，如 2010 年河北凌云工业集团合资成立的广州凌云新锐汽车零部件有限公司，2015 与加拿大麦格纳合资成立的广州卡斯马汽车系统有限公司和美国李尔合资成立的广州李尔汽车部件有限公司，2017 年与浙江亚太机电合资成立的广州亚太汽车底盘系统有限公司，它们的主要客户都是位于广州的非日系整车企业。另外，2015 年和 2016 年广汽也分别成立了广州华望汽车电子有限公司和华智汽车部件有限公司。这些公司都是非日资的零部件公司。以上事实也证明了发展非日系的汽车整车企业也可以带动广州零部件配套企业的新一轮发展。

（四）继续加强广州汽车研发力量

广州汽车研发力量比较薄弱，需要根据《中国制造 2025》和广州建设 IAB 产业高地战略指导，提升广州汽车的研发力量，使广州汽车产业迈向全球价值链中高端。首先，要吸引日资汽车整车企业的研发力量到广州集聚，尤其是新能源汽车的研发力量。要了解日资汽车整车企业布局研究中心的需求，尽量满足其要求，吸引日资研发力量集聚广州。其次，继续加强对广汽集团的科研支持力度。鼓励广汽研究院加强对核心技术的研究，尤其是新能源汽车电驱动、电池和电控的研究；还要继续鼓励广汽研究院走出去，到国外更多城市设立研究设计中心，提升广汽研究院的研究设计水平。另外，还要加强对广汽零部件集团旗下的零部件企业科研支持，鼓励零部件企业设立自身的研发中心，尤其是核心零部件的研究力量。最后，加大科研支持力度，鼓励广州的零部件企业设置研发中心，加强零部件企业的研发力量。科研支持政策对零部件企业的支持有很大的促进作用，因为零部件企业面临激烈的竞争市场，其自身也有强烈的创新愿望，如果加以政策支持，会有更多的零部件企业愿意设置研发中心，加强自身的研发，拥有自身的专利，提升竞争能力。

参考文献

J. Humphrey, H. Schmitz (2002), How does Insertion in Global Value Chains Affect Upgrading in Industrial Clusters? *Regional Studies*, 36: 1017 – 27.

姚斌华、韩建清：《见证广州汽车十年》，广东省出版集团，2008。

B.12
基于GIS方法的广州汽车制造业空间布局变化及影响因素研究

葛志专*

摘　要： 以广州1069家汽车及零部件制造业企业为研究对象，采用平均最近邻、空间核密度、方向分布等GIS方法对广州汽车制造业空间布局变化进行分析，发现广州汽车制造业企业的空间布局由近郊区不断往外围区域扩张，外资和内资汽车零部件企业在空间布局上存在明显差异，外资汽车零部件企业重点围绕日资整车企业进行布局，而内资汽车零部件企业沿交通便捷的道路沿线形成集聚区，整车带动、政策引导、集聚经济及空间成本等因素对汽车制造业企业空间布局有重要影响。广州作为国内最大的汽车生产基地之一，应该进一步加快自主品牌整车及零部件产业发展，积极改善过于依赖外资的发展模式。

关键词： 汽车产业　产业空间布局　广州

一　引言

自20世纪80年代外资汽车企业进入国内以来，汽车制造业对国民经

---

* 葛志专，硕士，广州市社会科学院助理研究员，研究方向为区域与产业规划。

济的影响越来越重要，2017年，汽车制造业已经成为我国产值规模第三、利润规模第一的制造业，国内学者对我国汽车制造业的研究也随之增加并取得了大量研究成果，其中利用产业经济学、地理统计、GIS（地理信息技术）等方法对汽车制造业集聚、空间布局等方面的文献较为丰富，这些文献着眼汽车制造业空间布局特征、空间布局变化及相关影响因素。其中，何婷婷采用空间基尼系数、产业集中度等指标对我国汽车制造业空间集聚水平进行研究，认为1995~2004年我国汽车制造业集中度远远落后于发达国家，同时也指出我国汽车产业主要集聚在资源集聚、技术先进、投资环境好、经济发展快的区域。王兆宇通过产业集中度、赫芬达尔指数分析我国汽车制造业的空间布局与集聚现象，认为2002~2008年我国汽车制造业的空间分布较为集中，但集聚程度有下降趋势。虞虎、陆林等运用GIS统计方法中的全局空间自相关与局部自相关分析2001~2008年汽车制造业空间布局特征，得到我国汽车工业空间布局差异总体在缩小而局部集聚度趋于升高的结论，广东、吉林两省的汽车制造业发展成为我国汽车制造业的两大集聚中心。白景峰等人基于ArcGIS软件对2001~2008年我国汽车制造业总体空间格局的研究认为，我国汽车制造业空间集聚性在不断增强。赵浚竹等人基于2001~2009年《中国工业企业数据库》中汽车制造业企业有关数据，利用地理集中度指数和EG（产业集聚系数）指数对汽车制造业产业集聚水平进行测算和分析后，发现中国汽车制造业的空间集聚水平呈现不断下降的趋势，零部件及配件制造业的集聚水平对汽车制造业具有决定性和先导性作用。

对影响我国汽车制造业空间布局影响因素的相关研究，大多数学者采用定性分析、多元线性回归等方法进行探讨。其中，吴铮争、吴殿廷等将影响汽车制造业布局的因素分为内生比较优势及外生资源禀赋，采用多元线性回归方式验证了两大类因素对汽车制造业布局的影响，其结果表明规模经济、技术外溢、市场容量、城市化水平、运输条件、劳动力条件是影响我国汽车制造业空间布局的重要因素。申明浩等通过构建汽车产业集群动力圈层模型，将影响汽车制造业产业集群的因素分为核心层、支持层和辅助层。虞虎、陆林等人认为导致我国汽车制造业空间布局差异的影响因素包括区位因素、外资注入与民族企业并行发展、市场需求扩大等方面。此外，随着开源软件的不断繁荣，除了空间自相关、空间插值、空间变异等流行的空间统计及 GIS 方法，越来越多数据挖掘及智能算法被运用于产业空间布局方面的研究，夏云及林冬云曾利用 K-Means 聚类对产业集群或企业分布格局进行了空间数据挖掘研究。从以上众多学者对汽车制造业空间布局方面的研究文献可以发现，绝大部分学者对汽车制造业空间布局方面的研究在空间尺度上过于宏观，基本上都是以省级行政区为研究单位，大部分统计分析方法的前提假设过于理想化，导致分析结果难以接近实际情况。此外，学界对汽车制造业空间布局的研究还不够细化。因此，有必要对地级市这样空间尺度的区域展开汽车制造业空间布局研究，研究汽车制造业企业空间布局变化特征及影响因素，对推动广州等以汽车制造业为支柱产业的大城市汽车产业的转型升级具有决策参考意义。

二　研究方法和数据

（一）研究方法

平均最近邻分析方法，用于检测要素的全局空间集聚特征，即测量每个要素与其近邻要素的平均距离，如果该平均距离小于假设随机分布中的平均距离，则样本要素在全局上表现为集聚状态，反之则表示样本的空间分布趋于分散状态，如果等于随机分布假设下的平均距离，则表示样本的空间分布为随机状态。平均近邻分析方法的计算公式如下：

$$ANN = \frac{D_o}{D_E} = \frac{\frac{1}{n}\sum_{i=1}^{n} d_i}{0.5\sqrt{\frac{A}{n}}} \tag{12.1}$$

公式（12.1）中 D_0为每个要素与其最邻近要素之间的平均距离，D_E为随机模式下要素间的期望平均距离，d_i 为要素与其最邻近要素之间的距离，A 为所有要素的最小外接多边形面积或研究区域的面积，本文将 A 定为所有企业最小外接多边形面积。

核密度分析计法，将离散数据进行空间平滑处理形成连续分布密度图的方法，能够有效地分析出离散数据的整体和局部空间分布特征和趋势，其计算公式如下：

$$f(x) = \frac{1}{nh}\sum_{i=1}^{n} k\left(\frac{x - c_i}{h}\right) \tag{12.2}$$

公式（12.2）中，$f(x)$ 为空间位置 x 处的核密度计算函数；h 为距离衰减阈值，可以是固定值，也可以根据样本进行计算或者是动态值，还可以根据点要素的属性值进行加权计算；n 为与位置 x 的距离小于或等于 h 的要素点数（如果采用加权方法，此处 n 则为要素属性值的总数）；k 函数则表示空间权重函数，一般是距离衰减函数。核密度计方法核心思想为密度值在每个核心要素 c_i 处最大，在远离 c_i 过程中不断降低，直至与核心 c_i 的距离达到阈值 h 时核密度值降为 0。本文采用 ArcGIS（版本 10.2）软件进行核密度计算，不采用加权处理，h 值会根据样本特征进行自动计算。

空间方向分布（标准差椭圆）方法，用于分析要素的中心位置趋势、整体离散和方向趋势，这算法最早是由美国南加州大学社会学教授韦尔蒂·利菲弗提出。在 ArcGIS 软件（Directional Distribution 模块）生成的标准差椭圆包含以下几个指标：平均中心的横坐标和纵坐标、两个标准距离（即椭圆的长轴为横坐标的标准差、短轴为纵坐标的标准差）及椭圆的方向（以正北方为起点，按顺时针方向与椭圆长轴之间形成的夹角），本文采用 ArcGIS 软件进行计算。

（二）数据来源

本文研究的对象为广州市范围内的汽车制造业企业，其主要信息来源于广州市工商局信息系统，主要信息为企业名称、企业注册时间、资本性质、主营业务范围等，时间为 2016 年底。最初从工商局信息系统获取的信息，需要编写程序进行处理，将需要的信息提取出来，最终获取 1069 家汽车制造业企业信息。要将空间要素纳入广州汽车制造业企业空间特征的分析中，空间坐标信息必不可少，借助目前流行的百度地图网络服务，通过程序设计实现将地址转换成为地理坐标。

三　空间布局变化特征及影响因素

（一）布局变化特征

1. 起步发展，零星布局阶段（1955～1984年）

此阶段，广州汽车制造业企业数量非常少，主要是与客车生产制造相关的企业，空间上呈现零星布局特征。广州汽车工业起步于公共汽车，由于历史的局限和投资不足，这个时期广州的汽车工业产量规模非常小，汽车制造业企业只有 3 家，外资还未进入广州市场，空间上主要布局在郊区，呈现零星布局特征，如广州市志兴盛机动车配件有限公司（位于现白云区新市）、广州市越秀汽车车厢厂（位于现黄埔区茅岗）及广州市红桥客车制造有限公司（位于现番禺沙头街）。

2. 合资尝试，分散布局阶段（1985～1997年）

总体上看，这个阶段广州汽车工业开始尝试合资合作方式，但由于外资方并不重视广州及国内汽车市场，汽车零部件大部分采用进口方式，难以辐射带动汽车零部件企业集聚广州发展，整体数量也不超过 50 家，空间布局上呈现分散发展特征。这个时期汽车及零部件企业新增了 46 家企业，截至 1997 年底广州汽车制造业企业数量达到 49 家，其中 32 家为外资企业，内资企业 17 家。从广州市各区域空间布局上看，这个时期的汽车制造业企业主要布局在郊区和外围区域，如白云区（13 家）、花都区（6 家）、番禺区（6 家）、增城区（7 家）等，越秀、荔湾、天河、海珠等中心城区的数量非常少，而从化还未出现汽车制造相关的企业（见表 1）。外资企业和内资企业的空间布局也存在较大差异，外资企业主要布局于离中心城区较近的郊区，如白云区的外资企业数量达到了10家，而内资企业则主要布局于远离中心城区的外围区域，如增城区和番禺区。

表1 1997年、2009年、2016年广州各区汽车制造业企业分布情况

单位：家，%

区域	1997年	2009年	2016年	2016年占比
越秀区	4	10	13	1.22
荔湾区	1	3	8	0.75
天河区	3	9	48	4.49
海珠区	3	6	11	1.03
白云区	13	100	300	28.06
黄埔区	5	65	88	8.23
番禺区	6	47	126	11.79
花都区	6	131	241	22.54
南沙区	1	16	36	3.37
增城区	7	71	143	13.38
从化区	0	27	55	5.14
总计	49	485	1069	—

从空间分布上看，这个时期的广州汽车制造业企业空间布局整体上呈现明显的集聚特征，企业之间的平均距离为3381.28米，远低于随机模式下的期望距离，平均最近邻指数为0.727，统计显著性水平较高（见表2）。

表2 广州各时期汽车制造业企业平均最近邻指数分析结果

单位：米

年份＼指标	样本平均距离	随机模式下的期望距离	平均最近邻指数	*Z*值统计	显著性*P*值
1997	3381.28	5333.33	0.727	-3.65	0.00
2009	816.56	1974.74	0.413	-24.71	0.00
2016	502.85	1389.59	0.362	-39.91	0.00

空间方向分布计算结果显示，此时期广州汽车制造业企业的几何中心坐标经纬度为（113.374，23.180），大约位于天河区岑村，方向角度为

101.03°，表明这个时期汽车企业的空间方向分布与广州主城区东西走向的空间格局基本保持一致，但企业空间方向分布特征不明显（见表3）。

表3 广州各时期汽车制造业企业空间方向分布计算结果

指标	1997年	2009年	2016年
标准差椭圆面积	0.173	0.205	0.189
椭圆中心横坐标	113.374°	113.390°	113.387°
椭圆中心纵坐标	23.180°	23.250°	23.241°
横坐标标准差	0.263	0.2910	0.275
纵坐标标准差	0.209	0.225	0.219
方向角度	101.03	119.81	131.54

核密度分析结果则显示此时期汽车制造业企业局部分布特征，密度相对较高区域位于白云区105国道旁边，主要由广州客车这一整车企业辐射带动民营零部件企业形成集聚区，但汽车企业密度仅为0.073家每平方千米。

3.合资快速发展，整车带动聚集阶段（1998~2009年）

总体上看，这个阶段是广州汽车工业再次发展并高速发展的阶段，本田汽车、日产汽车、丰田汽车及日野汽车的相继入驻使广州汽车制造业快速发展成为国内最大的汽车生产基地之一，这个阶段最显著的特征是合资整车企业辐射带动并导致企业在空间上开始明显集聚，形成东部、南部及北部三大汽车产业集群。这个阶段增加了436家汽车制造业企业，到2009年汽车企业数量达到485家，其中外资企业244家，内资企业为241家。这个阶段汽车企业空间布局整体上不断向北部、东部和南部扩张，依托整车企业形成明显的产业集群，如依托东风日产形成的花都汽车城、依托广汽丰田汽车形成的南部南沙汽车产业集群、依托广汽本田形成的黄埔东部汽车产业集群。从各区汽车制造业企业的空间分布看，花都区投入大量精力打造的花都国际汽车城成为广州最大的汽车集聚区，整个花都区汽车企业数量达到131家，占广州全市的比重为27.01%。平均最近邻指数为0.413，整体呈现明显集聚而且集聚度较1997年明显提高；空间方向分布结果显示此时期的企业几何中心坐标变化不明显，但方向角增大至119.81°，横坐标和纵坐标标准差的差值增大，表明企业空间方向分布特征明显，标准差椭圆长轴两端分别指向花都汽车城和黄埔的广汽本田；核密度分析显示花都汽车城成为汽车企业最为密集的区域，密度达到 1.192 家每平方千米，其次为白云区、增城区和黄埔区，这些局部企业密集区域主要是整车企业所在区域，东风日产、广汽本田、广汽丰田等整车企业辐射带动形成的聚集区能够被识别出来，而且花都汽车城沿 S118 省道、白云区沿 105 国道线状集聚的空间聚类也在图中得到了体现。

4. 自主品牌快速崛起，空间集群化阶段（2010年至今）

总体上看，这个阶段快速崛起的广汽传祺、广汽比亚迪等自主品牌整车企业比合资整车企业能更有效地辐射带动相关汽车零部件企业集聚发展，形成更大规模的产业集群，企业进一步超外围区域扩散，围绕整车企业和沿交通道路进一步集聚，在东北部形成特色的商用车汽车产业集群。这个时期新增了 584 家企业，累计企业数达到 1069 家，其中外资企业 580 家，内资企业达到了 489 家。

这个阶段汽车企业空间布局整体上进一步向北部、东部、南部等外围区域扩张，依托整车企业和便捷的交通沿线形集聚程度更高的产业集群，这个时期依托广汽乘用车、北汽乘用车、广汽比亚迪等自主品牌整车企业形成新的集聚区。从各区汽车制造业企业的空间分布看，中心城区的企业数量占比进一步下降，而从化等外围区域的企业数量则呈现明显增长趋势。外资和内资汽车制造业企业也呈现不同的空间布局特点，其中外资企业在空间布局上重点围绕外资整车企业布局，离中心城区较近；而内资企业主要沿交通便捷的道路沿线布局，整体上朝郊区和外围区域布局。此时期的平均最近邻指数为 0.362，整体集聚程度较 2009 年进一步提高；空间方向分布结果显示此时期的企业几何中心坐标较 2009 年变化不明显，但方向角进一步增大至 131.54°，横坐标和纵坐标标准差的差值有所下降，企业空间方向分布特征也同样明显，标准差椭圆长轴西端的指向仍为花都汽车城，但东端由黄埔的广汽本田逐渐指向番禺区的广汽乘用车，表明广州汽车制造业发展到后期，自主品牌整车企业的辐射带动效应愈发明显。核密度分析显示高密度区域明显增多，花都汽车城成为汽车企业最为密集的区域，密度达到2.325家每平方千米，其次为白云区、增城区和番禺区。

（二）影响因素

1. 整车带动

汽车整车企业在汽车产业链中处于核心地位，对上游的各类汽车零部件企业及下游的销售服务企业具有显著的辐射带动效应，在空间上围绕整车企业形成庞大的汽车产业集聚区。对广州汽车制造业而言，不同类型整车企业对零部件企业产生的集聚效应还是存在明显差异，其中日资整车与零部件企业形成一种过于封闭的“整零”配套体系，非日系零部件企业难以进入日资整车企业的核心零部件采购系统，整车辐射带动效应不甚明显；而内资整车企业的辐射带动效应则较为明显，特别是能够较为明显地集聚较多内资零部件企业，这点差异在前面的分析中已有所体现。

2. 政策引导

随着城市中心城区人口密度、土地价格不断提高，大城市功能结构优化进程加速推进，不断在城市外围的郊区建立产业园区和重点功能区，同时结合政策引导促使中心城区制造业企业呈现逐步外移趋势。城市外围区域各类产业园区和重点功能区的政策倾斜和相应的优惠政策有利于新兴企业发展壮大，而汽车产业专业化园区拥有信息资源共享、产业链分工协作等优势，会促使企业倾向于在产业园区和重点功能区集聚。花都汽车城的建立和发展则是政策引导效应的一种典型，在东风日产整车企业的带动下，集聚了大量汽车零部件制造企业；广州经济技术开发区、番禺汽车城、增城汽车城及南沙汽车城在政府相关汽车产业政策的引导下成长为规模庞大的汽车产业集群。

3. 集聚经济

一般而言，同类企业大量聚集所产生的本地化规模效应及外部性会不断吸纳新企业集聚发展，相对而言，汽车企业在整车企业周边布局所获到的集聚经济效益比非整车企业周边地区更大，此外生产功能聚集的区位通常具备丰富的原材料来源和完善的生产设备，所吸引的汽车企业的生产功能应该更强；而倾向于服务的汽车企业聚集区同样也会在交通、市场、消费者等方面显示出其作为服务功能区位的优势。目前，广州汽车制造业通过集聚经济效应，形成了北部、东部和南部三个千亿级的汽车产业集群。其中，东部汽车产业板块的汽车品牌有本田 Honda、本田讴歌、北汽绅宝、北汽威旺及北汽新能源，产能接近 80 万辆、产值超亿元；南部汽车产业板块的汽车品牌有丰田、传祺和 Jeep，总产能达到 89 万辆、产值超千亿元；北汽车产业板块的汽车品牌有日产、启辰、广汽日野和广汽比亚迪，主要生产乘用车、纯电动乘用车和商用新能源汽车，这一汽车集群的总产能超 70 万辆、产值超 1400 亿元，为广州地区汽车产业集聚经济效应最为显著的区域。

4. 空间成本

地价等区位成本越高的地区，生产成本越高，相应的企业进入门槛高；交通条件较好的地区，便捷程度高，企业之间相互联系的物质成本和信息成本就会更低。汽车制造企业倾向于选择高速和快速路更便捷的外围区域，便利的交通运输条件会起到一定的促进作用；汽车企业逐渐从中心城区外迁，扩散到地价较低的近郊区和外围区域，这点在前面的分析中也得到了很好的验证。除了本田汽车较早进入广州市场，建厂选址在离市中心较近的黄埔区，而后来的日产汽车、丰田汽车和日野汽车都选址在工业用地价格相对便宜的外围区域，如广汽丰田选择了当时开发程度还偏低的南沙、广汽日野则布局在远离市区的从化区。

四 结论和建议

（一）结论

借助平均最近邻指数、核密度、空间方向分布等 GIS 方法对广州汽车制造业发展及空间布局变化进行分析探讨，发现广州汽车制造业企业的空间布局总体上由近郊区不断往外围区域扩张，外资企业重点围绕整车企业进行集聚从而形成明显的产业集聚区；内资企业侧重沿交通便捷的道路沿线布局，如白云区的105国道、黄埔区的广园路、花都区的S118省道等区域形成了较为明显的汽车制造业企业集聚区。由于早期发展过于依赖日资整车企业，而日系整车与零部件企业之间存在较为典型的封闭式合作方式，对内资汽车零部件相关企业的辐射带动效应不明显，而广汽乘用车、北汽乘用车、广汽比亚迪等自主品牌整车企业的发展则有效地改善了这一状况。

（二）建议

从2006年起就成为广州支柱工业的汽车产业将一直是广州工业的核心引擎，然而国内外汽车产业形势发生剧烈变化，广州除了要大力发展新能汽车、智能汽车等新兴领域，当前更亟须调整和优化现有的汽车产业空间布局，做强自主品牌整车企业，进一步挖掘整车企业的辐射带动和创新驱动效应，引导广州汽车产业迈向全球价值链中高端，代表国家参与全球汽车产业链竞争。一是大力实施已出台的汽车产业专项规划，政府层面需重新并更加重视汽车产业对经济社会的引擎作用，大力推进《广州市汽车产业2025战略规划》《广州市汽车零部件产业基地规划（2016～2020年）》等汽车产业专项规划的实施，重视汽车产业空间布局优化，发挥各个板块的比较优势，提高汽车产业园区的产出效率；二是积极改善日资整车企业主导形成的过于封闭的产业生态环境，长期过于依赖日资整车企业使广州地区自主品牌零部件企业没有得到有效发展，整车企业的辐射带动效应没有得到有效释放，要引进更多民营和欧美系零部件企业入驻广州；三是做强做大自主品牌企业，经过“十二五”时期的快速发展，广州自主品牌汽车产销规模已经接近40万辆，强大的辐射带动能力已经形成，需要职能部门更加聚焦自主品牌零部件企业发展，真正做强广州汽车制造业；四是积极推进新型价值园区建设，随着新能源汽车、智能汽车等新兴汽车产业的快速发展，原有的汽车产业园区已经难以有效带动广州汽车产业进一步发展壮大，亟须发展建设以价值园区为导向的新型汽车产业园区建设，推动广州汽车产业公共创新平台建设，为此要加大广汽智联新能源汽车产业园区建设力度，不断积聚新能源汽车、汽车电子等领域企业集聚发展，成为广州汽车产业未来发展的新引擎。

参考文献

何婷婷：《我国汽车产业空间集聚的实证研究》，《汽车工业研究》2008 年第 3 期。

赵浚竹、孙铁山、李国平、徐涛：《中国汽车制造业集聚与企业区位选择》，《地理学报》2014 年第 6 期。

吴铮争、吴殿廷、袁俊、徐涛：《中国汽车产业地理集中及其影响因素研究》，《中国人口·资源与环境》2008 年第 1 期。

申明浩、隋广军、孙雷：《中国汽车产业集群发展的影响因素分析》，《科技管理研究》2008 年第 1 期。

夏云：《基于聚类方法的产业分布空间数据挖掘研究》，硕士学位论文，东南大学，2012。

林冬云：《基于空间聚类法的北京市海淀区朝阳区企业分布研究》，硕士学位论文，北京师范大学，2005。

丁娟、李俊峰：《基于 Web 地理图片的中国入境游客 POI 空间格局》，《经济地理》2015 年第 6 期。

蹇铀：《成都市汽车服务业集群发展实证研究》，硕士学位论文，四川省社会科学研究院，2008。

林琳、肖玲、陈淳：《广州市汽车服务业布局实证研究》，《热带地理》2009 年第 6 期。

周珂慧、甄峰、余洋等：《汽车服务业空间布局演化研究：基于潍坊市奎文区的实证分析》，《经济地理》2011 年第 1 期。

王磊：《我国汽车行业发展的新趋势——汽车服务业》，《中国证券期货》2012 年第 1 期。

刘雪峰：《浅析汽车服务业对汽车产业发展的影响》，《现代营销》（学苑版），2011 年第 12 期。

申健：《汽车服务业整合发展战略研究》，硕士学位论文，东北师范大学，2010。

B.13
智能网联新能源汽车引领汽车产业未来发展的研究

黄 坚 仁 买*

摘 要： 智能网联新能源汽车已经成为引领国际汽车产业未来发展的方向，我国出台了相关政策引导和促进智能网联新能源汽车的发展，智能网联新能源汽车将成为广州未来汽车产业的发展重点和方向。本文在阐述智能网联新能源汽车的概念、趋势及对广州汽车产业重要意义的基础上，分析了广汽智联产业园建设的基础和条件，重点研究了广州市政府在广东省政府的大力支持下打造广汽智联新能源汽车产业园的规划及实施机制。

关键词： 智能网联 新能源 产业园规划

一 智能网联新能源汽车概述

（一）智能网联汽车是我国汽车产业未来发展的重要战略方向

智能网联汽车是汽车产业技术的战略制高点和新一轮国际竞争焦点。新一轮科技革命和产业革命正向纵深发展，智能网联汽车和智慧交通应用涉及

---

* 黄坚，广州汽车集团股份有限公司工程师、经济师、PMP；仁买，广州汽车集团股份有限公司经济师。

自动驾驶、宽带移动通信、人工智能、大数据等多种前沿技术。这些技术不仅颠覆汽车本身，还将颠覆道路交通技术、汽车使用形态、人类出行方式。未来汽车将成为可移动的办公和娱乐空间，围绕汽车的用车、停车、服务等方面将产生新的商业模式与产业业态。

伴随汽车产业的整体转型，汽车行业的产业链结构也将随之发生巨大变革。传统的由汽车厂商、一级供应商、底层零部件供应商组成的产业链，将因互联网公司等相关 IT 企业的介入而实现重构。互联网企业的快速技术迭代将推动部分产业环节“洗牌”，支撑汽车智能化、网联化的元素不断融入，在智能网联汽车电子产业的带动下，整个行业换发勃勃生机。智能网联汽车新兴技术将更专注于环境感知与决策、车联网深度定制服务、大数据和云计算等领域的创新和融合发展。智能网联汽车电子（硬件和软件）所占比重将显著提升，汽车智能化与网联化的快速协同演进，将进一步促进汽车 ECU 与车载智能网联终端系统的深度融合，推动更多智能网联汽车新兴技术应用通过车载操作系统平台进行系统集成。

汽车网联化、智能化发展已成为全球共识。智能网联汽车和智慧交通代表未来汽车产业技术的最终发展方向和战略制高点，其发展受到美国、日国、欧洲各国政府的高度重视，ADAS 系统、V2X 测试评价标准法规及相应的测试评价能力和设施不断完善。各国先后推出了以车辆智能化、网联化为核心的发展战略，“智能化”和“网联化”日益成为未来汽车产业发展的共同愿景和目标。美国在网联化技术领域遥遥领先，欧洲的自主式自动驾驶技术超前发展，日本智能交通设施建设较为完善。各地区发展各有特色，且已形成技术战略同盟，共同主导行业发展。欧美日等国的主流车企均已发布智能网联汽车的技术演进路线。

我国已将智能网联汽车提升到国家战略的高度。2017 年 4 月，国家工信部、发改委、科技部联合发布了《汽车产业中长期发展规划》，提出到 2020 年，智能网联汽车与国际同步发展；到 2025 年，智能网联汽车进入世界先进行列。工信部《中国制造 2025》将智能网联汽车与节能汽车、新能源汽车并列作为我国汽车产业未来发展的重要战略方向。2017 年 6 月 13

日，工信部公布了《国家车联网产业标准体系建设指南（智能网联汽车）（2017 年）》（征求意见稿），计划分阶段建立适应我国国情并与国际接轨的智能网联汽车标准体系。12 月 14 日，工信部印发了《促进新一代人工智能产业发展三年行动计划（2018—2020 年）》，将智能网联汽车作为本次行动计划提出的第一项要大力发展的智能产品，并设定到 2020 年建立可靠、安全、实时性强的智能网联汽车智能化平台，形成平台相关标准，支撑高度自动驾驶等目标。2018 年 1 月 7 日，国家发改委发布《智能汽车创新发展战略》（征求意见稿），提出到 2020 年，中国智能汽车新车占比达到 50%，中高级别智能汽车实现市场化应用，到 2025 年，新车基本实现智能化，高级别智能汽车实现规模化应用。到 2035 年，中国标准智能汽车享誉全球，率先建成智能汽车强国。

（二）新能源汽车是我国汽车产业未来发展的趋势

新能源汽车迎来重要发展期。在汽车产业升级、低碳环保、能源安全和消费者需求等因素的推动下，未来十年将迎来新能源汽车产业化的重要时期。在《汽车产业中长期发展规划》中，提出以新能源汽车和智能网联汽车为突破口，加快汽车强国的建设，为未来十年汽车产业的发展提供指导。在中国，作为七大战略性新兴产业之一，新能源汽车行业预计将继续享有相关优惠政策、成为各大整车厂最重视的发展方向和竞争市场。

新能源汽车产业规模不断扩大。2017 年，中国新能源汽车销量达到 77.7 万辆，占新车销售量的 2.69%，同比增长 53.3%。随着新能源汽车产业规模快速扩大，产业链日趋完善，预计到 2020 年，中国新能源汽车年产销将达到 200 万辆；到 2025 年，新能源汽车将占中国汽车产销量的 20% 以上。

国家已明确具体技术路线。新能源汽车技术路线上，纯电动和插电式混动续航里程将逐步提升，混合动力性能要求进一步提高。根据技术路线图及科技部新能源汽车试点的专项要求，预计到 2020 年纯电动轿车续驶里程应不低于 300 千米，2025 年续驶里程为 400 千米。混合动力 2020 年之前油耗要求降低至4升每100千米；2025年之前降低至3.6升每100千米。电池方面，到2020年，预计动力电池单体比能量达到300瓦时每千克以上，成本降至1元每瓦时以下；到2025年，动力电池系统比能量预计达到350瓦时每千克。

新能源汽车替代传统燃油汽车是趋势。目前发展新能源汽车在全球汽车产业界发展已经基本形成共识，从长期来看，随着电池容量、安全性的提升，车辆续航里程超过500千米，以及快速充电控制在10分钟以内，包括纯电动汽车、燃料电池技术在内的纯电驱动将是新能源汽车的主要技术方向，替代传统燃油汽车是发展趋势。据报道，欧盟部分国家已提出禁售燃油车的时间计划，德国已经提出2030年禁售传统燃油车，挪威则宣布会在2025年达到禁售燃油车的目标，法国计划从2040年开始全面禁止采用内燃机动力的汽车上路等。

（三）发展智能网联新能源汽车具有重要意义

智能网联新能源汽车是我国抢占汽车产业未来战略的制高点，是我国汽车产业高端环节弯道超车的切入点。我国已从国家战略的高度，集中资源、加大力度，加快推进智能网联新能源汽车发展，为中国建设汽车强国、制造强国、网络强国提供有力支撑。智能网联新能源汽车是关联众多重点领域协同创新、构建新型交通运输体系的重要载体，在塑造产业生态、推动国家创新、提高交通安全、实现节能减排等方面具有重大战略意义。

智能网联新能源汽车是解决交通问题的重要途径。通过车辆自组网及多种异构网络之间的互联，实现车与车、车与人、车与云端之间的互联互通，实现车辆与平台之间、车与车、车与路、车与人以及车载传感设备之间多种方式的信息交互与共享，可有效解决日常生活中车辆交通拥堵的问题，增加汽车的通行量，大幅提升汽车在高速行驶状态下的安全性。

发展智能网联新能源汽车是调整国家能源结构，提升战略安全的重要举措。石油作为我国重要的能源组成部分，却主要依赖进口。中国海关总署数据显示，2017年我国原油进口首次超越美国，成为全球第一大原油进口国。2017年中国原油进口41957万吨，同比增长10.1%，进口额为11002.86亿元，国家对进口原油的依存度持续走高。我国电力的来源却非常丰富，核能、风能、太阳能、水力、潮汐、地热等都可为电动汽车提供动力，并且这些资源是可再生的。因此，发展智能网联新能源汽车有利于调整国家能源结构，提升国家战略安全。

智能网联新能源汽车有利于减少污染物排放，降低环境污染。交通能源消耗也是造成局部环境污染和全球温室气体排放的主要来源之一。与传统汽车相比，电动车会实现30%的碳减排。同时，从长期发展来看，今后核电、光伏、风电、水电等新能源发电的比例一定会逐渐提升，新能源汽车的优势也将越来越明显。

发展智能网联新能源汽车是汽车企业降低油耗、满足法规要求的需要。2017年9月27日，工信部在正式发布《乘用车企业平均燃料消耗量与新能源汽车积分并行管理办法》，即双积分政策，自2018年4月1日起施行，车企会面对燃油积分和新能源积分双重考核压力。为了降低产品油耗，满足油耗法规要求，车企需积极发展智能网联新能源汽车。

二　广州市发展智能网联新能源汽车的基础

（一）汽车产业实力雄厚

整车产业方面，广州汽车产量从2012年的138.4万辆提升至2017年的310.81万辆，年均复合增速为17.6%，高于全国平均水平5.9个百分点；占全国汽车产量的比重由2012年的7.2%，提升至2017年的10.71%。2017年广州整车产量规模在国内特大汽车城市中排名第一。2017年，广州汽车制造业工业总产值达到5142亿元，占广州市规模以上工业总产值的28.5%，同比增长17.4%，其中零部件制造业产值达到1364亿元，同比增长14.4%。在2017年市场研究公司J. D. Power发布的新车质量报告中，广汽传祺连续五年排名中国汽车品牌第一，在所有品牌中排名第五，自主品牌产品品质和品牌竞争力不断提升。

零部件产业方面，“十二五”期间，广州传统汽车零部件产业快速增长，支撑了珠三角区域汽车产业的发展。广州拥有汽车零部件企业超500家，占整个珠三角地区的一半以上；企业主要分布在广州东部地区，约有200余家，为广汽本田、北汽等厂家提供配套；北部地区约有180余家，为东风日产提供配套；南部地区约有130余家，为广汽自主品牌乘用车提供配套。

汽车配套产业方面，广州大力发展汽车后市场产业，形成涵盖销售、检测、维修、物流、会展、金融、保险等在内的完善产业链条。目前，全市已有整车销售企业约200家，汽车配件和用品店2000多家。汽车物流业务快速发展，广州港南沙汽车滚装船码头是全国最大汽车专业码头，年通过力达100万台。中国（广州）国际汽车展已成为国内三大车展之一，行业影响力快速提升。汽车金融业务布局逐步完善，众诚汽车保险在新三板正式挂牌；广汽汇理金融业务覆盖200多个城市，零售和库存业务快速增长，共享汽车业务也逐步兴起。

（二）科技创新能力基础扎实

汽车产业科研资源方面，依托整车产业发展基础，广州拥有广汽集团独立自主研发机构（广汽集团汽车工程研究院）及多个整车企业技术研发中心。目前，广州汽车行业拥有国家级企业技术中心1个，省级企业技术中心9个、省级工程中心2个。同时，广州拥有工信部电子五所、七所，广州威凯，广州工研院等一批国内专业级科研院所，在智能网联汽车零部件检测、卫星导航级应用产品质量监督、智慧交通标准规范制定等领域具备较强的技术积累。中山大学、华南理工大学、广东工业大学、华南理工大学广州汽车学院等重点高校，以及广州市交通运输职业学校等一批中职学校，为本地汽车产业发展输送了大批各类高级技术人才和高级技能人才。同时，本地电子信息产业发展迅猛，并汇聚了一批该领域高端人才，为智能网联汽车产业发展搭建了雄厚的技术基础。清华大学清研资本（苏州汽车研究院）华南区总部积极推动智能网联汽车新兴技术应用并加快布局产业投资。广东省汽车工程学会和广东省电子学会等行业组织在推进智能网联汽车产业发展方面做了大量开拓性工作。

智能网联汽车核心技术方面，广汽研究院完成了核心技术 Telematics 远程控制系统的自主开发，并首先搭载于传祺 GA3、GA3S 等上市车型，成为国内最早实现 Telematics 自主开发与商品化应用的汽车企业；与此同时，广汽正在积极研发具备自主知识产权的下一代 V2V、V2I 先进技术，抢占创新发展高地；当下，广汽已有多款自动驾驶原型车开始路测，并在国内挑战赛中名列前茅。此外，广州小鹏汽车也正在自主研发互联网汽车，目前已实现自助泊车等功能。

车载导航系统关键技术方面，广州市卫星导航定位企业数量约占全国同类企业总量的20%，其中泰斗微电子是国内首个集成了射频、基带与闪存的"三合一"解决方案的厂家，目前在车载北斗导航领域拥有约 70% 的市场份额。广州润芯开发的北斗射频芯片、泰斗微电子开发的北斗基带芯片、中海达研发的高精度测量型与授时型板卡/芯片等北斗导航系统核心技术，在全国均处于领先地位。

三　广汽智能网联新能源汽车产业园规划

广汽集团是广州市汽车产业中的龙头企业，在智能网联和新能源汽车领域已打下坚实的基础并取得了一定的成绩，广汽集团"十三五"规划中也明确提出在网联化、电动化方面实现突破。在智能网联汽车方面，广汽集团已经实现了初级智能网联汽车量产，现在正处于中级智能的开发阶段。在新能源汽车方面，广汽集团较早开展节能与新能源汽车的研发、产品规划、生产及销售布局工作，目前已开发多款新能源产品并正式上市销售，产品涵盖插电式混合动力（PHEV）和纯电动（EV）车型。基于汽车产业未来发展的趋势和方向，结合广汽集团自身转型升级发展的需要，在广东省、广州市各级政府的大力支持下，广汽集团规划建设广汽智联新能源汽车产业园。

（一）一园三区、以高起点的规划蓝图引领产业转型

产业园总体规划面积约7500亩（5平方千米），广汽集团携各落户园区企业总投资额预计超450亿，将围绕“智能制造+创新研发+汽车小镇”三大领域，重点布局汽车制造、汽车研发、汽车金融、汽车文化、汽车旅游、汽车商贸六大业态，形成“一轴两廊三区”的功能分区（“一轴”是产城融合生态轴；“两廊”是七沙涌生态廊道、金山—莲花山生态廊道；“三区”是智能制造区、创客服务区、汽车小镇），发展成为“中国制造2025”发展典范、国家级创新创业示范基地、智联新能源汽车生态小镇。

产业园区毗邻广汽番禺化龙基地，将与已建成的广汽番禺化龙基地形成东西呼应之势，实现汽车产业链的横向配套和纵向延伸，形成国内最具有特色的超大型综合汽车生产基地。产业园区未来将汽车传统制造做强做实，一手探索汽车新技术的开放创新平台，吸引全球高端人才与战略合作伙伴集聚，形成产业相互关联、资源相互共享、服务相互配套的“高、精、尖”汽车技术产业集群。

产业园将打造成智能、开放、创新、绿色、共享、生态的国际智联新能源汽车产业创新生态城，建成后将对广汽集团合资企业和社会开放，并共享研发生产销售平台。预计产业园总产值超1700亿元，利税超420亿元，带动就业人口超2万人。建设产业园既是广汽集团实施“1513”战略、进一步提升未来发展核心竞争力的重要举措，也是广汽集团实现升级转型、在智能网联和新能源汽车发展的关键节点上实现弯道超车构筑领先优势、争当未来中国智能网联新能源汽车市场领跑者的战略举措，将有力推动广汽集团从汽车传统制造集团向绿色生态汽车集团转变、传统汽车制造向未来交通解决方案提供商转变的战略转型。

（二）强智造、聚核心，以广汽的龙头带动作用促进优势产业聚集

产业园智能制造区规划布局发展智能网联新能源整车制造、智能网联关

键零部件和新能源汽车核心零部件产品。从工厂规划设计开始，便注重体现智能网联特征，推动数字化工厂建设，提升产品制造智能化程度，建设高度环保、智能的制造工厂。智能智造区规划建成每年 40 万辆智能网联新能源汽车产能，分两期建设，其中一期建成每年 20 万辆智能网联新能源汽车产能。通过发挥广汽的龙头带动作用，促进智能网联关键零部件（V2X 模块、智驾控制器等）和新能源汽车核心零部件（电机、电控、电池）产业在产业园落户和聚集，形成产业规模化、配套核心化、制造智能化，打造国际领先的智联新能源汽车智造区。

（三）引创客、促研发，以社会智库和资本的力量激发价值创造

产业园创客服务区主要为产业园提供创客办公、金融服务、研发服务等功能。充分借鉴美国硅谷、德国斯图加特汽车城的发展经验，将智联新能源汽车的设计研发环节共享开放至全社会，吸引汽车企业总部、创业群体、高校毕业生参与集聚，汇集全球创新资源，集思广益共同推进智联新能源汽车产业发展。以广汽研究院为核心力量，提供研发技术资源支持；以广汽资本为纽带，引入社会资本提供资金支持；以广汽智联新能源汽车工厂为基地，提供产品实验试制支持；推动智联化与电动化核心技术的研发与技术产业化，加速智能化、网联化与新能源技术的发展，实现价值创造。以创新创业开放平台的模式，助推技术成果转化与落地，打造形成国家级汽车产业创客服务区。

园区将全面整合广汽集团、互联网企业、合作伙伴等研发能力，构建多功能的综合产业链生态系统，提倡产业组团式发展的空间布局，带动产学研一体化发展；搭建开放式的创客空间，吸引国内外高端人才，实现技术突破与创业孵化功能，建设面向全球顶尖研发人才、高端技术等资源的共享平台。预计到 2025 年，园区将吸引多家研发机构、超 2000 名研发人员入驻，形成覆盖创业投资企业、金融、文化商贸等具有核心竞争力的整车制造或核心零配件生态产业园。

（四）构生态、重保障，以完善的保障体系支撑目标达成

产业园汽车小镇规划建设人才公寓、员工宿舍、主题公园、购物商场、学校配套设施等。一方面为产业园员工生活提供保障，让员工安居乐业；另一方面，结合产业园的特点打造开放、共享、绿色、生态的特色小镇。通过创新、创意、创造，融合文化、科技、商贸、旅游产业联动发展，将汽车小镇打造成为国际级时尚智联新能源汽车文化主题公园、国家级智慧交通和智慧生活示范基地和粤港澳大湾区智联新能源汽车标准规范测试研究基地。

四　广汽智能网联新能源汽车产业园建设

2017 年 4 月 27 日广汽智联新能源汽车产业园举行了奠基仪式，广东省、广州市主要领导均出席并参加活动，项目建设受到外界的广泛关注。广汽集团将广汽智联新能源汽车产业园项目确定为 1 号工程项目，在各级政府的大力支持下，广汽集团有序推进项目建设实施。

（一）高度重视，建立了完善的工作体制机制

2018 年 1 月 29 日，为加快推进广汽智联新能源汽车产业园开发建设工作，经广州市人民政府同意，成立广州市广汽智联新能源汽车产业园建设工作领导小组，负责统筹协调产业园规划发展、土地开发、工程建设、市政配套、招商引资、产业导入等建设工作，综合协调解决产业园开发建设中遇到的重大问题。工作领导小组组长由广州市常务副市长陈志英担任，副组长由市政府副秘书长刁爱林、市工信委主任张晓波、番禺区副区长陈明捷及广汽集团董事长曾庆洪担任，成员包括广州市各委办相关负责人以及广州供电局、广州地铁等单位的相关负责人。

广汽集团在 2016 年 11 月便设立广汽智联新能源汽车产业园领导小组和工作小组，同时根据时间情况分别于 2017 年 6 月和 2018 年 3 月进行调整，成立以广汽集团董事长曾庆洪为组长的领导小组，领导小组下设工作小组，

同时工作小组根据产业各区建设需要设立了4个工作推进组推进具体项目的建设实施。

（二）全力推进，确保项目按计划落地

广汽智联新能源汽车产业园按照“整体规划、分期开发”的思路推进建设，首期项目为新增年产能20万辆（新能源汽车）扩建项目，总投资46.94亿元，新建冲压车间、焊装车间、涂装车间和总装车间四大车间及办公配套设施，建筑面积约24万平方米，打造开放共享智能制造平台。项目已于2017年9月2日正式打桩进行建设，截至2018年3月，四大车间已完成桩基础和承台施工，全面进入钢结构安装阶段，项目计划于2018年底建成。

汽车小镇和创客区采用与外部合作伙伴共同建设的模式推进，广汽集团联合外部房地产企业越秀集团和珠实集团共同建设，三方已于2017年12月签订合作框架协议。2018年3月针对汽车小镇和创客区分别成立广州智联汽车小镇投资发展有限公司和广州智联创客投资发展有限公司两个项目公司，负责推进项目具体的建设工作，目前，正在推进用地出让及制订建设方案，预计2018年底正式开工建设。

（三）合资合作，构建智能网联生态系统

广汽集团一直坚持合资合作不动摇，在广汽智联新能源汽车产业园的建设方面同样如此。在园区中规划建设的新能源汽车电池、电机等核心零部件项目及工程树脂零部件项目均寻求与行业内领先的企业合作进行建设，并已积极与潜在的合作伙伴进行交流和洽谈，计划在2018年内引入相关合作伙伴在园区内落户并正式开工建设。

同时，2017年广汽集团分别与华为公司、腾讯公司、科大讯飞、中国移动等通信和互联网龙头企业及广州供电局、蔚来汽车等企业签订战略合作协议，以广汽智联新能源汽车产业园为载体，积极有序推进与各方的战略合作项目落地，构建智能网联新能源汽车生态圈。

五　小结

智能网联新能源汽车是汽车产业未来发展的趋势和方向，我国已将发展智能网联新能源汽车提升至国家战略高度。智能网联新能源汽车引领未来汽车产业发展已成为行业共识。广州市已成为我国汽车产量最大的城市，发展智能网联新能源汽车具有良好的产业和技术基础。在广东省和广州市各级政府的大力支持下，广汽集团积极规划建设智能网联新能源汽车产业园，打造绿色、环保、开放、共享、智能的产业园区并积极推进建设实施，为我国智能网联新能源汽车引领汽车产业发展以及推进广汽集团转型升级提供新动能。

参考文献

殷承良：《智能网联汽车技术发展与挑战》，上海交通大学，2016。

杨再高等主编《广州蓝皮书：广州汽车产业发展报告（2017）》，社会科学文献出版社，2017。

区 域 篇

Regional Reports

B.14 2017年花都汽车产业发展概况及展望

朱振德*

摘　要： 花都汽车城是广州第一个实现工业总产值超千亿元的汽车产业基地，同时也是广州第一个成立汽车专业管委会的基地。本文简要分析2017年花都区汽车产业发展情况，指出汽车业园区发展面临融资困难、汽车产业园区用地指标缺口较大、历史遗留问题困扰园区企业发展等问题与不足，结合国内外新能源汽车产业发展新形势，对花都区新能源汽车产业进行展望，并提出加快转型升级、优化产业布局、进一步拓展花都汽车产业提升园区平台能级、全力支持东风日产等龙头企业进一步做大做强等有针对性的对策建议。

* 朱振德，花都区委办公室副科长。

关键词： 花都汽车城　东风启辰　新能源汽车

花都是广州汽车产业板块的重要组成部分，作为广州第一个实现工业总产值超千亿元的制造业基地，培育并形成集“产、学、研”于一体的完备汽车产业链，园区集聚关联性零部件企业众多，有效地辐射和带动了广州、佛山等周边地区多个汽车产业基地的发展。2017 年花都汽车产业基地呈现较好的发展态势。

一　花都区汽车产业概况

（一）产销规模继续保持两位数增长

汽车产业是花都区的重要支柱产业，对花都主要经济指标贡献大，花都区委、区政府坚定不移地扶持龙头企业做大做强，与东风日产签订新的十年战略合作协议，进一步夯实双方互利共赢发展的基础。此外，东风启辰总部落户花都，龙头企业东风日产整车产销呈现增长态势。汽车产业保持较快增长，2017 年汽车产业完成规模以上工业总产值 1675.40 亿元，同比增长 10.8%，其中整车制造业实现产值 1322.73 亿元，同比增幅达到 11.2%；零部件产值 350.18 亿元，同比增速为 9.3%。整车产销量均超 128 万辆，同比分别增长 12.9% 和 11.3%。其中东风启辰自主品牌产量、销量同比分别增长 25.15% 和 25.20%。东风启辰总部落户花都区，成功引进阿尔特等先进制造业项目。

（二）产业链招商及增资扩产成效显著

在进一步提升传统产业优势的基础上，对汽车产业链进行强链补链，重点围绕新能源汽车及其核心部件、传统汽车及零部件、智能装备、信息技术产业等核心领域实施靶向招商、精准招商。突出国际合作，积极拓展与欧洲先进制造业大国的交流合作，花都于2017年9月成功举办了2017中欧合作交流会，着力促成欧洲高新技术产业招商引资与合作共建，取得了一定的成效。据统计，2017年意向落户花都的汽车关联项目50多家，4家企业已签约落户，预计总投资额达13.3亿元，项目投产后预计可实现产值23.5亿元，税收2.3亿元。增资扩产成效显著，风神汽车公司、优尼热冲压等10家企业项目已纳入区重点项目，正加快推进规划报建等工作。

（三）汽车产业园区发展空间进一步拓展

花都区将汽车产业基地三、四期连片规划，加快推进18.7平方千米的广州花都国际先进装备产业园规划建设，强力开展首期用地（5705.612亩，含主体项目地块、安置地块、留用地以及基础设施地块）征拆工作，2017年底已完成5256.337亩用地的征地协议签订工作，由汽车城管委会同步推进收地、基础设施建设、用地报批以及招商引资等工作。2017年3月，花都区委、区政府全力推动赤坭园区征拆工作，加紧开展赤坭村三、四经济社的村民签约工作，取得较好进展。随着广州花都国际先进装备产业园和赤坭园区加快完成土地征收、基础设施建设等工作，花都汽车产业基地的发展空间将得到全面拓展，汽车产业发展后劲进一步增强。

（四）深入推进供给侧结构性改革加快产业转型升级

针对早期落户的部分企业因技术落后、经营不善等原因，致使企业生产效益低、土地利用效率低等情况，由汽车城管委会对园区红线范围内企业的地块信息、生产经营情况等进行深入调查摸底，做好清单统计。经摸查，低效土地主要集中在港口工业区，占地891亩，内有42家企业。接下来，花都区将在全面调查摸底的基础上，筛选一批经营效益较差、长期亏损的企业，以汽车城公司为主体，通过协议收回土地和厂房，或与业主合作，引入优质项目租用厂房，实现“腾笼换鸟”，加快推动产业基地的转型升级和健康可持续发展，着力提高汽车产业园区的土地利用率。

（五）营商环境进一步优化

坚持以“服务第一”为宗旨，致力为入驻企业排忧解难。全年协调解决企业报关、电力增容、人才招聘等企业生产经营问题60余项，处理园区企业劳资纠纷事件20多宗（涉及员工约60多名），协助解决30多家重点企业的外地员工子女申报入学，协助35家企业80人申报入户，协助园区企业申报知识产权和科技项目。此外，还组织企业参加相关政策宣讲会、论坛、海关座谈会，加强园区绿化道路日常管理，有效地保障了企业的正常生产经营。2017年5月12日，花都汽车城园区更获批“和谐园区”称号。着力打造汽车产业园区特色文化，充分发挥工青妇组织的作用，结合产业特色举办了汽车城园区篮球联赛、迷你马拉松活动、首届卡拉ok大赛、手机摄影比赛、羽毛球比赛等多种形式文化活动，丰富园区企业干部职工文化生活，以活动为纽带增进企业员工间沟通，增强团队凝聚力和集体归属感。围绕“安全第一，预防为主，综合治理”的思路，大力加强安全生产工作，通过狠抓隐患排查治理、职业健康及职业危害场所评价、检测、备案、安全培训教育、应急演练等基础性工作，促进了园区企业安全生产主体责任制的落实，使企业安全管理水平得到全面提升。2017年，汽车产业园区安全生产体系建设更趋完善，企业应急预案、职业病危害防治、企业员工职业健康检查等工作完成情况良好，园区全年没有发生较大安全生产事故和造成社会不良影响的事件。

二 存在问题和挑战

（一）汽车业园区发展面临融资困难

随着汽车产业基地的进一步拓展和产业园区转型升级步伐加快，新建设项目不断增多，园区发展资金需求量巨大。受当前国家金融政策影响，汽车城已很难通过以往的传统融资方式获取足够的发展资金，由于区级财力有限，仅依靠财政资金的单向支持，难以满足园区发展资金需求。

（二）汽车产业园区用地指标缺口较大

目前，园区用地指标落实较慢，导致留用地返租成本逐年增加，对新项目落地造成一定影响，同时也影响了后续用地手续的办理和项目的建设，需加强职能部门间统筹协调，通过技改项目及在全区年度指标中统筹落实。此外，园区“熟地”资源紧缺，优质项目落地存在困难。虽然汽车城可开发的土地充足，但是“熟地”紧缺，而“生地”转为“熟地”通常需要两年的时间，难于满足近期引入的优质企业对项目落户投产的时间需求，“熟地”资源紧缺的问题已成为基地招商引资的主要瓶颈。

（三）历史遗留问题困扰园区企业发展

汽车园区的历史遗留问题比较复杂，一些历史遗留问题长期未能得到妥善解决。如汽车产业园区的“三旧改造”、一期土地控规调整、征地历史遗留问题等，园区对发展构成一定困扰，一定程度上影响了园区企业投资信心。

三　花都区汽车产业2018年及未来展望

（一）加快转型升级，花都汽车和新能源汽车产业发展迎来重大机遇

综观全国、广东省及广州市、花都区汽车产业，总体来看发展稳健。随着市场需求的不断拓展，汽车消费市场结构变化，新能源汽车所占市场份额悄然增加，乡村振兴战略的实施也将进一步培育和释放农村汽车市场。此外，国家还将继续大力扶持汽车及新能源汽车产业发展，各地也将加快城市基础设施建设，不断完善停车场、充电桩等交通配套设施，汽车产业发展环

境将不断得到优化。2018 年 3 月，广州市人民政府修订印发《广州市建设“中国制造 2025”试点示范城市实施方案》，明确以番禺区、南沙区、花都区三大汽车制造基地为核心，打造“整车—新能源汽车—高端汽车零部件”完整产业生态链。其中，花都区重点建设日系整车、汽车核心零部件、新能源汽车关键零部件、零部件再制造、智能网联汽车测试与示范基地和国际汽车创新谷。展望花都区汽车工业的未来风险与机遇并存。特别是近几年花都区汽车工业发展势头强劲，主要经济指标增长都比较大，实现了增产增收。从宏观和微观层面看，花都汽车工业发展形势都十分喜人，但同时也面临巨大的风险和挑战。主要风险在于，汽车产业作为全区经济的支柱产业地位过于突出，总体经济过于依赖汽车产业，产业结构比较单一，汽车零配件企业发展不够充分、高技术企业比例偏低等；主要挑战在于花都能否在继续做大做强传统汽车产业的同时，及时培育发展好新能源汽车整车及关键零部件产业，抢占行业发展先机。

（二）优化产业布局，新能源汽车产业和智能装备产业发展大有可为

新能源汽车产业既是汽车产业发展方向，也是花都汽车产业发展的战略重点所在。花都可以广州花都国际先进装备产业园、赤坭园区为载体，继续大力推进新能源汽车产业和智能装备产业两个核心产业的招商引资，争取新能源汽车整车、电池、电机、电控等重大项目落户，迅速形成产业集群；促进智能装备产业招商和先进制造业的智能化改造，提升园区整体制造能力和水平，引导园区先进制造业向多元化、多增长极发展。打造新能源汽车产业生态系统，围绕传统汽车及新能源汽车生产，推进电池工厂项目建设，并立足现有零部件体系，大力开展新能源汽车制造链条的招商工作，进一步增强产业集聚能力，丰富和健全产业链。同时大力推动新能源汽车的示范运营和市场化推广工作，加快充电桩网络布局建设，进一步巩固花都新能源汽车示范推广成果，并加大政策扶持力度，大力培育新能源汽车新型消费环境，构建新能源汽车保障体系，大力打造新能源汽车产业生态系统。充分利用花都

作为国家级绿色金融改革创新试验区的独特优势，通过绿色金融支持，大力实施创新驱动发展战略，积极探索汽车金融、汽车租赁和智能网联汽车等新兴汽车服务业发展模式，抢占发展制高点，加快推动绿色新能源汽车产业集聚发展。参考国内外先进产业基地经验，积极探索“互联网+汽车”及汽车相关服务产业发展策略，在产业政策、资金和人才方面，加大对智能网联汽车产业的扶持力度，支持智能网联汽车的技术研发及产业推广，并加强相关企业的资源整合，推进智能网联汽车基础数据交换平台和产业化服务平台建设，开展示范运行及法律法规和技术标准等方面的先导研究，以抢占智能网联汽车的发展先机。大力发展第三产业，满足汽车产业发展需求的相关生产性服务业，提升产业链并增强发展活力，大力拓展技术研发、商务办公、专业市场及物流运输等生产性服务，适当发展生活性服务业，既完善产业链条，又改善产业园区人居环境。大力发展“汽车+”，做强“汽车+服务、汽车+智慧”，按照生产、生活、生态“三位一体”的要求，积极打造汽车产业发展、汽车文化旅游、时尚商业消费、体育文化娱乐等功能组团，力争形成汽车新业态项目集聚效应。

（三）申报国级开发区，进一步拓展花都汽车产业提升园区平台能级

花都汽车产业基地虽然成功升级为省级开发区，但在用地、融资等重点难点问题上得到的支持和鼓励有限，基地的竞争力、影响力及对产业和项目的吸附力都需要借助更高的平台来提升。为突破平台瓶颈，花都须抓紧国务院和广东省办公厅分别出台《关于促进开发区改革和创新发展若干意见的通知》的契机，全力推进国家级开发区的申报工作，努力提升园区平台能级。认真做好花都汽车产业基地用地规划。学习国内外汽车产业和汽车城的先进经验，结合花都实际，从产业经济学、汽车工业概论和城市规划理论的高度，以国际视野和专业眼光审视汽车产业基地发展，高质量完成汽车产业基地详细规划编制。在不断完善产业基地一期、二期及赤坭园区的硬件配套设施和逐步解决历史问题的前提下，结合花都区“一轴四带多组团”的产

业战略布局，面向未来，进一步完善产业基地整体规划布局，增强产业布局规划的适应性、科学性。加快规划建设花都国际先进装备制造产业园区。继续做好广州花都国际先进装备制造产业园、赤坭园区的征地拆迁、路网建设、三通一平等园区基础设施的开发建设工作，为大项目进驻做好基础性服务工作。加快规划建设园区学校、幼儿园、医院等基础性民生配套设施，做到同步规划、同步建设、同步投入使用，着力完善园区功能。

（四）突出龙头引领，全力支持东风日产等龙头企业进一步做大做强

汽车产业作为花都的支柱产业，在东风日产龙头企业高速发展的带动下，汽车产业基地保持稳健较快发展态势。2017 年，花都与东风日产签订新的十年战略合作协议，东风启辰正式落户花都，花都汽车产业形成东风日产、东风启辰双轮驱动格局。汽车产业必须有龙头带动，花都需全力保障和服务好东风日产、东风启辰等龙头企业发展，支持配合企业“十三五”规划实施，重点落实好广州市政府与东风有限公司新签订的协议内容，继续坚定不移地支持先进制造业做大做强，围绕基地产业链薄弱环节开展补链强链，支持关键零部件项目增资扩产，引导高端汽车零部件项目落户，努力提升产业集群发展质量。

参考文献

《2017 年花都区 1～12 月经济运行情况简要说明》，花都区政府网站，2018 年 2 月 28 日，http：//www. huadu. gov. cn/xxgk/tjxx/jjyxqk/201802/t20180228_ 544763. html。

叶志良：《2018 年花都区政府工作报告》，花都区政府网站，2018 年 3 月 7 日，http：//www. huadu. gov. cn/xxgk/ghjh/zjgb/qzfgzbg/201803/t20180307_ 545132. html。

杨再高主编《广州蓝皮书：广州汽车产业发展报告（2017）》，社会科学文献出版社，2017。

B.15
2017年番禺汽车城发展概况及展望

郑 宇 李敏玲*

摘 要： 凭借广汽传祺自主品牌的强势崛起及广汽研究院技术研发能力支撑，番禺汽车城实现跨越式发展，未来有望成为广州汽车产业的核心板块。本文介绍近几年番禺汽车城的发展情况，分析番禺汽车城的发展形势，阐述汽车城如何通过优化顶层组织设计、坚持规划先行、营造优质营商环境、增加城市配套能力等措施实现快速发展的经验。根据汽车城的发展定位，提出巩固传统能源汽车生产实力、提升汽车零部件配套能力、增强自主研发创新能力、大力推动新能源及智能网联汽车产业、加快产城融合的发展步伐等发展思路。

关键词： 番禺区 广汽传祺 广汽菲克 智能网联 新能源

经过十年的发展，番禺汽车城取得长足的发展，现已成为广州市汽车产业的重要战略板块之一，也是广汽集团新能源战略的重要实施平台。以广汽传祺、广汽菲克为双龙头的传统能源汽车产业发展可圈可点，以广汽智联新能源汽车产业园为发展载体的新能源汽车产业迅速崛起。

* 郑宇，广州市番禺现代产业基地建设指挥部办公室副主任；李敏玲，广州市番禺现代产业基地建设指挥部综合协调部负责人。

一 番禺汽车城发展情况

（一）开发步伐不断加快

番禺汽车城总体规划面积约55平方千米，其中产业用地规划面积为10平方千米，已开发面积约5平方千米，现已入驻广汽乘用车、广汽菲克、广汽新能源3家整车工厂、广汽研究院1家国家级企业研发中心及20个汽车零部件配套项目，广汽智联新能源产业园区的落户使得番禺汽车城开发步伐不断加快。

（二）经济实力逐年提升

在“十二五”期间，番禺汽车城汽车产量由2011年的1.7万辆快速增长至2015年的18.22万辆，累计生产汽车44.02万辆，产量总体保持高速增长态势，2010～2017年累计生产汽车139.445万辆。实现汽车工业产值481.38亿元，实现税收47.94亿元。2017年完成投资25亿元，实现工业总产值764亿元（同比增长92.4%），创造税收70.2亿元（同比增长104.6%）（见表1）。

表1 2010～2017年番禺汽车产业基地概况

年份	产量		产值		税收	
	总量（万辆）	增速（%）	总产值（亿元）	增速（%）	总税收（亿元）	增速（%）
2010	0.135	—	1.89	—	0.2	—
2011	1.7	1159.3	21.82	1054.5	2	900.0
2012	3.3	94.1	45.2	107.1	3.5	75.0
2013	8.8	166.7	95.9	112.2	11.67	233.4
2014	12	36.4	128.22	33.7	12.77	9.4
2015	18.22	51.8	190.24	48.4	18	41.0
2016	41	125.0	397	108.7	34.31	90.6
2017	54.29	32.4	764	92.4	70.2	104.6
合计	139.445	—	1644.27	—	152.65	—

（三）双极驱动快速成形

1. 传统能源汽车产业发展稳步前进

番禺汽车城现有整车生产规模 51 万辆/年，2017 年共生产汽车 64.29 万辆，销售汽车 63.36 万辆，实现产值 764.11 亿元。其中，广汽乘用车公司共生产汽车 51.23 万辆（同比增长 34.55%），销量为 50.86 万辆（同比增长 37.17%），实现产值 502.26 亿元（同比增长 52.92%），其产值增长对番禺区规模以上工业总产值增长的贡献率为 55.6%。广汽菲克广州分公司共生产汽车 13.06 万辆（同比增长 351%），销量为 12.5 万辆（同比增长 301%），实现产值 164 亿元（同比增长 351%）。

汽车城内已形成中部、北部两大零部件集聚区，主要产品包括车身内外饰件、模具及工艺件等。汽车产业链条逐步延伸，引入汽车商贸物流、汽车原材料、废旧汽车城拆解等上下游项目。2017 年，零部件产业实现产值 97.85 亿元（同比增长 41.8%）。

2. 新能源汽车产业茁壮成长

载体建设持续加速。广汽智联新能源汽车产业园于 2017 年 4 月正式启动建设，基本确定智能制造、创新研发、汽车小镇三大功能领域，重点布局汽车制造、汽车研发、汽车金融、汽车文化、汽车旅游和汽车商贸六大业态。首个落户项目广汽新能源整车工厂已投入施工，一期预计于 2018 年 10 月份建成投产，实现新能源整车产能规模 20 万辆/年，远期可达 40 万辆/年。工厂将广泛应用物联网、大数据、智能机器人等智能化、数字化技术，大规模使用光伏等清洁能源，建立储能系统，构建智慧微电网，打造创新、环保、先进的汽车制造中心。

新能源研发硕果累累。广汽研究院已掌握电池、电机、电控、机电耦合和系统集成五大关键核心技术，形成插电、纯电两大产品系列，先后推出了 GA3S PHEV、GS4 PHEV 和纯电智联 SUV GE3 等新能源车型。近年来，广汽研究院持续加大研发投入，计划投资 18.5 亿元开展一期扩建、二期一阶段建设两大项目，建设综合环境模拟实验室、新能源实验室、高新技术与新能源实验室、系统及零部件开发实验室等。

二　加快番禺汽车城发展的主要做法

（一）优化顶层组织设计

番禺区切实加强汽车城的组织保障，编制《加快番禺汽车城开发建设的工作方案》，按照“行政管理+开发营运”的模式，搭建番禺汽车城三级组织架构。区领导挂帅成立番禺区汽车产业发展领导小组以及番禺汽车城管理委员会，组建番禺汽车城发展有限公司，协调全区相关职能部门统筹推进规划建设、招商选资、企业服务、土地储备、城市配套等相关工作，全面提升汽车城的管理服务水平。

（二）坚持规划先行

秉承“创新、协调、绿色、开放、共享”的发展理念，结合汽车产业生态特点，编制《番禺汽车城总体概念规划》《番禺汽车城中长期发展规划》《番禺区东北片区（番禺汽车城）概念规划》《番禺经济开发区产业发展规划》，明确发展定位，突出发展特色，完善产业功能布局。同时，完成广汽智联新能源汽车产业园控规修改及相关水系、环评、交评专项规划，邀请中山大学、华南农业大学、广东省社会科学院开展汽车城产业配套与产城融合的专题调研，保证汽车城“生产、生活、生态”的协调统一，为建设宜业宜居、产城融合的汽车新城定下基调。

（三）营造优质营商环境

一是提升企业服务成效。出台《番禺区重点建设项目管理办法》《番禺区绿色通道项目集成服务办理的实施意见》等制度，加快项目的行政审批速度，力促项目落地建设。不断充实专业项目服务队伍，专人专责为企业项目提供一站式服务。针对广汽智联新能源汽车产业园等重点项目，由区领导牵头，与企业组建工作联席会议制度。

二是加大项目政策扶持力度。研究制定新能源汽车整车及零部件产业的优惠政策，出台《番禺区加快总部经济发展工作方案》《番禺区品牌奖励管理实施办法》，优先保障重大项目的用地，全力支持广汽传祺等自主品牌的发展壮大。

三是大力鼓励引进技术人才。印发《番禺区创新创业领军人才引进支持制度》《番禺区产业领军人才贡献奖励制度》《番禺区高层次人才服务保障制度》，以加快集聚产业人才为重要突破口，推动番禺汽车城建设再上新台阶。

（四）增加城市配套

2017 年，番禺汽车城内共开展 20 项基建工程，打通南北交通脉络，“四横五纵”交通格局初步成形。启动广汽智联新能源汽车产业园二期 4800 亩的开发建设。坚持产城融合的原则，加快北部生活服务区——金雁佳园建设，提升员工生活居住质量；提前筹划南部生活服务群组——生态小镇的规划建设。

三　番禺汽车城发展形势分析

（一）发展优势

1. 广汽智联新能源汽车产业园符合当前汽车产业发展潮流

随着能源紧张和环境污染问题的日益突出，以绿色、环保为标志的新能源汽车将成为汽车产业的必然趋势。近年来，法国、英国等国家宣布禁售燃油汽车的时间表，意味着新能源汽车产业即将迎来春天。中汽协发布的行业数据显示，2017 年我国新能源汽车产销均接近 80 万辆，分别达到 79.4 万辆和 77.7 万辆，同比分别增长 53.8% 和 53.3%，新能源汽车产销量已占据整体汽车市场的 2.7%。中国成为全球新能源汽车消费第一大国。新能源汽车技术屡屡取得突破，广大消费者对新能源汽车的接受度和认可度越来越高，为新能源汽车产业的发展奠定市场基础。第四次工业革命，网络化、智能化向汽车制造业的深度渗透，催生了智能网联汽车。互联网等新兴科技企业大举进入汽车行业，智能化网联汽车、无人驾驶汽车等将进入产业化时代。2017 年 11 月 27 日，国务院印发的《关于深化“互联网 + 先进制造业”发展工业互联网的指导意见》指出，“工业互联网是以数字化、网络化、智能化为主要特征的新工业革命的关键基础设施，加快其发展有利于加速智能制造发展，更大范围、更高效率、更加精准地优化生产和服务资源配置，促进传统产业转型升级”。

2. 广州市对汽车产业的支持力度持续加大

汽车产业是广州市三大支柱产业之一。为加快汽车产业，特别是智能网联及新能源汽车产业的发展，广州市出台多项政策文件。2017 年，广州市先后发布《广州市先进制造业发展及布局第十三个五年规划》《广州市“中国制造 2025”产业发展资金管理办法和实施细则》《广州市新能源汽车发展工作方案》。2018 年，广州市又发布《广州市“中国制造 2025”产业发展资金管理办法和实施细则》《广州市加快 IAB 产业发展五年行动计划》。

3. 汽车产业发展基础逐步夯实

一方面，经过十年的发展，广汽传祺、广汽菲克已积累了一定的品牌影响力，特别是广汽传祺连续五年荣登中国新车质量研究（IQS）报告中国品牌榜首，在消费者心目中树立的口碑和品牌价值不断提升。另一方面，广汽研究院已在新能源、智能网联技术上有了深厚的积累。2017 年，广汽集团先后与华为、腾讯、中国移动、科大讯飞达成战略合作，为汽车城向智能网联、新能源汽车产业的发展储蓄“势能”。

4. 番禺汽车城具有得天独厚的地理优势

一是番禺汽车城地处广州都会区“东二环—狮子洋”生态廊道与“金山大道—莲花山”及“珠江前后航道”生态廊道的交汇处，周边拥有莲花山、珠江主航道、狮子洋水域等重点生态功能区，设有海印名车会展中心、广州市机动车驾考试场，促进汽车文化创意与休闲旅游融合，为汽车产业向旅游业、服务业延伸创造条件。

二是番禺汽车城毗邻广州大学城、思科（广州）智慧城、广州国际科技创新城、清华科技园广州创新基地，优越的创新创业环境为番禺汽车城发展智能网联汽车上下游相关产业提供了新的契机。

（二）发展短板

1. 汽车城发展基础相对薄弱

目前黄埔、南沙、增城三区各拥有一个国家级开发区，花都、从化两区分别拥有一个省级开发区，佛山、东莞、深圳等周边城市也已建成一批省级以上开发区和高新区。与周边的汽车生产基地相比，目前番禺汽车城尚处于省级经济开发区的申报阶段，规划建设起步最晚，产业及园区发展基础相对薄弱，吸引集聚能力和产业承载能力还有待进一步提升。

2. 零部件产业发展相对滞后

汽车城内零部件产业未能配合整车制造业的发展规模。2017 年，番禺汽车城整车与零部件产值比例为 1∶0. 147，远低于广州市汽车制造业比例。目前，汽车城内仅有 20 个零部件配套项目，其产品主要所属车身及附件、模具及工艺件总成，高技术含量、高附加值产品不足，本地配套率低，影响汽车产业的整体竞争能力。

3. 产业园区配套设施有待进一步完善

据预测，至 2022 年，番禺汽车城员工人数将从目前的 2 万人攀升至 10 万人。汽车城现有的员工宿舍金雁佳园、菩山花园仅能满足部分大型企业的入住需求，未能完全满足汽车城内所有企业，特别是高端人才的生活居住需求；公共交通、医疗卫生、教育、公共文体等生活资源不足，餐饮、零售、娱乐等商业服务缺乏，不利于吸引外来人才落户。

四 番禺汽车城发展思路

（一）发展定位

1. 培育广州汽车自主品牌标杆

打造世界级的先进造车体系，优化产能结构，提升产品质量，丰富产品矩阵，实现广汽传祺影响力从中国市场扩大到全球市场，形成广汽传祺核心竞争力和产品优势，为制造世界级产品打下坚实基础，助力广汽传祺进入全球市场。

2. 打造新能源智联汽车产业的硅谷

抢占智能网联新能源汽车产业的发展制高点，以广汽智联新能源汽车产业园规划建设为契机，加快培育打造千亿级智联新能源汽车产业，成为亚太地区乃至全球最重要的智联汽车和新能源汽车产业化示范基地。

3. 建设国家产城融合示范区

结合番禺汽车城的生态资源优势，完善生活、商业、娱乐配套设施布局，加速城市基础设施建设，不断优化城市功能，把汽车产业生产园区发展成为宜业宜居宜商的现代化汽车新城。

（二）发展思路

1. 巩固传统能源汽车生产实力

推动“广汽传祺”“广汽菲克”的发展壮大，以供给侧结构改革为主线，引导广汽乘用车公司、广汽菲克公司持续提高供给质量和供给效率，挖潜整车生产能力，夯实汽车制造业发展基础。鼓励整车企业融入“一带一路”和粤港澳大湾区建设，加快实现广汽传祺的海外部署，配合其进军北美市场计划，助推自主品牌的影响力从中国市场扩大到全球市场。

2. 提升汽车零部件配套能力

认真践行《广州国际汽车零部件产业基地建设实施方案》，发挥龙头企业的带动效应，做大做强汽车零部件制造产业，大力开展关键零部件领域招商，加大汽车零部件研发和本地化生产体系建设深化整零合作，提高本地综合配套率。完善智能网联、新能源汽车零部件产业用地的规划布局，切实做好关键零部件项目的用地保障，重点引入车载雷达、高精定位仪、摄像头、电机、电池、电控系统、新材料等核心零部件。

3. 增强自主研发创新能力

坚持创新驱动发展导向，充分发挥广汽研究院在技术创新中的主体地位，加快广汽研究院一期扩建、二期一阶段项目建设，加快广汽研究院美国硅谷研发中心、底特律研发中心、洛杉矶前瞻设计中心筹建和运营。重点突破动力电池、驱动电机、电控系统核心技术，加强环境感知技术、自主可控安全的车载操作系统及基础设施的研发。构建开放式的创客服务区，汇集全球创新资源、优秀研发人才，以创新创业开放平台助推技术成果转化与落地，构建智能网联与新能源创新生态。

4. 大力推动新能源及智能网联汽车产业

依托广汽智联新能源汽车产业园，加快布局新能源汽车与智能网联汽车链的各类产业要素。重点培育广汽新能源汽车公司，形成以智能网联新能源整车工厂为核心，具备完善研发创新体系，配套上下游核心零部件产业的产业带。营造新能源及智能网联发展的友好环境，研究制定新能源汽车的扶持政策，加强新能源汽车的示范推广，促进全区充电桩的布点和建设。

5. 加快产城融合的发展步伐

充分利用生态资源，打造多功能融合的生态廊道。结合汽车城周边镇村的新型城镇化建设进程，统筹开展汽车城的道路、码头、生活区、供水、排水等基础设施建设，完善各类生活居住、学校教育、医疗服务、文娱商贸等配套设施规划建设，促进以“汽车+”为特色的汽车金融、展贸、共享汽车体验、汽车旅游等产业融合发展。

参考文献

陈德俊:《2018 年番禺区政府工作报告》，番禺区政府网站，2018 年 1 月 31 日，http：// www. panyu. gov. cn/PY01/050/2018 -01/31/content_ eb0632d39ae44319b6f3e4006bed4952. shtml。

杨再高等主编《广州蓝皮书：广州汽车产业发展报告（2017)》社会科学文献出版社，2017。

B.16
2017年从化汽车产业发展概况及展望

余慧红　陈亚鸥*

摘　要： 从化区是广州汽车产业的特色板块，重点发展燃油及新能源商用车，随着广州在公共交通领域不断加快新能源汽车的推广应用，广汽比亚迪迎来重要机遇期。本文简要介绍2017年从化区汽车产业发展概况，重点分析从化区汽车产业布局规划情况、汽车产业相关政策，在此基础上展望从化汽车产业发展面临的形势、优劣势，提出强化科技创新增强汽车产业发展驱动力、加快新能源汽车充电基础设施建设、围绕广州国际汽车零部件产业基地从化园区积极开展招商引资工作等对策建议。

关键词： 从化区　汽车产业　零部件产业　广汽比亚迪

从化区的汽车产业起步较晚，随着广汽日野汽车有限公司、广州广汽比亚迪新能源客车有限公司等项目的落户和投产，汽车及零部件产业结构得到不断优化和调整，门类和产品种类日渐增多，产业平台逐步培育发展。

一　从化区汽车产业2017年发展概况

从化区的汽车及零部件企业主要分布在广东从化经济开发区的明珠工业

* 余慧红，从化区科工信局主任科员；陈亚鸥，硕士，广州市社会科学院副研究员，研究方向为区域经济。

园和高技术产业园，产业集聚度较高，是从化区的主导产业。在全区规模以上企业中，汽车及零部件行业 2017 年共实现工业总产值 63.86 亿元，同比增长 49.8%，上缴税金 7067.35 万元（见表 1）。

表 1　从化区近三年汽车产业工业产值情况表

单位：万元，%

指标	2015 年	2016 年	2017 年	2016 年增速	2017 年增速
汽车整车制造业	87740	161559	284235	84.13	75.93
汽车零部件制造业	196899	264636	354316	34.40	33.89
总计	284639	426195	638551	49.73	49.83

资料来源：从化区科工信局。

整体而言，从化区的汽车及零部件产业属于新兴产业，起步虽然较迟，但产业平台和相关配套设施日趋完善，发展速度较快。

（一）整车企业发展情况

目前从化区主要有广汽日野汽车有限公司和广州广汽比亚迪新能源客车有限公司两家整车生产企业，均位于明珠工业园，广汽日野汽车有限公司主要产品有 6×4/4×2 牵引车、6×4 搅拌车、6×4 冷藏车、8×4 自卸车、8×4 搅拌车、8×4 厢式车、6×2/4×2 中置轴轿运车、4×2 厢式车等，设计产能为 20000 辆/年；广汽日野通过落实三年重振计划，通过提升产品竞争能力、市场营销能力、成本控制能力，采取优化结构、强化营销、开拓转型、降本增效、改善机制等措施，取得了明显的效果，2017 年工业产值的增速为 57%，2018 年工业产值增速预计为 62%。

广汽比亚迪以发展全系列纯电动客车为导向，拥有全部知识产权、技术领先的 K 系列纯电动公交客车、纯电动公路客车、纯电动物流车、环卫车等，第一台新能源客车已于 2015 年 10 月正式下线，规划产能单班年产新能源客车 1500 台。2017 年广汽比亚迪公司以广州市政府推广使用纯电动公交车为契机，取得 1500 多台纯电动客车订单。

（二）汽车零部件企业发展情况

目前，从化区规模以上汽车零部件企业主要有广州万力股份轮胎有限公司、广州帕卡汽车零部件有限公司、广州从化科昂诗汽车配件有限公司、广州坤江配件工业制造有限公司等11家企业，主要生产汽车子午线轮胎、隔热垫、隔音件、中小骨架部品、铝水箱、水箱散热器、胶片、地板地毯等汽车零部件产品。其中，广州万力轮胎股份有限公司是从化他区最大的汽车零部件生产企业，隶属于广州万力集团有限公司，目前拥有从化生产基地、合肥生产基地与万力橡胶轮胎研究院，年生产半钢达1500万条，全钢200万条，年产值约为36亿元；拥有万力、万里星、钻石、SUNNY、APTANY五大自主品牌；产品通过了中国3C、美国DOT、欧盟ECE、澳大利亚ADR23、中东SASO、巴西INMETRO等国家认证，2016年6月，万力轮胎舒适系列H220（205/55ZR16和185/65R15）获得由中国汽车技术研究中心颁布的汽车绿色轮胎等级认证，成为首批通过汽车绿色轮胎等级认证的轮胎企业。配套技术在国内轮胎行业中处于领先地位。万力橡胶轮胎研究院拥有国家级企业技术中心、国家认可试验室、博士后科研工作站、广东省院士专家企业工作站、广东省工程技术研究开发中心。自制研发轮胎产品规格花纹超过5600个，最大轮辋直径为30英寸，是全国第一家开发出V速，17、18英寸W速，20、22、24、26、28英寸Y速以及跑气保用轮胎的企业。

（三）广州国际汽车零部件产业基地从化园区

广州国际汽车零部件产业基地从化园区选址于从化区明珠工业园东北部，重点发展商用车、新能源汽车及零部件产业。从化园区总规划面积5.03平方千米，分三期建设，一期面积1.05平方千米，二期面积1.51平方千米，三期面积2.47平方千米。目前，一期开发基本完成，已有广汽日野、广汽比亚迪、丰力轮胎、帕卡汽车零部件、科昂诗汽车配件、富力达汽车配件等一批具有自主知识产权、竞争能力较强的整车生产、整车改装及零部件生产企业进驻。目前，二期处于土地征地及土地整理阶段，三期作为中长远期规划。未来，广州国际汽车零部件产业基地从化园区将继续完善产业链，加速产业集群，主动承接“一带一路”建设的经济辐射力和影响力，进一步提高汽车零部件出口额，逐步形成以高端汽车零部件为主体的产品出口体系。到2020年，汽车零部件产业基地新增产值50亿元，实现关键零部件的本地化配套率达到80%。2025年，园区将建成产值超300亿元的国家级商用车及新能源汽车零部件产业聚集区。

二　存在问题及面临形势

（一）整车企业规模较小，辐射带动效应有待提升

虽然从化区目前汽车零部件行业较齐全，但由于只有广汽日野、广汽比亚迪两家整车企业，且两家企业在行业中的规模较小，2017年工业产值占全区规模以上工业产值的9.1%，对本地汽车零部件企业的配套拉动作用有限，整体规模仍然偏小。为此，从化区的汽车及零部件产业亟须引进大龙头企业，以带动整体产业的发展。此外，产业园区公共配套设施不完善，道路存在断头路问题，路网建设、公共交通、供水供电、污水处理等方面还需要进一步完善。园区娱乐设施，商业中心、购物超市、电影院、宾馆、饭店等也需进一步完善，教育资源、居住和生活配套能力亟待加强。

（二）新能源汽车补贴力度减弱，对本地新能源汽车企业造成影响

我国新能源汽车产业在近几年之所以能够快速发展，主要得益于国家出台了密集的宏观产业政策，但产业政策的不完善导致新能源汽车产业存在不少乱象，国家重新修订了新能源汽车补贴及相关政策，导致国家对新能源汽

车的补贴大幅退坡，新能源汽车企业的成本增加，企业的盈利将大幅度不断减少。

（三）新能源汽车充电桩设施不足，对推广新能源汽车造成不利影响

新能源汽车充电设施是促进新能源汽车发展的重要保障，但从化区目前新能源汽车充电设施不足，对公共及私人领域推进新能源汽车普及造成不利影响。目前从化区建成并投入运营的充电桩有432个，但是公交车的充电桩只有顺途公交公司和广汽比亚迪公司两个点12个公交车充电桩，给从化区纯电动公交车的推广使用带来不便。此外，在商住小区及风景名胜区的充电设施建设还很少。

（四）区域竞争日益激烈

为争夺汽车及零部件产业发展先机，各园区加大招商引资力度，积极引进汽车整车及零部件企业，区域竞争日益激烈。与珠三角周边园区相比，从化明珠工业园汽车及零部件企业规模不大，专业化程度不高，汽车产业整体研发能力较弱，产业集聚水平较低。总体来说，园区产业发展基础较为薄弱，产业整体竞争力有待提升。

三　对策建议

（一）强化科技创新，增强从化区汽车产业发展驱动力

国家对新能源汽车的财政补贴不断减少，可以看出新能源汽车由政府主导逐渐转向市场驱动，同时市场的竞争也使汽车产业需不断加大科技投入，强化科技创新，增强发展驱动力，积极提高现有车型配置，并针对物流、环卫等不同行业特点细化车型，不断开发新产品，加强企业内部管理，不断降低成本，以实现利润最大化。

（二）加快新能源汽车充电基础设施建设

为推动从化区新能源汽车的使用，从化区须积极推进充电桩基础设施的建设，尤其是公交车充电桩的建设，加快推进今年区交委 76 个公交充电桩的建设。

（三）围绕广州国际汽车零部件产业基地从化园区积极开展招商引资工作

依托明珠工业园区现有汽车及零部件产业基础，围绕广州国际汽车零部件产业基地从化园区大力开展靶向招商、产业链招商，积极组织或参加汽车及零部件专项招商活动，优先引进新能源及商务汽车高端零部件项目，推动新能源及商务汽车产业链延伸，带动配套装备、试验检测等上下游产业链整体提升，促进新能源及商务汽车及零部件产业集聚、集约、集成发展，着力打造华南地区最大的商用车及新能源汽车制造基地，争取成为广州汽车版块中的重要一员。

参考文献

广州市从化区统计局：《从化区统计月报》（2017 年 12 月），从化区人民政府网站，2018 年 3 月 17 日，http：//www. conghua. gov. cn/zgch/tjsj/201803/0317c02d49a540ceae426c9035f868f7/files/34e8c6a0c8c74f3da4526412cc03628d. pdf。

蔡澍：《2018 年从化区政府工作报告》，从化区人民政府网站，2018 年 3 月 5 日，http：//www. conghua. gov. cn/zgch/gzbg/201803/68dfee3fb9844de2aa0ed7b58a42c827. shtml。

杨再高等主编《广州蓝皮书：广州汽车产业发展报告（2017）》，社会科学文献出版社，2017。

B.17
2017年增城汽车产业发展概况及展望

杨　颖*

摘　要： 增城区是广州东部汽车产业集群的重要组成部分。本文简要分析2017年增城汽车产业发展概况、面临问题与不足。增城汽车产业规模总体上呈现持续增长态势，但仍然存在零部件配套能力有待加强、技术研发水平有待提高、专业人才培养机制有待完善等问题，结合国内外汽车产业发展形势对增城区汽车产业下一步发展进行展望并提出积极发展智能网联汽车产业、进一步发展新能源汽车产业、完善汽车检测产业的强链及补链、创新汽车产业招商引资工作、推进"互联网+"与汽车产业融合发展等对策建议。

关键词： 增城区　汽车产业　广汽本田　北汽乘用车

汽车及零部件产业是增城区三大支柱产业中最重要的产业，也是广州市汽车产业的重要板块。得益于增城区制定实施的汽车产业发展专项规划、汽车产品结构的不断调整和更新、基础设施的逐步完善及特有的区位优势和交通优势，2017年增城区汽车产业取得新进展，在生产、研发、配套设施建设方面均取得新的突破，为增城打造千亿级汽车产业集群提供了强大支撑。

* 杨颖，广州市增城区科技工业和信息化局主任科员。

一　增城区汽车产业发展概况

（一）产业规模持续增长

增城区现有广汽本田增城工厂、北汽两家整车生产企业，两家改装车企业及 150 多家汽车零部件生产企业。目前，增城区具备轿车、SUV、MPV、新能源车、特种车及改装车生产资质，汽车产品涵盖高中低级别市场，其中豪华汽车品牌有广汽讴歌，中高端车型广汽本田的雅阁（包括非插电式混动车型）、冠道、歌诗图、奥德赛等，中低端有广汽本田的凌派、飞度及广本理念 S1，北汽绅宝、北汽威旺 SUV 及北汽新能源车。2017 年增城区整车产量为 42.82 万辆，同比增长 3.21%；汽车制造业产值同比增长 12.7%，其中汽车零部件产值占比达到 30%。

（二）产业链日益完善

增城区紧紧围绕国家级经济技术开发区，通过构建广州国际汽车零部件产业基地增城园区、广本研发创意产业园、广州东部（增城）汽车产业基地、新能源汽车电池华南生产基地四大集聚园区，推动增城汽车产业链日益完善。目前，增城区已集聚了日立汽车系统、广州电装、福耀玻璃、中新零部件、驭风旭、提爱思等骨干零部件企业，涵盖了汽车的发动机系统、车身系统、底盘、电气设备及新能源汽车关键零部件配套企业，配套对象遍及珠三角 13 家整车企业及国内各大知名内外资整车企业。除此之外，增城区还配套有汽车租赁、研发中心、检验检测、物流配送、汽车展示平台、汽车销售、专业市场等相关上下游企业，形成了较大规模的汽车产业集群。

（三）研发检测集聚发展

研发检测是现代汽车产业的重要组成部分，对推进技术研发有重要支撑作用。工信部电子五所项目有序建设，电子五所下属广州五所环境仪器有限公司、广州赛宝实业有限公司、广州赛宝计量检测中心服务有限公司和广州赛宝认证中心服务有限公司等已迁往增城，业务覆盖电子五所“计量、检测、认证、科研、研制”等核心业务，是电子五所下属核心骨干企业。中国汽车技术研究中心华南总部基地项目，增城开发区建立以汽车及新能源汽车检验检测为核心的区域性总部。

二 2017年汽车产业重点工作

（一）产业园区建设

按照广州国际汽车零部件产业基地增城园区规划，增城重点建设12.9平方千米高端汽车零部件产业园区，其中增城园区开发区启动区已完成征地工作，园区的道路等基础设施建设完善，已开始承接新引进的汽车零部件项目落户。

（二）品牌建设

2017年9月，增城区成功承办了以“夯实基础　创新融合，推进汽车产业链协同发展”为主题的中国汽车零部件行业年会暨高峰论坛，年会期间举行了“中国汽车零部件制造基地（增城）”授牌仪式。举办行业高端年会和成为认定的中国汽车零部件制造基地，极大地提升了增城汽车及零部件产业在行业的影响力。

（三）大力招商

增城区高度重视招商引资工作，组建了区科工信局、区商务局、增城开发区招商三支招商队伍，大力实施汽车零部件项目招商。2017年全区成功引进日立汽车马达系统开发及生产基地项目、广州瑞峰新能源项目、三泰运营及研发总部项目、广东蓓思图化工有限公司、东风贝尔公司广州工厂项目及英纳法汽车天窗项目等汽车零部件项目，分别从新能源汽车专用电机、动力电池、汽车内饰、车身涂料、热系统、天窗等方面增强增城区汽车产业链。

（四）发展新能源汽车产业

广汽本田增城工厂新推出的本田雅阁混动汽车，丰富了增城区新能源汽车的产品类型。增城区新引进的日立汽车马达系统开发及生产基地项目和广州瑞峰新能源项目，分别开展新能源汽车专用电机和动力电池的研发、生产，进一步提升增城区新能源汽车产业集群的核心竞争力。增城区还积极在全区推广新能源汽车分时租赁业务示范应用，鼓励社会资本、企业积极参与投资新能源汽车充电站点的建设，2017 年建成并投入使用充电桩 550 个，为新能源汽车在增城区的推广应用打开良好局面，而北汽卫蓝出行的新能源汽车分时租赁业务已拓展到珠三角主要城市。

四　存在的问题

对比其他地区的资源禀赋和要素条件，增城区发展汽车及其零部件产业依然在配套能力、研发水平、人才结构等方面存在“短板”。

（一）关键零部件配套能力有待提高

关键汽车零部件本地配套率较低，企业种类少，配套覆盖面小，为整车配套服务一级配套企业不多，为一级企业配套服务的二、三级配套体系不完善，没有形成完整的配套体系。产品技术含量不高，多数属于汽车关键零部件产品中技术层次较低的第二、三类产品。

（二）技术研发水平有待提高

增城区汽车产业骨干企业主要是合资企业，核心技术主要依赖外方企业，缺乏自主品牌和知识产权。零部件企业研发投入相对不足，研发能力较弱，专业汽车研发配套缺失，缺乏公共技术服务平台。目前，零部件产品大多技术含量较低，高技术含量、高附加值产品还不足，新能源汽车、智能及网联汽车等新型领域的产品还较为缺乏，尤其是自主品牌车企在智能汽车领域更是起步晚、实力弱，不具有超前的创新能力。

（三）专业人才培养机制有待完善

由于历史和区位原因，增城区人力资源总体受教育水平和整体素质与中心城区相比偏低，汽车产业人才资源难以满足汽车产业发展需要。增城区高水平的高校、科研机构相对较少，科技资源不足，缺乏地方科研院所的技术和人才支持，从事研发工作的高级技术人员尤为缺乏。此外，经营管理人才、熟练技术工人及精通日、德、韩等语种的外语人才也相对比较缺乏。

五　下一步发展思路及建议

（一）积极发展智能网联汽车产业

目前广州市正在加紧建设“广州市创建基于宽带移动互联网的智能网联汽车与智慧交通应用示范区”，增城是广州创建该智能网联示范区的重要区域，将积极主动融入智能网联示范区建设，并按广州市统一部署，做好相关工作。

（二）进一步发展新能源汽车产业

以北汽新能源汽车、广汽本田混合动力车为基础，围绕新能源汽车生产、运营及充电网络三大环节，大力开展新能源汽车产业链招商，进一步发展壮大新能源汽车产业。促进新能源汽车示范推广，积极推动广汽本田增城工厂、北汽（广州）汽车有限公司研发生产新能源汽车车型，建设开放性新能源汽车应用示范平台。引进汽车及新能源汽车研发设计、系统集成、动力电池等为主的新能源汽车产业，形成新能源汽车产业链条。以中国汽车技术研究中心华南总部基地为龙头，组建汽车及新能源汽车研发检测平台。

（三）完善汽车检测产业的强链、补链

加快推进中国汽车技术研究中心华南总部基地和工信部电子五所项目建设，利用中汽中心和电子五所的影响力和支撑，针对上下游检测产业，引进一批汽车核心零部件和技术检测、技术服务型项目，提高汽车产业价值链。

（四）创新汽车产业招商引资工作

一是利用中国广州国际投资年会、达沃斯论坛、广州国际汽车零部件及售后市场展览会、北京及上海国际汽车零部件展览会等大型平台，积极引导汽车关键零部件、新能源汽车、智能网联汽车等龙头企业在增城落户。二是做好引智引技工作，吸引国内外汽车科研单位与本地企业共建研发中心，提升本地科研创新能力。三是加快规划建设广州国际汽车零部件产业基地增城园区，大力引进汽车核心零部件项目，打造招商引资平台。

（五）推进“互联网+”与汽车产业融合发展

一是重点依托广汽本田、广汽乘用车等整车企业，推进汽车企业智能车间（智能工厂）建设，推“互联网+”在增城汽车制造业融合发展，加快智能制造、智慧物流系统等技术和装备在生产过程中的应用，实现柔性制造。二是深化“互联网+”融合应用，顺应汽车数字化、智能化发展趋势，加快推进移动互联网、云计算、大数据等与汽车产业相结合，加速推进智能网联汽车、汽车大数据平台等应用，在汽车行业率先开展物联网技术和产业化应用。

参考文献

陈勇:《2018 年增城区政府工作报告》,增城区人民政府网站,2018 年 2 月 5 日,http://www.gz.gov.cn/gzgov/s2822/201802/07f549bcfa4e48aaa574f571a03a131b.shtml。

杨再高等主编《广州蓝皮书:广州汽车产业发展报告(2017)》,社会科学文献出版社,2017。

企 业 篇

Enterprises Reports

B.18 国际化汽车企业集团发展之路研究

冯兴亚 欧阳惠芳*

摘 要： 2017年是广汽集团成立20周年，20年前的广汽集团还是一家负债近30亿元的汽车企业。20年来，广汽集团坚持“合资合作和自主创新”不动摇，以建立具有全球竞争力的世界一流企业为目标。通过合资合作引进国际技术，购买国际技术开展自主创新，聚集全球精英，引进国际人才，借助国际平台打造世界品牌，借助“一带一路”开拓国际市场，已形成整车、研发、零部件、商贸、金融五大板块的完整产业链。2017年，广汽集团汽车产销突破200万辆，同比增长21%，成为世界企业500强排名第238位的国际化企业集团，连续五年进入《财富》世界500强。

* 冯兴亚，广州汽车集团股份有限公司总经理；欧阳惠芳，广州汽车集团股份有限公司教授级高级工程师。

关键词： 广汽集团　企业国际化　企业集团

一　国际化企业概述

当一个企业在管理、生产、销售等方面加强国际化合作，开展国际化合资经营，引进或购买国际技术，聚集国际人才，借助国际平台打造产品品牌，开拓国际市场，实现国际化，可称之为国际化企业。国际化企业即企业的生产经营活动不局限于本国的范围，而是面向全球经济舞台，通过全球市场，整合各种生产要素，开展生产管理和产品销售，获取经济利益。

国际化企业通常利用人才、技术和服务等非物质性的生产要素去开展国际化活动，同时又通过厂房、设备、资金等物质性的生产要素去实现国际化功能。国际化企业一方面通过间接或直接进口非生产性要素或生产性要素去满足国际化要求，如合资合营、购买产品技术和专利、进口贸易、"三来一补"等。另一方面，通过间接或直接出口非生产性要素或生产性要素去完成国际化经营，如出口贸易、在国外设立机构、签订国际合同、开展技术转让、建立海外企业等。

建立国际化汽车企业，就是在经济全球化的大环境下，汽车企业积极参与世界分工体系，在国内经营的基础上开展全球化经营。汽车企业通过制度创新、品牌创新、技术创新及培育人才来融入国际大环境，通过选择国际市场目标、选择进入国际市场的方式和竞争方式等具体市场操作手段来实现国际化经营目标。

因此，汽车企业实现国际化发展战略是应对经济全球化的必然选择，国际社会化大生产网络的形成为汽车企业提供了条件，国际化突破了以自然资源、产品为基础的分工格局，汽车企业积累的技术、资本和产品需要更大的市场容量。从全球汽车产业的经营实践看，国际化汽车企业在全球经济活动中的作用日益凸显。

二　广汽集团历史发展沿革

广汽集团与广州汽车产业的发展紧密相连，折射出广州汽车产业的变迁。

（一）成立广州汽车集团有限公司

1954 年，广州第一汽车修理厂手工装配出第一辆“华南牌”铁木结构的大客车，年产 30 多辆，改变了广州市公交车完全依靠进口的局面。1960 年，“华南牌”客车改型为金属结构的“越秀牌”大客车，使广州市公交车的技术水平又前进了一大步，“越秀牌”大客车曾经作为中国外交部礼宾司迎送外国贵宾的常用车辆。1966 年，“越秀牌”客车改型为“广州牌”大客车，年产量达到 500 多辆，产品打入部分省市的公交系统，“广州牌”大客车曾经作为国务院总理赠送给利比里亚国家元首的礼物。之后，广州汽车制造厂、广东省客车厂分别生产“珠江牌”和“高登牌”大客车，广州客车技术水平不断提高，产品品种增多，产品畅销祖国各地，美誉传遍全国。

1969 年，同生机器厂改名为东方红机器厂，批量生产“红卫牌”货车。1974 年，“红卫牌”货车载重量改为 4 吨，车身也适当加长，最高年产量超过 2000 辆。1984 年，广州市汽车制配厂成立，1989 年改名为广州羊城汽车厂，生产“羊城牌”轻型货车，最高年产量超过 6000 辆。

1983 年 4 月，广东省人民政府将广州标致汽车“项目建设书”上报国家外经贸部、国家计委和国家经委。1985 年 7 月 22 日，工商部门给广州标致汽车有限公司（以下简称广州标致）核发了营业执照，广州成为全国小汽车生产定点的“三大三小”之一，最高年产量超过 2 万辆。1993 年开始，广州标致汽车库存积压，经营恶化，负债累累，积重难返，最后不得不重组调整。广州标致曾辉煌一时，在中国汽车工业的发展史上有过一定的历史功绩。随着广州标致合资项目的失败，在“广州能不能搞汽车工业”的一片质疑声中，广州市人民政府为打造汽车工业生态产业链，培育广州市支柱产

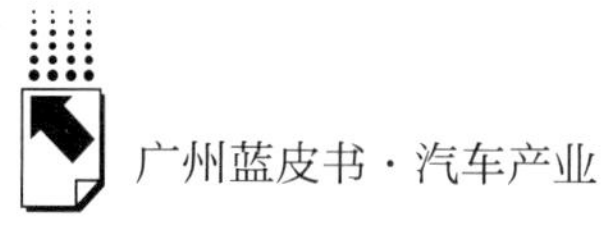

业，于1997年6月28日重组交通系统、建设系统和机电系统的汽车及零部件企业，成立广州汽车集团有限公司（以下简称广汽集团）。广州汽车工业从近30亿元的负债重新起步。

（二）成立广州本田汽车有限公司

1998年7月1日，广汽集团在重组广州标致的基础上，与日本本田汽车合资成立广州本田汽车有限公司（2009年更名为广汽本田汽车有限公司，以下简称广汽本田），坚持走“少投入、快产出、滚动发展”的道路，坚持“起步就与世界同步”理念，同时引进日本本田最新车型、产品随动生产制造技术及先进和成功的品质管理标准，根据自身情况和世界质量管理方法趋势，建立起一套行之有效的质量管理体系，首创“四位一体”的4S销售模式，产品行销全国，取得很好的成绩，掀开新的发展篇章，产生良好的带动效应，吸引了日本的日产汽车、丰田汽车、五十铃客车、日野载重车相继来广州投资。

（三）合资合作与自主创新共同发展

2000年6月8日，广州市政府国有资产授权重组广汽集团、广州五羊集团有限公司成立广州汽车工业集团有限公司；2004年4月25日和9月1日，广汽集团与丰田汽车先后合资成立广汽丰田发动机及广州丰田汽车有限公司（2008年更名为广汽丰田汽车有限公司，以下简称广汽丰田），广汽丰田于2006年6月正式投产，当年就实现盈利，成为当时中国汽车行业的佳话，取得了巨大的成功，也为之后成立广汽菲亚特克莱斯勒汽车有限公司和广汽三菱汽车有限公司树立了标杆。

2005年6月28日，广汽集团经过股份制改造，更名为广州汽车集团股份有限公司（仍称广汽集团），为广汽集团开展自主创新事业提供了机制和体制保障。广汽集团在合资合作中取得了巨大成功，为广汽集团的自主发展及在资金、人才、技术和管理等方面提供有效资源打下了基础。为打造自主品牌乘用车，广汽集团开始建设自主研发和生产基地。2006年7月10日，广汽集团成立广汽研究院，标志着广汽集团加大自主研发的投入，迈向自主研发和自主品牌发展的新阶段。2008 年 7 月 21 日，广汽集团成立广汽乘用车，广汽集团投入巨资建设乘用车生产基地，实施合资和自主品牌双轮驱动发展模式，完善了广汽集团产品线，有利于降低市场、经营风险及广汽集团的长远发展。随着合资合作和自主创新整车企业的不断成立，一大批零部件配套、汽车服务、金融保险企业也相继建立，形成广汽集团完整的生态产业链。目前在全国 31 个省份，广汽集团拥有超 2400 家经销商，带动零部件配套供应等相关行业就业人口近 70 万人。

秉承“人为本、信为道、创为先”企业理念，经过 20 年发展的广汽集团形成了涵盖研发、整车、零部件、商贸、金融等板块的完整汽车产业链，也是国内首家同时在香港 H 股和上海 A 股上市的大型国有汽车企业集团。20 年前的广汽集团汽车产销仅为 1 万辆、销售收入仅为 27 亿元、亏损 29 亿元，而 20 年后的广汽集团已成功跻身世界 500 强企业行列且排名不断提升，汽车产销已突破 200 万辆、销售收入为 3500 亿元，从 2013 年起连续五年入围世界 500 强，2017 年排名上升至第 283 位。

三　广汽集团国际化发展实践

20 年来，广汽集团坚持“合资合作和自主创新”不动摇，以建立具有全球竞争力的世界一流企业为目标，通过合资合作引进国际技术，购买国际技术开展自主创新，聚集全球精英引进国际人才，借助国际平台打造世界品牌，借助“一带一路”开拓国际市场。

（一）引进国际技术开展合资合作

广汽集团在开展合资合作过程中，首先采用中外合资股比对等方式引进跨国汽车企业的汽车产品及制造技术，先后与本田汽车、丰田汽车、日野汽车、三菱汽车及菲亚特汽车等国际先进的汽车企业建立合资企业。其次，积极吸引多种经济成分参与国有企业的改制重组，共同开拓国际市场。广汽集团与跨国汽车企业的合资合作具有重要意义，一方面吸取了先进的管理经验及生产制造技术，另一方面打造了一系列在国内汽车行业具有标杆作用的合资合作发展模式。如合资企业成立初期就引入跨国企业的全球同步车型，如广汽本田引入的雅阁和广汽丰田引入的凯美瑞等车型成为国内中高级轿车的销量排行榜常青树，随后根据国内汽车消费市场升级发展趋势将原来单一产品结构延展至轿车、SUV、MPV多种车型。而合资企业开创的4S特约销售服务模式，深刻影响了中国汽车市场的发展，成为行业标杆。

广汽集团在引进国际技术的同时，向合资合作企业输出产品技术，翻开了国际化相互合作崭新的一页。广汽研究院已逐步实现向合资企业输出自主品牌新能源车型及技术，陆续帮助合资企业解决新能源车型不足的问题，这种合资汽车企业导入中国汽车自主品牌产品的发展模式成为国内汽车集团的首创。协助广汽丰田开发纯电动车产品GT03；广汽三菱从广汽集团导入PHEV技术，在广汽三菱生产制造的首款车型——祺智PHEV已上市正式销售；广汽菲克也正在加快速度导入广汽集团的PHEV技术，标志着广汽集团合资企业进入了国际合资新阶段。同时，广汽集团在推进国际化品牌全新战略中，将合资股东双方的品牌标识应用于广汽本田、广汽丰田、广汽日野、广汽三菱、广汽菲克等合资企业产品，有利于进一步增强广汽品牌国际影响力。

2017年广汽集团与国际汽车阵营中日系、欧美系合资合作的整车企业全部实现正增长。日系合资品牌方面，广汽本田销量超过70万辆，实现两位数增长，顺利完成2017年初制定的目标；广汽丰田累计完成销量近45万辆，实现质与量的均衡稳健增长；广汽三菱再次突破10万辆大关，达到11.5万辆，大幅超额完成目标，增幅为105%。基于传祺GS4车型打造的广汽三菱“祺智”于2017年12月19日成功下线，进一步体现广汽集团对中外合资公司的支持和贡献，更开启了中国汽车产业合资历史新的篇章。欧美合资品牌方面，随着广汽菲克Jeep品牌车型的增多，尤其是广州生产的指南者实现大幅度增长，广汽菲克销量突破20万辆，增幅达到36%。

另外，广汽集团开展全球广泛合作，自成立以来，广汽集团零部件公司先后与电装、东京座椅、丰田纺织、普利司通、斯坦雷、昭和、三叶、林天连布、安道拓、菲亚特克莱斯勒控股、麦格纳、木桥和台湾东阳等著名零部件企业成立了近 40 家合资企业。

（二）购买国际技术实现自主创新

广汽集团在成功开展国际化合资合作的基础上，整合全集团资源发展自主品牌，同时整合全球资源开展自主研发核心技术的资本运作，开创性地探索和实践了如购买国际汽车企业先进的整车和发动机产品技术，购买国际先进的产品设计服务等国际化合作模式。一开始就坚持正向开发和自主创新，以中高级车型切入市场。截至 2017 年底，广汽集团用以自主研发的投资累计达 130 亿元，成功将广汽研究院打造成为国家级企业技术中心，整体研发实力跻身国内汽车企业前列。与此同时，依托高水准的整车及发动机工厂成功推出自主品牌传祺。广汽传祺系列车型在 2010 ~ 2017 年实现跨越式发展，销量从 1.7 万辆快速增长至 50 万辆，打造了国内汽车行业瞩目的“传祺速度”发展新模式。依托国内 SUV 长期热销趋势，成功将 GS4、GS8 等打造成为明星车型，GS4 年销量突破 30 万辆规模。

广汽集团致力于从单一整车制造到全产业链的升级，通过与日本、法国等国家的保险经纪企业、金融企业等合资合作，成为国内汽车行业首家拥有涵盖汽车金融、汽车保险、融资租赁、股权投资等多块非银行业金融牌照的汽车企业集团，不断推动集团制造业和服务业形成良性互动发展新格局。

广汽集团积极在汽车新兴领域谋划布局，以“智能制造 + 创新研发 + 生态小镇”为特色的智联新能源汽车产业园已进入施工建设阶段，重点围绕汽车研发、汽车制造、汽车金融、汽车商贸、汽车文化、汽车旅游等领域开展新兴业态培育。此外，广汽集团在 2016 年初获得代表世界顶级智能汽车水平的科研联盟 MTC（美国移动交通中心）组织认可，成为国内车企中仅有的两家组织成员之一。

（三）布局国际中心引进国际人才

广汽集团自主创新的前瞻性布局在三年前就开始启动，其中位于硅谷的研发中心已于2017年4月正式运营，定位集聚国际人才、整合全球前瞻技术、加强对外开放合作，承载着技术研发、设计以及产品企划等工作。而底特律研发中心、洛杉矶前瞻设计中心等海外项目也正在推进中。

国际化布局，首先要看企业能否有国际人才的流入。2017年广汽集团在美国硅谷、底特律、波士顿三地首次举行大规模海外人才招聘，开展大规模的招聘面试，范围包含工程、技术、研发及网络和销售等方面的国际化人才，面向全球吸纳和引进智能网联、新能源、车辆工程与工艺、市场与传播、金融与保险等领域的高端人才。吸引来自北美各城市近700位精英人才参与应聘，最终23人被录用。

（四）借助国际平台打造世界品牌

随着中国汽车产业进入全球化竞争时代，竞争可谓激烈。尤其是最近几年，传统企业受到互联网模式的冲击，汽车产业也处在变革与颠覆的关口，转型成为躲不掉的命题。在此过程中，广汽集团通过不断完善产品品质和提升品牌实力，广汽品牌凭借快速增长的销量已获得业内认可。

广汽乘用车三度参加北美车展，广汽传祺旗下GA4、Enverge概念车、GS8、GM8、GA8、GS7、GS4等一系列量产车型先后亮相，展出规模和产品数量已经超过现代汽车，并成为北美车展110年来第一个进入主展馆的中国汽车品牌。广汽乘用车传祺在2017年北美车展上全球首发插电式混合动力概念车EnSpirit、“纯电动新能源SUV”传祺GE3、“硬派5座SUV”传祺GS7三款全新车型，并展示了传祺GA8和新能源动力总成。此外，北美车展组委会执行主席罗德·艾伯茨还亲自为广汽传祺站台，这对广汽传祺进军北美新能源汽车市场是有帮助的。

2017年广汽集团旗下的传祺品牌成为2017年广州《财富》全球论坛的唯一官方赞助用车品牌，广汽集团董事长曾庆洪在2017年博鳌亚洲论坛中与世界汽车行业代表纵论第四次工业革命给行业带来的机遇和挑战。

美国作为一个非常成熟的汽车消费市场，拥有最严格的排放制度、最先进的审查机制及最苛刻的汽车碰撞试验等，只有征服美国汽车市场才算得上真正成功的全球汽车品牌。中国汽车品牌一直在冲击美国市场，至今还没有成功案例。广汽传祺将按照全球研发体系、海外服务体系、海外营销体系、全球生产体系、全球采购 & 供应链体系五大体系实施海外扩展战略。在广汽传祺的国际化战略中，进军美国市场是最重要的一步。广汽集团花费三年多时间去研究北美的相关法规法律、产品适应性等，广汽乘用车传祺的产品技术已经成熟，也有了广泛的市场积累，也是中国自主品牌向更高标准所进行的又一轮尝试。后续会在伊朗、俄罗斯建厂进行本地化组装生产，为广汽传祺在当地的发展提供保障。同时，广汽传祺将成立一些海外公司，也会在一些重要的州建立办事机构，以此来保障广汽传祺的海外发展。2017 年 12 月，总市值在 1600 亿元以上的广汽集团相继被纳入 MSCI 中国 A 股指数和香港恒生国企指数。

（五）借助“一带一路”开拓国际市场

依托“一带一路”倡议新机遇，广汽集团积极抢抓新发展机遇并谋求国际化发展。其中，广汽乘用车提出“三步走”的海外市场战略，首先是进入中东、北非等“一带一路”沿线国家，其次则依托已布局和突破的重点市场，并通过扩大海外市场业务规模以培育广汽自主品牌传祺的中高端品牌形象，最后则是瞄准北美及欧洲发达地区汽车市场，进而在全球范围内布局构建研发、生产及销售网络，积极推动传祺跻身全球一流汽车品牌行列。目前，广汽乘用车已在尼日利亚建立组装工厂并成功试产，GS5、GS4、GA3 等车型相继导入。在北美建立以前瞻技术研发和设计创意为重点研发中心，还与全球知名零部件企业签署了战略合作协议，如爱信精机、电装、大陆等知名汽车零部件企业。此外，广汽乘用车根据不同国家和地区的汽车消费需求，有针对性地开发多样化精品车型，不断加快高品质产品导入步伐以满足消费者多样化需要，同时还高度重视品牌建设和推广。

广汽乘用车围绕汽车销售服务和汽车售后服务两方面投入大量资源进行建设。其中，在汽车销售渠道布局方面，广汽乘用车通过创建“GAC-DS（Diversity store）”的海外渠道模式不断满足汽车消费者多元化需求。在汽车售后服务方面，以“客户第一”为核心服务理念，广汽乘用车努力实现客户关怀感情化、本地化，服务流程标准化、国际化。针对“一带一路”沿线区域市场，通过实施聚焦中东地区、辐射阿盟周边市场的区域渠道策略，围绕中东、东欧、东南亚、美洲、非洲五大板块 14 个国家初步构建起围绕中东国家的全球销售网络和服务体系。

四 结束语

2017 年，在国内乘用车市场整体增速放缓的情况下，广汽集团却实现快速发展，全年汽车产量达 201.7 万辆，同比增长 21.54%，销量达 200.1 万辆，同比增长 21.27%；产销首次突破 200 万辆，创历史新高。阔步跨入“两百万辆俱乐部”、增速位居大型汽车集团首位、四年间销量增长了 100 万辆，回首刚刚过去的 2017 年，广汽集团无疑奏响了汽车企业“最强音”。广汽集团站在 20 周年的新起点上，聚焦广汽“十三五”规划“1513”发展战略，制定了两个“十年阶段性目标”，其中第一个阶段目标争取在集团成立 30 周年之际（2027 年）进入世界企业 100 强；第二个阶段性目标则是争取在集团成立 40 周年之际成为具有全球竞争力的世界一流企业。

参考文献

刘宇飞：《中国汽车企业国际化的路径选择研究——基于北京汽车和吉利汽车的案例分析》，《当代财经》2017 年第 10 期。

李蕾：《国际合资企业的合作拓展与产品国际化——以上海通用汽车公司为例》，《国际经济合作》2017 年第 9 期。

武凯莉：《全球价值链下中国汽车企业国际化路径研究》，硕士学位论文，广西民族大学，2017。

张向峰：《中国汽车企业国际化策略研究》硕士学位论文，华东理工大学，2016。

杨再高等主编《广州蓝皮书：广州汽车产业发展报告（2017）》，社会科学文献出版社，2017。

B.19 广汽传祺自主品牌汽车高端化突破研究

李新宇　欧阳惠芳*

摘　要： 2017年中国乘用车市场产销持续低迷，同比仅实现1.40%的增长，而中国品牌乘用车销量同比增长3.02%，达到1084.67万辆，增速继续高于整体市场水平，市场占有率实现连续三年攀升，达到43.9%。广汽集团自主品牌传祺在2017年实现同比增长37%，远高于行业平均增速，总销量达到50.86万辆。传祺品牌2017年的销量在中国自主品牌里不算最多的，增速也不是最快的，但是其“含金量”却是最高的，平均单车售价接近15万，特别是传祺GS8成功突破中国品牌20万元价格天花板，上市14个月销量突破11万台，长期蝉联大7座SUV细分市场销量冠军，实现了中国自主品牌高端化真正意义的突破。本文从中国自主品牌汽车高端化概述、广汽传祺产品规划、广汽传祺高端化发展战略和广汽传祺高端化发展实践四个方面来研究广汽自主品牌汽车高端化的突破路径，为中国其他自主品牌实现高端化突破提供借鉴。

关键词： 高端化　自主品牌　广汽传祺

* 李新宇，广州汽车集团股份有限公司助理工程师；欧阳惠芳，广州汽车集团股份有限公司教授级高级工程师。

广汽集团自主品牌传祺2006年正式起步，2010年底推出第一款车，2013年开始实现盈利，2017年产销汽车突破50万辆，年复合增长率超过75%，2017年对广汽集团盈利的贡献度排在第一位。广汽传祺的高营利性源于其品牌的高端化发展战略，旗下热销车型的单车价格均处于同级别中国品牌车型较高水平。特别是2017年广汽传祺高端品牌战略全面发力，中高级乘用车GA8、GS8、GM8产品在细分市场叫板合资产品，GS8单车售价突破中国品牌20万的价格天花板，传祺品牌的高端化突破，不仅大幅提升了盈利水平，还大幅提升了传祺品牌知名度，其销量更是迅猛增长。本文对自主品牌积极“向上”发展的势头进行研究，同时分析传祺品牌的高端化战略及发展实践，为中国自主品牌汽车向高端持续发展提供经验和借鉴。

一　自主品牌汽车高端化概述

目前中国自主品牌汽车企业具有竞争优势的产品主要集中于A0级、A级车型或部分SUV细分车型，所谓自主品牌高端化是指自主品牌汽车企业通过各种途径进行产品创新，积极开发B级车型甚至更高级别车型，提升自主品牌汽车品牌形象和增强品牌溢价能力的企业活动。

一直以来，自主品牌在人们心中都是“廉价”“低质”的形象，同样一款车自主品牌价格比合资品牌低很多。低价格就意味着低收益、低成本，同样卖一辆车，合资品牌就比自主品牌要赚得多，收益高。长此以往，合资品牌有更多的钱投入研发生产，降低成本，自主品牌只能靠更低价格更低收益来赢得一些市场，进入恶性循环。虽然当前自主品牌仍然以中低端为主，但是随着消费者对产品要求的提高及企业自身能力的提升，无论是提升品牌形象，还是缓解生存压力，自主品牌高端化都是必由之路。

自主品牌汽车高端化之路并不平坦。从最早的红旗开始，自主品牌就在计划向高端冲击，可在技不如人的前提下被市场一次次驳回。2008年前后，华晨中华、奇瑞东方之子、江淮宾悦等国内许多自主品牌向高端突围不成功，技术实力不足、品牌溢价能力不足是主要原因，后续的荣威950、奔腾B90、绅宝C70、比亚迪思锐等高端自主品牌突破行动仍然以失败告终。

随着近几年自主品牌设计能力、技术能力、市场份额及口碑反响的迅速提升，中国品牌又开始了高端化突破之路。比较有代表性的是广汽传祺推出GA8、GS8和GM8三款高端车型，长城汽车和吉利汽车也相继推出“WEY”和“LYNK&CO”高端品牌汽车。其中广汽传祺的GS8一经上市推出便受到市场热捧，上市14个月销量突破11万台，长期蝉联大7座SUV细分市场销量冠军，实现了中国自主品牌高端化真正意义的突破。

二 广汽传祺产品规划概述

在广汽传祺的命名体系当中，轿车为GA开头（数字越小表示车型越小），SUV车型则以GS开头。传祺品牌2011年进入中国乘用车市场后，首款产品GA5就瞄准中级车市场，奠定传祺品牌中高端市场档次，后续相继推出GS5、GA3、GA3S、GS4、GA6、GA8、GS8、GM8、GA4等涵盖轿车、SUV和MPV车型覆盖A、B、C三个级别的车型。

为建立一套正向研发体系，大幅提升车型开发效率和降低成本，广汽研究院自成立以来就在开展车型平台化模块化架构研究。2014年提出“G-CPMA”（基于跨平台模块化架构）车型开发平台，这种由广汽自主研发的车型开发平台覆盖A00至C级车型的模块套件矩阵、整车子架构和成套“G-CPMA”正向开发共用工程解决方案，实现了自主品牌多种新车型产品的模块化设计与制造，使广汽传祺旗下的众多车型及G和GS系列发动机，XCU控制器、车载T-box及一体机等关键零部件产品得以批量投产与上市。其“基于跨平台模块化架构（CPMA）的汽车正向开发技术研究与应用”项目于2014年荣膺中国科技界汽车“奥斯卡”的“中国汽车工业科技进步奖”一等奖，这是中国汽车行业内最高级别的科学技术奖项。

广汽传祺产品规划基于其跨平台模块化架构定义的B/C级和A0/A级两

大车型平台开展。B/C 平台主打中大型车，GA8、GS8 和 GM8 均出自这一平台。A/A0 级平台主要针对紧凑级和小型车的开发，已经投放市场的 GS4、GA4、GA3 出自这一平台。未来产品将实现 A、B、C 三种级别轿车，SUV 和 MPV 三种车型全覆盖，力争实现 2020 年 100 万辆产销规模目标。

三　广汽传祺产品高端化发展战略

广汽自主品牌起步之初即邀请了国际知名咨询公司科尔尼联合开展“广汽集团自主品牌乘用车战略及首款车型概念研究”，经过 8 个月的调研，并对中国自主品牌发展趋势、产品方向、细分市场及对广汽自身特点加以分析后，给予广汽集团的参考建议是“广汽自主品牌产品技术路线适合从中高端起步”。一方面，自主品牌往中高端发展是未来的一个方向；另一方面，有广汽本田的成功案例，广汽在中高端汽车领域有自己的经验和心得。另外，“中高端起步”可以实现向下覆盖、向上突破，广汽自主有一个广阔主动的发展空间。反之，如果选择低端起步，也许早期容易，但是外界对广汽自主品牌认识会完全不一样，以后往上走的难度会很大。广汽自主品牌先期推出的 GA5 和 GS5 两款车型都是基于 B 级平台的中高端车型。

近年来，中国汽车市场形势正发生深刻变化，正由价格战向提高产品力和品牌价值转变。面对国内经济转型与汽车消费升级的新趋势，广汽传祺精准洞察消费需求，历经多年精心打磨，相继推出 GA8、GS8 和 GM8，“三 8 齐发”，全面推动广汽传祺品牌向高端化突破。在中国自主品牌中率先构筑涵盖轿车、SUV、MPV 的 C 级高端产品矩阵，广汽传祺三“8”车型（大中型轿车 GA8、中型 SUV 车型 GS8、中型 MPV 车型 GM8）战略全面落地。其中，广汽传祺 GS4 凭借时尚潮流的外观设计和国际水准的品质，成为国内 SUV 领域的明星车型，上市 18 个月销量即突破 40 万辆，销量排名仅次于长城哈弗 H6。传祺 GS8 上市以来就受到市场的追捧，供不应求，上市 14 个月销量突破 11 万辆，刷新中国品牌中大型 SUV 最好销售成绩，已稳固形成与汉兰达、锐界三足鼎立的大七座 SUV 市场格局。GS8 的成功给予中国汽车市场极大的鼓舞和自信，也证明了中国品牌在高端 SUV 领域已经完全具备了与合资品牌抗衡的实力。总体上看，广汽传祺走出了一条“定位高端、品质优先、创新驱动”的发展路径，成功将传祺打造成为国内汽车市场的中高端品牌。

四　广汽传祺产品高端化发展实践

广汽传祺品牌自成立之初就直接切入中高端市场，从提高供给质量出发，在品质和安全上坚持做“加法”，调整供给结构以应对市场不断变化的需求，为消费者提供高品质高性价比产品，引领中国汽车品牌价值持续攀升。广汽传祺通过坚持正向开发构建了以广汽全球研发网、广汽生产方式、全球供应链体系为核心的世界级造车体系，形成了传祺品牌持续发展的核心动力。具体而言，广汽传祺产品在高端化方面实现的突破得益于其在产品研发、产品品质、产品服务和产品展现等多方面的高标准实践。

（一）高水平的产品研发

1. 高效率的正向开发技术

广汽集团从开始启动自主品牌项目就采取高起点的技术创新战略，即初期技术购买引进，开展二次开发进而过渡到正向开发的技术研发创新模式。广汽传祺早期从菲亚特购买了阿尔法罗密欧 166 平台的核心技术，广汽集团借此研发出 B 级车开发平台并在此基础上打造了传祺首款轿车 GA5。随后广汽研究院历经传祺 GA5、GS5、GA3、GA3S、GA6、GS4、GS8、GA4 等系列车型的正向开发技术的不断实践，成功总结出“基于跨平台模块化架构（CPMA）”的汽车正向开发技术，构建出广汽传祺家族的跨平台模块化共享架构（G-CPMA），对降低开发制造成本及技术应用风险、缩短产品开发周期、丰富车型谱系、提高自主品牌汽车产品家族的市场竞争力等极为有利，这项“基于跨平台模块化架构（CPMA）的汽车正向开发技术研究与应用”项目获得“中国汽车工业科技进步奖”一等奖殊荣。

2. 高起点的全球研发网络

广汽集团自主品牌研发起步就坚持以全球化的视野打造全球化的研发网络，即广汽全球研发网，它是广汽集团整合全球资源搭建而成的汽车技术开发战略平台。全球研发网络以广汽集团为主导，把世界上的大型研究机构变成自己的网络，同步开发商作为终端，构建强大的全球研发网络，目前已具备“全球研发、全球人才、全球配套”特点。

全球研发即研发合作网点全球化。广汽集团已经布局硅谷（美国）研发中心，正在构建底特律（美国）研发中心，吸取国外先进人才及研发技术，不断提升自主品牌研发能力。广汽集团还在德国、美国、意大利、英国、日本等地建立技术合作网点，通过整合全球知名技术及零部件供应商建立深度合作同盟关系；联合国际知名的底盘调教合作伙伴，深入开展全车型底盘性能优化，实现了底盘操控与舒适的完美平衡。

全球人才即研发人员全球化，广汽集团的研发人员除吸纳国内优秀人才外，还注重引进海外归来的人员和外国人才。为缩短起步晚的时间差距，广汽集团实施海纳百川的人才战略，会聚全球优秀人才，积累世界级的人力资本，为广汽集团打造符合中国市场需求的中高端汽车产品提供保障。

全球配套即零部件供应商全球化。广汽集团全球研发网整合全球领先的技术及配套供应商，建成“国际视野、高品质、低成本”业内领先的全球供应链体系，其中40%是国内，40%是欧美系，20%是日韩系顶级的零部件供应商，也就是广汽乘用车已经有60%以上是国际化的零部件供应企业。

（二）高标准的产品品质

1. 高水准的质量管理体系

“以智慧和不懈的努力，铸就满足顾客高品质需求和社会信赖的卓越企业”是广汽传祺品牌自创立以来的目标，致力于为消费者提供高品质的、高性价比的精品汽车。通过对供应链与生产过程的严格把控，广汽传祺的产品品质获得了市场巨大的肯定。从2012年开始，传祺连续五年登上J. D. Power中国新车质量研究排行榜，并获得自主品牌质量排名的第一名，甚至高于部分合资品牌汽车，高标准的产品品质为传祺品牌向高端化突破提供了坚实的品质基础。

广汽传祺将“顾客满意”作为产品质量的衡量标准，站在顾客的立场进行品质改善。顾客是产品的使用者，顾客对产品质量满意，才是品质合格的标准，因此广汽在研发中心设立了市场部，在新车型上市之前重点围绕“品质调查”“新车型品质调查”“耐久车品质调查”等方面设计针对不同车型的调查问卷，对新上市产品进行监查并及时把握顾客的真实用车反馈，为持续改善汽车品质提供保障。在生产过程中，按照标准严格把控，确保产品的故障率为零。在售后服务中，通过主动式的自主 IQS 调研，市场调研等活动了解消费者对产品的看法，从而对汽车的设计生产做出指导。通过对计划、设计、检查、行动的 PDCA 的螺旋上升式改善，不断提高自己的产品质量。

在生产方面，广汽乘用车公司构建了自己的“6520”质量管理体系。其中，“6”指包括从标准化作业出发、实施自工序完结、运用关卡前移的方法使问题点远离顾客、注重变化点的管理、对顾客疑虑速断速决、持续改善和创新六个方面的广汽质量生产管理活动；“5”指包括对供应商的商品监察、产品监察、市场服务监察、体系监察、第三方监察等在内的质量管控机制；“2”指广汽传祺为保障品质，设置了供应商零部件“流入”关卡和产品“流出”检查两大关卡；“0”可分解为产品生产时“零故障”和下线产品“零不良”。

2. 高要求的供应链管理方式

汽车的生产是对零部件的组装，因此为保证整车的质量，除了对生产过程进行管理，还需要对汽车的零部件进行管理。广汽乘用车在供应链上主要采用“管”和“养”政策。

“管”就是对供应商进行管理。广汽乘用车在挑选供应商方面十分严格，供应商在成为广汽传祺供应商之前，都需要进行“三方会审”。广汽乘用车的采购部会连同技术部、质量部，“会审”圈定供应商入门资格和范围，对符合标准的供应商颁发资质证明，确保只有高质量供应商才能进入广汽乘用车的采购体系。但是，这并不代表供应商已经可以直接提供零部件，而是仅拥有进入第二环节的资格。在接下来的流程中，采购部将会通过公平、公开的项目投标，对供应商进行新一轮的甄选，通过让每一个符合资质的供应商进行有效竞争，从而降低采购成本。另外，传祺对供应商采用“考核评价系统”，在采购部和质量部手中，都握有“红牌”，他们对供应商拥有一票否决权，一旦某一个供应商给罚红牌，那么在接下来的 2~3 年内，供应商都不能参加任何项目。通过对供应链的严格把控，广汽乘用车拥有一大批优秀的供应商。目前，博世、爱信、德尔福、TRW 等全球十大顶级汽车零部件供应商都与广汽乘用车有合作关系。

“养”指对供应商的培养和融合。广汽乘用车通过构建“培养改善体系”对供应商不断输出文化、管理方式、技术标准等，为供应商提供相互借鉴学习的机会。同时为能够使供应商与广汽传祺的生产产生更加密切的融合，广汽乘用车成立了战略合作评选委员会，同时构建了自己的“价值工程”体系，使供应商在产品设计初期就介入，零部件在产品生产阶段就已经能够就位。这样不仅能使供应商开发符合质量与成本要求的产品，为传祺提供更科学和更加前沿的技术，还能提高效率、减少浪费，保持供应链的竞争力。另外，广汽还在与丰田的合作中，学会了“零库存”供应链管理方式。通过库存平台与供应商进行连接，供应商能够实时观察传祺零部件的剩余情况，一旦零部件剩余量到达警戒线，供应商就能马上联系广汽进行库存补充，这样既能加快供应效率，又能避免过多的仓库管理，保证零部件的崭新程度与合格率。

（三）高质量的产品服务

1. 高品质的服务体系

销量是衡量一款车是否成功的重要标准，在高销售量的背后，势必离不开的高品质、高质量和完善的服务。一款车如果质量不过关，售后服务差，即使再便宜也无济于事。广汽集团自主品牌传祺早在 2010 年就发布“加分服务”口号，以“专业、周到、创新、信赖”四大核心理念超越用户对自主品牌传祺品质的期待。在 2017 年度中国汽车售后服务客户满意度调查中，广汽传祺以 87.74 的高分跻身行业品牌前列，连续三年加冕中国汽车售后服务客户满意度中国品牌第一名。2017 年由中国质量协会、全国用户委员会开展的中国汽车行业用户满意度测评中，传祺品牌获得中国品牌售后服务满意度第一名。

广汽传祺将服务视为立足市场、争取客户、实现销量转化的重要战略，早在 2010 年就郑重提出四大承诺，即“专业服务，十分品质”“周到服务，十分安心”“创新服务，十分体贴”“信赖服务，十分欢欣”，更提出 24 小时救援及三年十万公里的质保承诺，覆盖售前、售中、售后各个方面的服务。广汽传祺秉承“消费者第一”的宗旨，着力构建全面周到的服务流程，以专业的人员和设备，便捷、周到、体贴的服务，与消费者建立终身信赖关系，让消费者充分体验广汽传祺的温馨服务。此外，广汽传祺建立起为消费者服务时采用专业高效的核心服务流程“七步法”，即预约、接待、作业估价、作业管理、质量检查、交车、维修后跟踪，这个高效的销售服务工作流程，是广汽传祺提倡的高品质服务的基础，体现广汽传祺为消费者提供高品质服务的专业态度，成为指导各特约销售服务店开展售后服务工作的标准和销售服务店维修服务的支柱。销售服务店以保证客户满意为前提，按照核心服务流程“七步法”的每一步骤，规范严格地开展售后服务工作，通过每一步流程之间的良好配合，成功为每位消费者提供优质的服务。

2. 高素质的销售团队

为保障销售服务团队的整体高素质，广汽传祺在组建销售服务网络时就提出要求，尽可能选择有从业经验的、成熟的销售服务商，特别是与广汽本田、广汽丰田及其他中高端乘用车制造企业有过合作经验的销售服务商优先。在首批选定的销售服务商中，超过 90% 的销售服务店满足要求，在这些高素质销售服务商的带动下，广汽传祺销售服务团队的素质不断提升。目前累计开业销售服务店超过 500 家，有效整合了市场资源，提升了品牌知名度与美誉度，也带动了公务车市场销售。广汽传祺现在共入围 24 个省级供货目录，并成功进入中共中央直属机关、国务院国家机关、公安部警用装备、国税总局及中国银行、建设银行等多个部委和行业的公务车采购目录。

为实现共同利益最大化，销售服务既要保障销售服务店的利益，更要全面保障客户维修保养的便利性，实现消费者、销售服务店、企业利益最大化。广汽传祺首先是定期派员开展销售服务店的访问，考察不同时期市场消费者、销售服务店对产品的品质反馈意见和建议，直接面对和及时听取用户对产品的质量评价和要求，切实加强对产品品质问题的改善，确保产品品质的进一步提高。其次是开展消费者体验，深化品牌性试乘试驾活动，并组织销售服务店每月举办消费者讲堂活动，与消费者共享正确用车、安全驾驶的知识交流，并通过车间实操，让消费者将理论与实际结合起来，巩固学习效果，让消费者更好地享受驾驶乐趣。

（四）高端化的产品展现

1. 高水平的产品实力

广汽传祺起步即定位中国自主品牌乘用车的中高端，为实现中国自主品牌高端化的突破，先后推出 GA8、GS8 和 GM8 等品牌高端化战略车型，并凭借世界级的品质获得市场一致好评。传祺 GA8 自 2016 年 4 月 16 日上市后便相继作为夏季达沃斯论坛、泰达论坛、厦洽会、G20 峰会、东盟博览会、亚欧博览会等国际高端盛会接待用车，传祺 GA8 连续多月位居中国品牌 C 级豪华轿车销量第一。定位大七座高端 SUV 的传祺 GS8 于 2016 年 10 月 26 日上市，一经上市便获得市场热捧，销量连续多月过万，超越合资企业大七座高端 SUV 标杆汉兰达和锐界。在中国汽车技术研究中心发布 C-NCAP 碰撞安全性能测试成绩中，传祺 GS8 获得五星评价，得分为 57.7 分。此外，传祺 GS8 还获得“2017 网易年度新车总评榜年度中国品牌 SUV”“2016～2017 搜狐汽车年度大选——年度中国品牌 SUV”“凤凰传媒 2016 中国汽车年度盛典年度 SUV”等大奖。传祺首款高端 MPV 车型 GM8 于 2017 年 12 月 30 日上市，GM8 融合传祺创新设计和自主研发配置，充分展示出广汽传祺智能、高端的体系实力。传祺 GM8 整车恢宏大气，气度非凡，拥有超 5 米车长，3 米轴距。外观上，GM8 采用家族式凌云翼前脸，隐藏式 D

柱设计，由152颗LED灯组成的横向贯穿式尾灯，展现尊贵优雅气质。在整体设计、外观、配置、动力等方面，GM8都拥有正面抗击合资车型的实力。

2. 高层次的展现舞台

广汽传祺在国内国际两条线路开展品牌推广。在国内品牌推广活动中，参加北京、上海及广州三大车展，赞助世乒赛、亚运会及东盟博览会等国际大型赛事，赞助“校花与学神”等综艺节目，助力2017年广州《财富》论坛等重大活动。凭借多年来高质、高速的发展，广汽传祺入选“CCTV国家品牌计划-TOP合作伙伴”，借力中央电视台代表中国参与全球商业竞争和文化交流并全面展示中国品牌的力量。广汽传祺作为2017年《我要上春晚》独家冠名赞助商，代表中国汽车品牌在这档年度热播节目中演绎中国汽车品牌向上的文化与力量。作为引领中国品牌高端突破和国际化的典范，2017年广州《财富》全球论坛上，广汽传祺作为官方唯一指定用车品牌，提供380辆包含GA8、GS8和GM8礼宾用车，为全球政要、世界500强CEO提供高贵、优质的畅享出行礼遇，向世界全面展示广汽传祺的高端产品与品牌魅力。

在国际品牌推广方面，2013年，传祺投入GA5、SUV车型GS5及概念车E-JET参演《变形金刚4：绝迹重生》，强势出击该电影营销大战，不断树立中高端品牌形象。2015~2018年，广汽传祺每年都参加北美国际车展。2017年广汽传祺第三次参加北美车展，成为北美车展历史上首个进入主展馆的中国汽车品牌。2018年广汽传祺三“8”（GA8、GS8、GM8）阵营联袂亮相北美。这三款豪华C级车是传祺在轿车、SUV、MPV均衡发力的颠覆之作，在高起点上撬动国内市场的全新增长点。

五　小结

广汽传祺起步便从中高端切入，秉承“为亲人造好车，让世界充满爱”的宗旨，坚持创新驱动，坚持国际标准，坚持正向开发，构建了以广汽全球研发网、广汽生产方式、全球供应链体系、广汽营销方式为核心的造车体系，打造出拥有世界级品质的中高端汽车产品，并获得消费市场的高度认可。广汽传祺自主品牌汽车在高端化突破方面的实践，可以为中国自主品牌汽车向高端持续发展提供经验和借鉴。

参考文献

吴勇：《对自主品牌汽车高端化发展的思考》，《汽车工业研究》2012 年第 6 期。

付盛刚：《自主品牌汽车高端突破的现实挑战与模式选择》，《上海汽车》2013 年第 3 期。

萨博尼：《中国自主品牌高端之路前景浅析》，《汽车与配件》2013 年第 30 期。

杨再高等主编《广州蓝皮书：广州汽车产业发展报告（2017）》，社会科学文献出版社，2017。

B.20

战略合作助升汽车企业核心竞争力研究

洪　云　黄　坚*

摘　要：　广汽集团积极探索具有广汽特色的发展道路，坚持合资合作与自主品牌不动摇，在与跨国车企合资十年的基础上举全集团之力发展自主品牌。2017 年，在深化与日本本田、丰田、日产三菱及欧美菲亚特克莱斯勒等国际汽车公司合资合作的同时，先后与蔚来汽车、《财富》全球论坛、中铁特货、华为公司、广州供电局、腾讯公司、中国移动、科大讯飞等等开展战略合作，服务于企业快速发展。本文对广汽集团全方位开展战略合作，助力企业集团整体核心竞争力提升的成果进行具体研究。

关键词：　战略合作　广汽集团　核心竞争力

一　企业战略合作内涵

企业战略合作是指双方或多方企业为自身生存、当前及未来发展进行的基本性、整体性、长远性谋划，旨在合作期间实现共赢的一种合作方式。企业战略合作关键在于三个方面，即减少重复与浪费、更好发挥合作方核心能力及创造新机会。战略合作可以简单分为产权联盟和非产权联盟两种形式，产权联盟指多个公司以不同的所有权比例建立新公司，通过各自的资源和能

---

* 洪云，广州汽车集团股份有限公司经济师；黄坚，广州汽车集团股份有限公司经济师、PMP。

力的组合来创造竞争优势；非产权联盟指多个公司通过发展契约关系来共享资源和能力，从而创造竞争优势。

二　中国汽车工业的战略合作历程

在改革开放之前，中国汽车产业缺乏技术、人力、资金等资源和管理经验，发展速度非常缓慢。1978 年改革开放以来，我国积极引进国外汽车企业的技术与资金，重点从整车制造技术及组建合资企业两方面着手，促使我国汽车产业走上快速发展道路。

（一）过去，中国汽车市场以合资（产权联盟）为主导

纵览我国汽车工业合资 30 余年的历史，大体可以分为以下三个阶段。

一是改革开放初期的合资探索阶段（1984 ~ 1994 年）。1984 年成立的第一家中外合资汽车企业“北京吉普”拉开了我国汽车工业合资历程的帷幕。随后，1985 年成立的上海大众则成为我国汽车合资里程碑式的代表性企业。值得一提的是，成立于 1985 年的广州标致作为中国汽车“三大三小”之一，曾经也推出标致 505 等经典畅销车型，有过辉煌的合资成就。

二是产业政策指导下的合资发展阶段（1995 ~ 2002 年）。《汽车工业产业政策》作为我国第一部宏观汽车产业政策于 1994 年出台，意味着我国汽车工业进入一个全新阶段。产业政策对外资进入中国汽车股比及合作伙伴家数的限制促进汽车企业合资呈现高速发展趋势，跨国汽车企业纷纷抢滩国内汽车市场，越来越多合资汽车企业相继成立。

三是加入 WTO 后的合资深化、开放阶段（2003 年至今）。2002 年中国加入 WTO，标志着中国汽车工业合资进入一个新的阶段，为应对竞争日益激烈的国内外汽车市场及消费升级，合资企业全面深化合资合作，在合资自主品牌（以广汽本田理念品牌为代表）、对外出口（以上海通用为代表）、交叉持股（以上汽与通用汽车、北汽与奔驰汽车为代表）等方面进行探索。

总体上看，我国汽车工业通过合资合作模式的发展大幅度提高了汽车产

销规模，缩小了同世界发达国家汽车技术水平的差距，“以市场换技术”的产业政策取得了积极成效。

（二）当前，合资企业与自主车企共生发展成为当前中国汽车业的基本格局

从2015年开始，国内汽车企业的技术能力、资金实力、人才资源、管理经验迈上新台阶。同时，伴随乘用车市场进入新常态，合资品牌增速减缓，甚至出现下滑，中国品牌迎来了绝佳发展机遇，迅速崛起，并在SUV、新能源等细分市场形成一定的竞争优势。2017年自主品牌乘用车市场占有率达到44%，相比2014年底提升近5个百分点；2017年自主品牌SUV销量为622万辆，市场占有率为61%，相比2014年底提升15个百分点；2017年中国新能源汽车销量近80万辆，同比增速超50%。

随着产业及政治环境的变化，中国自主品牌迅速崛起，合资企业股比放开及关税降低成为必然，中国汽车合资企业将面临严峻的挑战，但合资企业在中国汽车产业的重要地位不会改变，合资企业仍将是中国汽车产业的重要组成部分，但合资企业作为中外合资双方的资本纽带作用将更加明显，并且逐步将合资合作提升至双方母公司的战略层面及新发展领域（新能源汽车、自动驾驶等）。

（三）未来，基于非产权战略联盟合作的自主品牌将会得到快速发展并成为中国汽车产业的中坚力量

通过多年的发展，中国汽车企业学会了从合资到合伙再到合作，进而到合创。自主品牌终将成为中国汽车产业的中坚力量及传统汽车集团的发展未来。但是，自主品牌作为后起之秀，各方资源要素积累不足，要想取得持续性地超越跨国车企的快速发展，仅依靠内生发展是远远不够的，因此，需要站在巨人的肩膀上，强强联合，内生发展和外部战略合作并举。未来，为适应时代的发展和产业环境的变化，自主品牌必然会从制造装配型向创新驱动型转变；从注重生产制造向强调体系竞争力转变；从重产品向重品牌转变，

而这些仅通过自主品牌企业的内生发展是远远不够的，还需要通过横向和纵向非产权战略联盟形式作为有效途径来全力打造具有世界影响力的中国汽车品牌。

三 广汽集团战略合作的发展实践

近年来，广汽积极围绕“一个中心、两个不动摇、三个转变”，即以质量和效益为中心，坚持合资合作不动摇、坚持自主创新不动摇，推动制造向创造、速度向质量、产品向品牌的转变，真正走上健康稳定发展的轨道。

（一）坚持高起点的产权合资合作，先进制造业布局“三足鼎立”

1998 年，在标致汽车退出、广州汽车产业进入低谷的情况下，广汽集团把握全球汽车产业发展和转移的大势，积极探索具有广汽特色的发展新路，先后与本田、丰田、日野、菲亚特克莱斯勒和三菱成立了合资公司，在与跨国企业合资合作了十年，积累了相对丰富的资金、人才、技术、营销、品质、供应链管理经验之后，自 2007 年开始，广汽集团举全集团之力，大力发展自主事业。十年来，广汽始终坚持合资合作与自主发展不动摇，现已形成自主系、日系、欧美系三足鼎立的稳固格局。2017 年，广汽集团汽车产销实现 201. 7 万辆和 200. 1 万辆，同比分别增长 21. 5% 和 21. 3%，销量增幅居国内六大汽车集团之首。其中，自主品牌传祺的利润贡献度居广汽集团各投资企业之首，成为带动广汽增量的主力军。

广汽在合资合作的基础上，从高起点出发，坚持定位高端、品质优先、创新驱动的发展理念，实现了广汽传祺的快速发展，为中国汽车品牌探索了一条具有参考价值的全新发展路径。

（二）积极推进战略合作，世界级供应体系助力自主品牌发展

近年来，得益于坚持正向研发与国际标准带来的高品质积累，广汽传祺取得了跨越式的发展，开创了“品质 +”新时代，发展速度和盈利

水平均位居中国汽车品牌前列。2017 年，广汽传祺在我国整体车市增速放缓的大环境下逆势上扬，全系累计销量达 50.86 万辆，同比大幅增长 37%。传祺品牌连续五年荣获 J. D. Power 新车质量（IQS）中国品牌第一名。

全球化的零部件配套和先进的工艺、质量控制体系保证了传祺品质。目前，全球十家顶级供应商均为传祺配套。2017 年 4 月，广汽传祺与电装、大陆、爱信精机、佛吉亚、法雷奥、舍弗勒、中信戴卡、米其林、联电、万向精工十家供应商在上海国际车展现场举行战略合作签约仪式。通过战略合作的方式，传祺与国际领先的零部件企业达成战略共识，将在现有基础上，建立更加紧密的关系，在产能优先配合、深度技术开发、加强品质管理等层面展开全方位深度合作，构建传祺战略联盟，打造更具竞争力的供应链体系，共同为消费者提供超越期待的产品而不懈努力。

广汽传祺致力于成为世界级中国品牌和产销研全球化的国际企业。通过在设计开发、生产制造、供应链管理、市场服务等方面不断努力，广汽传祺构建了独具特色的卓越绩效管理模式，形成“以市场为导向，以品牌为核心，以产品为主线，以体系为支撑”的战略体系布局，为企业战略的实施提供全面保障。2018 年广汽传祺乘势追击，挑战全年 70 万辆的目标，并向百万辆级车企跨步前进。

（三）坚持战略转型引领，非产权联盟助力广汽抢占智能网联新能源汽车新高点

伴随新的技术变革，汽车产业掀起智能化、网联化、电动化、共享化的浪潮，合作成为产业发展的必然选择。汽车产业的激烈竞争和技术创新推动了产业发展形态、范围、方式的变化。例如，整车企业与电子电器、互联网科技公司及移动出行服务企业之间的战略联盟、联合开发、合资合作层出不穷。中国汽车产业在进一步提高全球参与度、进一步开放市场及资源环境的约束下，无论是合资企业还是自主车企，均面临转型、升级。

智能网联新能源已成为未来汽车发展的重要趋势之一，为抢占制高点，

2017 年 4 月，广汽开建总投资 450 亿元的广汽智联新能源汽车产业园，积极打造智能、开放、创新、绿色、共享、生态的国际智联新能源汽车产业创新生态城。同时，广汽集团坚持战略转型引领，2017 年以来全面推进与智能网联新能源领域的优秀企业战略合作，加快搭建广汽在新领域的核心竞争力。

2017 年 6 月，广汽集团与华为技术有限公司签订战略合作协议，双方在车联网、智能驾驶、新能源、云计算、大数据、企业管理和国际化业务拓展等领域展开深入合作。未来，广汽集团和华为公司将在车联网平台、智能驾驶等研发领域开展业务合作，在新能源领域开展项目合作，联合开发新能源相关产品并探讨成立联合创新中心的可能性。广汽与华为跨界合作，实现了各自优势互补、产业融合，效果将是“1 +1 >2”。

2017 年 9 月，广汽集团与腾讯公司签订了战略合作框架协议、双方将在智能驾驶、大数据、车联网服务、云平台、汽车生态圈、宣传和营销领域开展业务合作，探讨围绕移动出行和汽车电商平台、新能源汽车、汽车保险业务等领域开展资本合作。2017 年 11 月，广汽集团携腾讯公司举行“智·享未来——广汽腾讯战略合作发布会”，全球首发由广汽集团自主研发、基于腾讯车联“AI in Car”系统的 iSPACE 智联电动概念车，充分利用腾讯的安全、内容、大数据、云计算和人工智能等平台能力，将为车主打造全方位智能车生活体验。

2017 年 11 月，广汽集团与中国移动签署了战略合作框架协议，双方将在 4G 车联网领域、5G 车载通信预研、C-V2X 辅助的网联式自动驾驶、基础通信服务及联合营销推广等方面实现深度合作。在 4G 车联网领域，双方将在包括车载通信、平台及内容应用、大数据分析、新能源汽车监管等业务中实现全面合作，并将共同加入国家智能网联（广东）示范区，开展基于蜂窝网络的技术试验及业务，构建跨行业融合生态，为车联网产品和应用创新提供平台。同时，双方将利用各自资源优势，推动实现交叉营销合作。

2017 年 12 月，广汽集团与科大讯飞签订战略合作协议，双方将在智能人机交互技术、智能车联网平台、车载智能化及人工智能技术、大数据分析、智能销售机器人及营销创新等业务领域展开合作。双方将依托并整合各自优势资源，重点围绕智能车联网平台的技术框架及体系标准和技术路线进行协同攻关，提升语音云服务、汽车软件开发、汽车大数据分析及产业资源整合能力，打造具有行业领先竞争力的产品，为用户提供极致的使用体验。

2017 年 12 月，广汽与蔚来举行战略合作暨新能源汽车项目签约仪式，双方将在智能网联新能源汽车产业技术研发、零部件生产、运营等方面开展合作。作为战略合作的第一步，双方共同出资设立广汽蔚来新能源汽车有限公司（规划总投资 12.8 亿元），致力于智能网联新能源汽车的研发、销售及服务。新公司将不会涉及生产方面的工作，其研发的产品将在广汽新能源产业基地生产。在产品方面，新公司将有差异化的发展战略、差异化的消费者定位、差异化的产品定位。

2018 年 2 月，广汽集团与小马智行签订战略合作框架协议，双方将共享各自的优势资源，增强双方的市场竞争力与行业竞争力，合作内容包括多方面，在自动驾驶技术领域，双方将在无人驾驶的相关技术开发、生产制造等方面进行合作，并在友好协商的前提下对技术成果进行共享。

（四）坚持强化产业协同，现代服务多方合作促进产业链良性发展

通过多年的发展，广汽集团已成功搭建研发、整车、零部件、商贸服务和金融服务五大板块，成为国内首家 A + H 股整体上市的大型国有控股汽车企业集团，实现制造业与服务业的融合发展。

广汽集团积极布局汽车资本、金融领域，设立广汽资本公司，充分利用社会资本、金融杠杆的手段布局和完善产业链。通过战略投资、设立及参股有限合伙基金等合作模式，充分运用汽车产业链资源，聚焦新能源汽车、智能网联汽车及汽车核心零部件和售后市场等汽车产业链上下游关键领域，同时深挖战略性新兴产业领域的投资机会。充分发挥跨行业的资本协同效应，整合多产业的优秀行业资源，凝聚各方优势，构建资本、产业融通互助的产

融生态圈，助力广汽集团多元化发展，促进产业延伸，实现价值共享。

2017年6月，广汽集团与中国铁路总公司下属企业中铁特货运输公司签订战略合作协议，在商品车铁路运输领域展开全方位的合作，以加强铁路物流运行保障、降低物流成本、提升汽车铁路物流的竞争力、打造路企合作标杆为战略合作目标，积极搭建广汽多式联运体系，建立陆运、海运和铁路运输三位一体的综合运输网络。

2017年10月，广汽集团与南方电网广州供电局签订战略合作协议，在保障企业用电需求的同时，进一步发挥各自资源优势，提升能源利用效率、推进节能减排、推动能源市场开发和产业结构升级。

2017年12月底，广汽集团与广州公交集团将在节能与新能源汽车推广应用、互联网+移动出行、智能出行、智慧交通、交通运输服务、品牌推广等领域展开合作并签订了战略合作协议。互联网+移动出行方面，双方将利用资源互补优势，共同研究建设“如约平台”的可行性方案，以交通大数据结合互联网，为交通出行服务提供有效的解决方案。节能与新能源汽车方面，双方将开展全面战略合作，推动节能与新能源汽车在广州公共交通领域的应用及服务，包括城市公交网络布局、车型升级规划合作及出租车、网约车、公交客车服务等。

（五）坚持实施品牌向上，合作共赢展现中国品牌崛起新形象

“十三五”期间，广汽集团将加强品牌建设，提升品牌力和企业软实力。在2017年，随着技术升级、产品升级、产业升级的协同推进，广汽集团的品牌升级行动也全面开启。

在2017年上海车展上，广汽集团发布了品牌全新战略及全新企业口号“匠于心 品于行”，并积极推动下属合资企业商号调整、更名等，深化与合资外方伙伴的沟通合作，广汽丰田、广汽三菱、广汽日野都陆续启用新的合资企业标识。

随着自主品牌传祺产品力的不断进步，从2017年开始，广汽集团开始向广汽三菱、广汽丰田、广汽本田等合资企业导入新能源车型，这是合资车

企中的一次重要转变，即由中方股东导入汽车技术及车型，一方面说明合资外方对广汽自主品牌产品及技术的认可，另一方面也体现了广汽在合资企业中主动权和话语权的提升。此举将大幅提升广汽的品牌影响力，给顾客更好的品牌认知度和认同感。

2017 年，广汽集团先后与 2017 年广州《财富》全球论坛、《财富》国际科技头脑风暴大会缔结战略合作关系，并参与《财富》论坛在全球多个城市的推介会活动。通过携手《财富》，强强联合、互惠共赢，广汽集团将进一步提升品牌影响力，加速国际化发展步伐。

同时，广汽集团积极强化与传统媒体、互联网新媒介的合作，持续推动品牌向上。2016 年底，《人民日报》、新华社、《光明日报》、《经济日报》、《中国日报》、中央人民广播电台、中央电视台、中国国际广播电台、中国新闻社九家中央主流媒体及广州电视台、《广州日报》组成采访团，围绕“新理念、名品牌”主题，全方位立体报道广汽集团以新理念创名品牌、以创新驱动发展、实现跨越式飞跃。

2017 年，广汽传祺凭借多年来高质、高速的品牌发展，正式入选中央电视台“国家品牌计划”，借力国家媒体平台，参与全球商业竞争和文化交流，全面展示中国品牌的力量。通过与央视的深度合作，广汽传祺品牌亮相 2017 年央视春晚，成为唯一登上春晚和元宵晚会的中国汽车品牌；并三度参加北美国际车展，在国际舞台上展现广汽的制造研发实力和品牌形象。

四　战略合作提升广汽核心竞争力

通过多年的发展，广汽集团适应新形势，把握新趋势，全力加速推动合资合作转型、升级和深化。通过产业链横向与纵向、产权与非产权形式的战略合作，借助与联盟内企业的合作，相互传递技术和知识，广汽集团的核心竞争力得到较快提升。总体上看，战略合作对汽车企业核心竞争力的提升主要表现在如下几点。

（一）战略合作在获得协同效应的同时能够有效分担企业要素成本

汽车企业具有大规模大投入的典型重资产特征，同时快速变化的外部环境对汽车企业技术研发提出越来越高的要求，即研发时间的缩短、研发成本的降低及研发风险的分散。随着知识经济的发展，科技已成为决定竞争能力的关键因素之一。随着技术资产贬值速度加快及技术创新的投入成本大幅上升，技术创新面临更高的技术及资金门槛，规模较小的单个企业往往由于门槛限制而难以开展技术研发活动。

在这种情况下，汽车企业单纯依靠自己的能力已经很难掌握竞争的主动权，需要从自主技术研发转向技术合作，通过战略合作加快知识传递速度以避免单个企业在研发中的盲目性及重复性投入，以及产业链范围内的重复劳动和资源浪费。战略合作可以有效获得企业间的协同效应，实现组织间的信息、资源共享，充分利用现有的生产要素和资源，优化资源配置，节省成本费用，扩大经营规模，从而使“合作”企业实现各自的“低成本”和“专业化”的发展道路。长期以来广汽相对成功的合资合作及近年来积极推进的战略合作联盟已经充分验证了这一点。

（二）战略合作是提高企业知名度、树立积极的企业品牌形象，强化资本市场信心的有效途径

扩大知名度的方式分为扩大产品知名度和扩大企业知名度。扩大产品知名度常规的做法是利用各种媒介和机会及广告宣传，向公众介绍产品的形象、质量、功能和特点，使之家喻户晓。而战略合作则是扩大企业的知名度的有效方式，向社会传播企业正能量。通过积极与各细分领域的优秀领导者合作，全面塑造企业高科技、高附加值的品牌形象，提升品牌力和企业软实力。

同时，对于上市公司，战略合作也是强化资本市场信心提升市值的积极举措。以广汽为例，作为“A + H”股上市公司，2017 年初至年末，广汽两

地股价稳步上升，A 股股价从 23.2 元上升至 24.66 元，H 股股价从 9.11 元上升至 18.52 元，公司业绩及积极发布的战略合作驱动估值上升，获得了资本市场的青睐和认可，总市值从年初 1145 亿上升至 1581 亿，涨幅 38%。

（三）战略合作有效规避大型国有企业的体制机制的相对劣势

中国汽车产业国有属性占比较大，随着规模的扩大及市场竞争的日趋激烈，国有企业先天性的体制机制劣势逐渐暴露：组织不精简、管理层级过多、结构相对臃肿、机制相对僵化、决策复杂、行动相对缓慢等。

组织结构效率大于运营效率，组织结构搭建好了，国企管理才能跟上，运营效率才能提升，而战略合作恰恰是大型国有企业解决组织效率低下问题的有效手段，因为战略合作能够使国有企业跟上迅速发展的技术和市场的步伐。此外，跨领域跨体制的战略合作能够有效促进不同价值观、知识和异文化在企业中的融合，使之成为国有企业革新的重要推动力。广汽集团作为广东省乃至广州市的重量级地方国有企业，之所以能够快速响应市场，取得远超于行业平均增速的发展速度，与广汽积极开放的合作战略密不可分。

（四）战略合作是搭建汽车企业学习型组织的有效途径

学习型组织是指通过培养弥漫于整个组织的学习气氛、充分发挥员工的创造性思维能力而建立起来的一种有机的、高度柔性的、扁平的、符合人性的、能持续发展的组织。在汽车产业面临互联网、人工智能、共享出行、新能源等领域独角兽企业“颠覆”的新形势新环境下，传统汽车企业危机四伏。如何搭建有效的学习型组织，积极学习独角兽企业的根植于企业文化或人的大脑的隐性知识，对传统汽车集团显得尤为重要，汽车企业的发展绝不仅仅停留在以前的“传、帮、带”“干中学”“用中学”等内部闭环学习途径，广汽集团诸多的战略合作实践表明，开放的战略合作是传统整车企业搭建学习型组织以适应新发展环境的重要方式，其核心在于学习合作联盟伙伴的隐性知识。

广汽集团在不同领域、不同层面的战略合作表明，战略合作能够有效促进人员交流、技术及知识分享，加快经验性知识的移植从而提升战略合作各方企业的核心能力，从而实现企业战略合作的目的。

（五）战略合作是布局行业未来发展稀缺资源、能力，强化价值链竞争力的有效手段

任何企业都只能在产业价值链的部分环节具有比较优势，而难以拥有全链条优势。为实现“双赢”的协同效应，企业彼此在各自价值链的优势环节上实现合资合作，能够实现整体收益的最大化，这也是企业开展战略合作的根本动力。

广汽之所以能够持续保持快速高品质发展，关键在于核心竞争力的巩固与不断拓展，而巩固和丰富的关键又在于广汽集团能够以开放、共赢的姿态积极利用外部渠道，积极整合和扩充企业所需的稀缺资源，战略合作正是实现这一目标的有效途径。广汽集团通过与具有互补性资源的企业建立战略合作关系，可以充分利用企业组织外部的要素，发挥各自在技术和管理方面的比较优势，形成一种新的核心竞争优势。

五　小结

战略合作对提升汽车企业核心竞争力意义重大，强强联合提升企业知名度的同时获得协同效应，减少合作企业间的非必要竞争，有利于维持稳定的竞争格局，同时降低合作企业的经营风险、加快企业技术创新步伐、有效突破市场进入障碍。

今后，基于自身对战略合作的理解，广汽集团还将继续结合产业环境的变化发展和深化战略合作能力，推动由生产联盟向技术联盟方向转变发展，从互补性联盟向强强合作的竞争型联盟发展，从实体联盟向虚拟联盟方向发展。全面推进基于高度信任，合作成员间共享竞争优势和利益的长期性、战略性的协同发展关系。

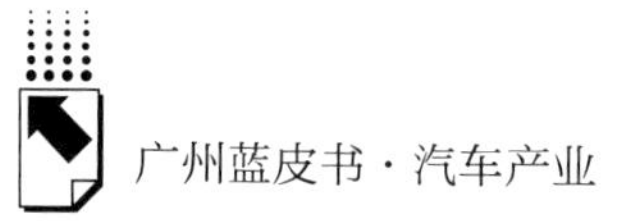

参考文献

迈克尔·A. 希特等:《战略管理:概念与案例》,刘刚、吕文静、雷云等译,中国人民大学出版社,2012。

中国汽车工业协会:《中外合资汽车企业现状及可持续发展趋势研究》,2012。

迈克尔·A. 希特等:《战略管理:竞争与全球化》,吕巍等译,机械工业出版社,2012。

附　　录

Appendix

B.21

广州市汽车产业2025战略规划

广州市人民政府办公厅

汽车产业是技术密集型、人才密集型和资金密集型产业，既是传统产业，也是率先践行工业4.0和“互联网+”的新兴产业，是实现新一轮科技革命和产业变革的重要载体，是国民经济重要支柱。建设汽车强国是推动制造业由大变强、实现制造强国战略目标的重要支撑，更是实现中华民族伟大复兴和中国梦的重要保障。

当前，新一代信息网络、新能源、新材料等技术与汽车产业相互融合，驱动产业生态深刻变革，汽车产业生态和竞争格局面临重构。汽车产品加快向低碳、电动、智能化方向发展，汽车正从单纯的交通工具转变为大型移动智能终端、储能单元，汽车生产由过去的大批量流水生产向充分互联协作的智能制造演进，个性化定制将成为未来发展趋势，智能交通、共享出行、个性化服务成为重要方向，这对广州汽车产业既是挑战，更是机遇。

未来10年是广州汽车产业实现中国品牌赶超国际知名品牌、智联新能

源汽车与国际同步发展的历史机遇期。为落实市委、市政府的战略部署，加快广州汽车产业转型升级，特制定本规划。

第一章　广州市汽车产业发展基础

近年来，广州市贯彻落实创新驱动发展战略，加强规划引领，加快结构调整，强化核心能力培育，推动广州汽车产业由制造向创造，由速度向质量，由产品向品牌转变，实现了新常态下跨越式发展。目前，广州市是全国三大汽车生产基地之一，也是国家汽车及零部件出口基地、国家节能与新能源汽车示范推广试点城市。汽车产业发展总体形势良好，支柱产业地位突出，是拉动广州经济社会发展的强大引擎。

一　总体发展态势良好，产业规模跃居前列

得益于广州良好的营商环境，日系三大品牌（本田、日产、丰田）相继落户广州，奠定了广州汽车产业基础。广汽传祺自主品牌创建发展，Jeep、北汽等也相继引入，初步形成了日系品牌、中国品牌和欧美品牌共同发展的多元化汽车品牌格局，2017 年全市汽车产能 236 万辆。

广州汽车产量从 2012 年的 138.4 万辆提升至 2017 年的 310.81 万辆，年均复合增速为 17.6%，高于全国平均水平（5.9%）。占全国汽车产量的比重由 2012 年的 7.2%，提升至 2017 年的 10.7%。2017 年广州整车产量规模在国内特大汽车城市中排名第一，广州汽车制造业工业总产值达 5142 亿元，占广州市规模以上工业总产值的 28.5%，同比增长 17.4%，其中零部件制造业产值达 1364 亿元，同比增长 14.4%。

二　自主研发国内领先，品牌实力大幅提升

目前，广州拥有汽车行业国家级企业技术中心 1 个（广汽研究院）、省级企业技术中心 9 个、省级工程中心 2 个。广汽集团坚持正向开发，形成了一整套先进的研发流程与体系，总结出了基于跨平台模块化架构的汽车正向

开发技术，构建了一支结构合理、技艺专精的研发团队，具备了同时主导开发三款整车和多款发动机、变速箱等核心部件的能力。广汽传祺通过整合丰田生产方式、本田精益管理，融合岭南文化精致细腻的特点，对生产、物流及装配方式进行优化，着力打造广汽生产方式。充分融合欧美和日韩体系的优势，形成了广汽独具特色的供应链体系，构造了技术最优、品质最佳、成本最低和供应最及时的广汽采购方式。

2016 年，广汽传祺、东风启辰、北汽绅宝等中国品牌汽车合计产量达 53.73 万辆，占广州汽车产量的 20.4%。其中广汽传祺品牌销量连续 7 年实现产销规模的持续高增长，2017 年销量已达 50.86 万辆，GS4 和 GS8 车型持续热销，广汽传祺品牌已经成为广州创造的新名片。

2017 年初，东风启辰在广州成立，坚持传统汽车与新能源汽车双线并举的路线，加大产品研发投入，加快拓展产品线。启辰造型中心在花都正式落成，进一步提高造型设计领域独特性和竞争力，未来将搭建强大的专业设计团队，为启辰自主创新助力。

三　产业集群不断壮大，聚合效应逐步凸显

广州汽车产业集群日益完善，逐步形成了东部、南部和北部三大汽车产业集群。2017 年，整车产能进一步扩充，集聚了一大批汽车零部件以及汽车认证检测机构。东部汽车产业集群包括黄埔区和增城区，以广汽本田、北汽（广州）为依托，形成广汽本田 66 万辆、北汽（广州）10 万辆产能。南部汽车产业集群包括番禺区和南沙区，以广汽乘用车、广汽丰田为依托，形成广汽乘用车 35 万辆、广汽菲克 16 万辆、广汽丰田 48 万辆产能。北部汽车产业集群包括花都区和从化区，以东风日产为龙头，加上东风启辰和广汽比亚迪，主要生产乘用车和纯电动新能源汽车，产能达 60 万辆。

四　产业创新有序推进，智联电动蓄势待发

广州市是国家批准的首批十城千辆新能源汽车推广应用城市（群）之一，截至 2017 年底，全市累计推广应用新能源汽车约 5 万辆，全市新能源

汽车产量7706辆，同比增长53%。目前，已具备动力电池系统、电机、电机控制器等新能源汽车零部件同步开发和整车开发能力，搭建了新能源汽车整车动力系统的拓扑结构及整车仿真平台，实现了整车控制策略平台设计开发，整车综合性能逐步提高至国内领先水平。

在智能网联汽车领域，无人驾驶关键技术的研发已取得突破。在智能驾驶、车联网、电子电器等方面有丰富的技术积累，并取得了相关研发成果，广汽集团自主研发的无人驾驶汽车WitStarⅡ（祺迹），已具备局部区域内任意预设两点的全自动无人驾驶能力。东风日产、东风启辰在2010年以呼叫中心服务为核心的第一代车联网服务上线后，2017年推出第二阶段的车联网服务和产品开发，实现车联网服务的实时在线。同时，东风启辰正与高德地图进行战略合作，目标在2020年实现100%联网化。

此外，广汽智联新能源汽车产业园于2017年正式开工建设，产业园建成后将形成智能网联新能源汽车年产能40万台的规模，形成国际智联新能源汽车产业价值园区，并构筑起全球智联新能源汽车的创新枢纽。中国电器科学研究院有限公司投资建设国家智能汽车零部件质量监督检验中心，该中心将成为从事智能汽车零部件产品质量监督检验和仲裁的权威机构，从而有力推动广州智能网联汽车制造产业及配套检验检测服务业发展。

五　产业链条日趋完善，服务业规模不断扩大

作为国际大都市、千年商都，广州汽车市场的消费能力一直保持在全国前列。据统计，截至2017年底，广州汽车保有量约为240万辆。广州本土汽车市场的繁荣发展，带动了汽车维修及配件、金融保险、汽车租赁、汽车会展等服务加速朝着产业化、专业化方向发展，已形成较为完善的产业链条。同时，广州地区的汽车4S店已达350多家，涵盖了主流的汽车品牌，汽车配件和用品店2000多家。拥有广汽汇理、众诚汽车保险、广汽租赁、大圣科技和唯品会等一批汽车金融保险和互联网企业。中国（广州）国际汽车展览会已成为国内三大汽车展览会之一。

综上所述，汽车产业正处于技术升级及消费结构转型的关键时期，对以

传统燃油汽车为主的广州汽车工业而言，仍有不少问题需要重视，如中国品牌汽车研发投入离国际主流汽车企业的研发投入水平还有较大差距，竞争力有待增强；智能网联新能源汽车产业基础相对薄弱，重点领域关键技术有待突破；自主创新能力不足，产业发展的体制模式有待优化；国际化战略处于起步阶段，开放发展需要深化；自主研发投入有待加强，核心零部件亟待突破；产业价值链有待延伸，汽车服务业质量仍须提升等。

第二章　指导思想、基本原则、战略定位和规划目标

一　指导思想

全面贯彻“中国制造 2025”、《汽车产业中长期发展规划》、《广州制造 2025 战略规划》，以创新驱动为引擎，以提质增效为中心，以做大做强中国品牌汽车为主线，以智能网联新能源汽车为突破口，以“一带一路”、粤港澳大湾区和南沙自贸区建设为契机，深入推进汽车产业供给侧结构性改革，增强自主研发能力，提升合资合作水平，完善产业配套体系，强化人才培养，促进产业转型升级，优化产业环境，鼓励企业实施国际化战略，推动广州汽车产业从规模速度型向质量效益型转变，实现广州由汽车大市向汽车强市转变，将广州打造成为全球知名的汽车之城。

二　基本原则

（一）市场主导，政府引导

发挥市场在资源配置中的决定性作用和政府宏观调控引导作用，加强政策扶持和环境营造，规范产业发展秩序，发挥企业主体作用，激发企业活力和创造力，促进汽车产业转型升级提质增效，引导高端生产要素向汽车制造业领域集聚。引导汽车产业向智能化、网联化和电动化发展，准确把握薄弱环节，突破发展瓶颈，扎牢基础，提高核心竞争力和可持续发展能力。准确认识新一轮科技革命和产业变革趋势，加强战略谋划和前瞻部署，全面统筹

布局，在未来竞争中占据制高点。

（二）整体推进，重点突破

加大资源要素投入力度，统筹规划，合理布局，建立以中国品牌汽车为主体，关键零部件、工艺工程装备、试验检测和后市场服务为支撑的现代汽车工业体系，明确重点发展方向，全面提升创新能力，积极发展智能网联新能源汽车，加快重点领域和关键环节突破发展。

（三）自主创新，开放包容

坚持把创新驱动摆在汽车产业发展全局的核心位置，推动跨领域、跨行业融合创新，着力攻克关键核心技术，完善创新链与产业链，形成自主发展能力。提升国际国内合作深度和广度，积极有效引进境外资金和先进技术，重整产业链，进一步提升产业发展质量和水平，创新汽车出口方式，加快汽车产业布局全国、走向全球。

三　战略定位

大力发展中国品牌，推进智能网联新能源汽车产业化，健全创新开放共享体系，把广州打造成为具有国际影响力的汽车产业“两区一高地”。

（一）打造中国品牌汽车标杆引领区

把握国内汽车市场消费升级机遇，加强企业技术创新、生产制造、质量把控、售后服务、品牌宣传等能力建设，引导企业“增品种、强品质、创品牌”，坚持质量优先、以质取胜的高品质发展道路，在全国率先创新中国品牌整车与零部件企业合作模式，加快构建国际一流的零部件供应体系。积极引导广州市的中国品牌走出去，培育1～2个世界知名的中国品牌。培育1家产品品类齐全、产品品质和品牌美誉度位居中国品牌汽车第一、产销规模位居中国品牌汽车企业前三、具备国际竞争力的领军企业。培育1～2家排名在中国前十的汽车零部件企业，将广州汽车产业打造成为中国品牌汽车的标杆引领区。

（二）打造国家智能网联新能源汽车产业化示范区

探索智能网联和新能源汽车的多维度、深层次融合发展，推动产业生态培育为主，带动测试基础设施建设、智慧交通应用等示范，建设集智能网联新能源汽车研发设计、智能制造、示范应用、测试认证和开放共享的多元化产业平台。加强国产车载智能终端及其零部件的开发和产业化，整合区域内芯片集成、智能控制等软硬件资源，促进信息通信、影像雷达、定位传感、车载终端和操作系统等研发与产业化，加快建设智能网联汽车大数据平台。提升测试认证能力，借助数据广东提升开放共享服务。构建以“广州为中心、大湾区协同、全国多地支撑”的智能网联汽车战略布局，在广州形成“一核三翼”的产业布局。逐步推进智能网联汽车封闭示范区、半封闭示范区和开放示范区的布局建设，通过聚焦广州智能网联汽车电子产业，打造引领国内外的智能网联汽车电子产业综合基地、国际领先的智能网联汽车零部件产业基地和全国领先的智能网联汽车制造共享基地及全球智能网联汽车电子产业创新中心、国际一流的5G（第五代移动通信技术）互联网和智慧交通运营示范中心。

（三）打造汽车产业创新开放共享高地

实施创新驱动战略，推进供给侧结构性改革，加大政策资金支持力度，着力构建以企业为主体、市场为导向、政产学研用相结合的科技创新体系，探索汽车产业价值创新园区发展的新理念、新模式，建设协同攻关、开放共享创新平台，吸收高端要素资源对汽车智能化、无人驾驶和新能源动力方面研发，构建智能网联新能源汽车产业集群。培育1～2家智能网联、新能源汽车的国家级、省级制造业创新中心。鼓励传统汽车企业开展与新兴汽车企业、互联网企业等跨界合作，推进全产业链协同发展。引导信息通信、能源交通、材料环保等领域与汽车产业深度融合，构建新型产业生态。支持汽车共享、智能交通等关联技术融合和应用。依托“一带一路”、粤港澳大湾区、南沙自贸区建设，加强国际合作，创建国际汽车产业创新中心，探索外资投资管理权限在新能源汽车和智能网联汽车领域突破。落实国资国企改革精神以及职业经理人试点方案，推进新一轮的改革促发展工作，积极健全国有企业领导人员薪酬考核机制，创新和探索中长期激励约束机制，吸引和留住优秀的经营管理人才，做优做活国有企业，激发国有资本的效率。

四　规划目标

经过努力，广州汽车产业创新体系进一步完善，创新能力达到国际先进水平，新能源汽车实现规模化发展，燃料电池汽车性能指标达到国际先进水平，智能网联汽车进入世界领先行列。广州市的中国品牌汽车全产业链协同发展，质量和可靠性全面提升，形成从整车到关键零部件的完整工业体系和自主研发能力，提升广州市的中国品牌汽车核心关键零部件的自主供应能力。合资合作进一步深化，国际产能合作取得积极进展。

到2020年，广州市汽车总产能达300万辆，产销规模保持在中国汽车制造基地前三位，力争实现汽车制造业年产值6500亿元。广州市的中国品牌汽车在全国布局产能达150万辆，产销规模居中国品牌前五位。广州市新能源汽车产能达30万辆，进入国内前五位。乘用车新车整体油耗降至5升/100公里。

智能网联汽车实现产业化并达到有条件自动驾驶水平（L3），驾驶辅助水平（L1）和部分自动驾驶水平（L2）新车装配率超过50%，智能网联汽车与国际同步发展。广州市的中国品牌汽车实现批量向“一带一路”国家出口，并逐步实现向发达国家出口。汽车后市场及服务在价值链中的比例达到50%。初步建成功能齐全、设施先进、服务能力与产能相适应的汽车产品第三方检测认证服务平台。

到2025年，广州市汽车总产能达500万辆，力争产销规模位居中国汽车制造基地第一，力争实现汽车制造业年产值1万亿元。广州市的中国品牌汽车在全国布局产能达250万辆，产销规模居中国品牌前三位。广州市新能源汽车产能达100万辆，进入国内前三位。乘用车新车整体油耗降至4升/100公里。

智能网联汽车实现产业化并达到高度自动驾驶水平（L4），驾驶辅助水平（L1）、部分自动驾驶水平（L2）和有条件自动驾驶水平（L3）新车装配率达80%，智能网联汽车进入世界先进行列。广州市的中国品牌汽车在全球影响力得到进一步提升。汽车后市场及服务在价值链中的比例达到

60%。完成区域内汽车产业相关的检验检测认证机构的深度整合，建成立足广州、覆盖华南、辐射东南亚的国家级汽车产品第三方公共服务平台，服务能力与华南地区汽车企业年产量的规划产能相适应。

第三章　重点任务

围绕广州市汽车产业的战略定位和规划目标，抓住广州发展的黄金期、窗口期和机遇期，重点在中国品牌汽车发展、智能网联新能源汽车产业化、创新体系建设、零部件体系完善、后市场开拓以及国际化发展等领域开展工作。

一　巩固发展优势，打造世界知名汽车品牌

广州市的中国品牌汽车研发投入离国际主流汽车企业的研发投入水平还有较大差距，竞争力仍有待加强，同时也面临历史上前所未有的发展机遇，必须抓住当前发展的窗口期，乘势而上，迅速抢占制高点。

（一）全力培育品牌企业

1. 鼓励汽车产业链内以及跨产业的资本、技术、产能和品牌等合作模式，支持优势企业以相互持股、战略联盟等方式强强联合，不断提升产业集中度。统筹资源配置，全力支持广汽传祺等广州市的中国品牌汽车打造成为世界知名汽车品牌。支持优势特色企业做大做强，成为具有较强国际竞争力的汽车领军企业，积极培育具有技术创新优势的零部件、连锁维修企业和汽车咨询服务企业成长为“小巨人”。

2. 加强品牌培育。提高品牌培育意识，引导企业实施品牌战略，夯实广州品牌汽车竞争力基础，强化广州汽车品牌文化内涵设计和推广工作，提升品牌价值。推动建立广州汽车品牌建设促进组织和机制，充分利用国际产业合作、重大活动等机会推广广州汽车品牌。密切产融合作，支持优势企业进行国际知名品牌收购和运营管理。将广州市的中国品牌汽车打造成为产品品质高，品牌认可度、产品美誉度及国际影响力强的具有较强国际竞争力的

品牌。

3. 加快服务化转型。积极引导广州市的中国品牌汽车企业创新理念、突破传统发展模式，在观念上确立向服务型制造转型的清晰思路，积极探索工业化和信息化相互融合、制造业和服务业相互渗透的发展模式和发展路径。

（二）大力打造品质工程

1. 夯实智能制造工艺基础。扎实推进工业强基工程，推动关键基础材料和先进基础工艺等重点领域的攻关行动，鼓励科研机构和骨干企业开展技术创新，突破制约制造业质量提升的关键共性技术瓶颈。

2. 大力推进智能工厂建设。加快推动汽车制造与移动互联网、云计算、大数据、物联网结合，支持有条件的制造企业面向产业链关联配套企业建设智能互联工厂，搭建制造需求与制造资源高度优化匹配的协同开发、云制造平台。

3. 推动发展服务型制造。积极引导制造企业以用户为中心构建智能服务平台，融合原材料供应链、整车制造生产链和汽车销售服务链，推动制造企业向个性化定制、整体解决方案和全生命周期管理等高端服务发展，实现企业提质增效。

（三）重点实施精品战略

1. 利用大数据等工具加强对消费者的深度研究，真正满足用户对品种多样化、品质高端化、生产定制化的需求。

2. 增加车型品种供应，利用 SUV（运动型多用途汽车）产品的良好带动效应，推动轿车和 MPV（多用途汽车）产品的均衡发展。

3. 继续优化跨平台模块化架构，提升车型的品质、降低成本，增强产品竞争力，提升车型的盈利水平，走可持续发展道路。

4. 突破传统燃油车开发理念的束缚，积极探索适合智能网联新能源汽车、共享移动出行方式的全新开发思路。

二　推进智能网联新能源汽车产业化，引领产业转型升级

广州在新能源汽车“三电”（电池、电机、电控）核心技术及布局方面

还比较薄弱，商业模式需要创新。在智能网联汽车领域目前主要依靠企业自身投入，汽车企业、互联网企业、电子信息企业、科研院所及相关机构没有形成产业融合协同机制，政策扶持力度尚需加大。广州汽车产业需加大政府引导，以企业为主体，以市场为导向，大力推动智能网联新能源汽车产业发展。

（一）加快新能源汽车市场化进程

1. 突破重点领域核心关键技术。以纯电动汽车为主要技术路线，重点发展电池系统、下一代电力电子功率器件、分布式驱动控制、制动能量回收系统、多能源动力系统集成、与车辆互联互通、多能源高度融合智能电网、无线充电、动力总成集成控制开发等前瞻性技术。推动轻量化纯电动汽车底盘平台、电池系统的集成优化、下一代电机驱动技术、电动热泵空调技术和智能充电技术等应用技术开发。加强动力电池、燃料电池、石墨烯电池等前沿电池技术的研发。加强纯电动汽车标准研究平台、整车及关键零部件测试评价平台、基础数据库、整车及系统安全研究平台和智能管理及系统安全运行研究、检测评价和监测平台等共性平台建设。

2. 搭建市场化创新平台。整合各种社会资源，通过混合所有制改革的方式，努力建成节能与新能源汽车产业共性基础技术研究院、制造业创新中心。利用企业投入、社会资本，国家科技计划专项、基金等统筹组织企业、高校、科研院所等协同攻关，重点围绕动力电池与电池管理系统、电机驱动与电力电子总成、电动汽车智能化技术、燃料电池动力系统和纯电动力系统五个创新链进行市场化创新孵化。

3. 发展核心零部件产业集群。建设新能源汽车零部件产业集聚区，重点开展动力电池关键材料、单体电池、电池管理系统等技术联合攻关，加快实现动力电池革命性突破，发展驱动电机和电机控制器、动力电池及管理系统、燃料电池系统及电堆、增程式发动机、高压总成、整车控制器等先进零部件，推进电机、电池、逆变器等关键核心零部件的自主化和产业化。

4. 加大新能源汽车推广应用力度。积极探索并有步骤地推动车辆应用和充电的共享经济发展，全面推进公交纯电动化，各相关领域实现新能源汽车规模化、商业化应用。出租、公务及环卫、邮政、物流等公共服务领域新能源汽车保有量和使用率不断提升，社会租赁成为公共服务领域的有效补充，个人购买和使用新能源汽车的比例大幅提升。政策支持与市场资源相结合，积极推进充电桩等基础设施建设，探索电池租赁、充换电服务等多种商业模式，优化新能源汽车应用配套服务。加强动力电池回收管理，建立动力电池梯级利用和回收管理体系，鼓励发展专业化的电池回收利用企业。

（二）推进智能网联汽车产业化发展

1. 搭建智能网联汽车共性研发平台。围绕智能网联汽车，整合粤港澳大湾区区域内产学研用金核心基础资源，创建国际智能网联汽车产业创新中心。依托本区域整车、零部件、电子通信和车联网等企业和科研院校，搭建广州智能网联汽车电子产业联盟，不断完善跨产业协同创新机制，突破智能网联汽车关键零部件和技术。成立广州智能网联汽车标准联盟，加强与国家智能网联汽车标准联盟对接。推动宽带网络基础设施建设和多行业共建智能网联汽车大数据交互平台。利用好国家智能网联汽车政策资源，大力开展技术、基础设施与技术法规的研究。

2. 推动整车、零部件（车载智能终端）的产业化以及产业链培育。加强区域内汽车领域战略合作伙伴的资源优势互补、协同发展，形成以智能网联新能源汽车的研发、制造、销售及售后服务为依托，融合智慧生活的全产业链开放创新生态系统。以构筑全球智能网联新能源汽车创新枢纽为总体目标，突破智能网联新能源汽车的关键技术。吸引一批5G通信、传感、汽车芯片及大数据、云计算、终端服务等技术先进企业落户，形成产业互联、开放共享的“高、精、尖”汽车技术产业集群。加快构建本地汽车电子产业集群，以车载智能终端产业化为突破口，以智能网联汽车电子为核心，带动激光雷达、高性能计算控制器、毫米波雷达、V2X（车对外界的信息交换）设备、高精度地图、人机交互、智能汽车系统、高性能智能悬架系统等产业发展。

3. 开展智能网联汽车示范推广。建设基于宽带移动互联网智能网联汽车与智慧交通应用示范区。重点建设测试、验证环境及相应的数据收集分析、管理监控等平台，集中开展智能网联汽车产品性能验证的示范与评价，建立智能网联汽车与互联网、物联网、智能交通网络、智能电网及智慧城市等的信息交流和协同机制，探索适合区域特色、多领域联动的智能网联汽车创新发展模式。开展智能网联汽车运行环境研究、应用示范以及智能网联汽车在大型物流公司、城市智能公交系统、智慧公共移动系统、城市共享用车等方面的专项研究与应用示范。

（三）实现节能环保汽车规模化应用

1. 加大汽车节能环保技术的研发和推广。推动先进燃油汽车、混合动力汽车和替代燃料汽车研发。完善节能汽车推广机制，通过汽车燃料消耗量限值标准等，引导节能汽车的研发和消费。

2. 加强核心技术突破。加强发动机可变气门技术、废气能量回收技术、发动机热管理技术、高效变速器、低摩擦技术、先进燃油喷射系统、48 伏轻混系统、混合动力发动机技术、混合动力机电耦合技术等领域产品开发。

三　坚持创新共享，提升核心竞争力

坚持把培育企业的自主创新能力作为广州汽车产业的战略发展目标，明确把广州建设成为集汽车技术开发、跨界融合创新和体制机制创新等功能为一体的汽车创新中心。

（一）强化研发体系平台创新

1. 推动研发技术的网格化创新。推进新能源汽车、智能网联汽车、节能汽车、智能制造四大方面的研发横向创新。推进新能源汽车动力电池、控制系统、车联网、大数据、芯片、感知系统、算法控制、装备制造、新能源铝合金车身和碳纤维覆盖件等领域的纵向创新。

2. 推动研发技术的市场化创新。搭建广州汽车产业技术转化联盟和交易平台，通过大学与大学协同、大学与产业协同、企业与行业协同、创新与人才培养协同等合作方式，结合包括自然基金、政府专项、股权投资基金等在内的多元化的投资体系，面向全国开展先进汽车技术成果展示、交易和应

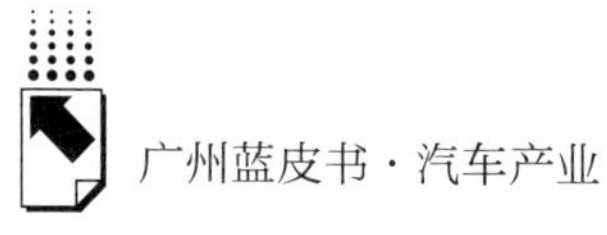

用服务等。

3. 推动研发技术的平台化创新。建设一批国家级、省级重点实验室、制造业创新中心、企业技术中心等创新平台，形成一批重大汽车产业相关的原创性科学成果。积极引导高校、科研机构、零部件企业与整车企业建立研发战略联盟，逐渐培育和构建涵盖整车企业、零部件供应商、高校、科研机构等在内的技术创新生态圈。推进技术标准、测试评价、基础设施等产业支撑平台建设，形成支撑产业发展的系统化服务能力。支持整车企业联合第三方机构建设具有南方地理环境和气候特色的第三方汽车综合检验检测试车场，提升广州市的中国品牌汽车的验证检测能力。

4. 推动研发技术的国际化创新。面向全球加快引进汽车设计、研发机构、研发团队和优势技术等各类创新资源。支持龙头企业通过各种方式到海外设立、兼并和收购汽车设计和研发机构。以“一带一路”、粤港澳大湾区和南沙自贸区建设为契机，打造国际汽车产业创新中心，引导高端研发平台和优质创新资源，吸引全球汽车产业高端要素参与，将广州打造为海外汽车人才归国创新创业的优选地。

（二）鼓励跨界融合创新

1. 推动汽车产业实现网联化融合。围绕汽车产品、生产线、供应链及商业模式等环节，积极引导汽车与信息通信、道路智能交通、互联网的跨界融合。

2. 推动汽车产业实现大数据融合。积极探索广州大数据与汽车产业市场分析、市场营销和收益管理等领域的融合发展。

3. 推动汽车产业实现共享经济融合。鼓励本地整车企业与国内外互联网造车新势力开展研发和制造领域共享融合。支持汽车企业与互联网共享公司开展新能源汽车领域的共享经济融合，打造开放共享的智能网联新能源整车研发平台。

4. 推进汽车产业实现智能制造融合。全面落实《广州制造 2025 战略规划》，推进数字工厂、智能工厂、智慧工厂建设，融合原材料供应链、整车制造生产链、汽车销售服务链，实现大批量定制化生产。

（三）探索体制模式创新

1. 探索企业体制创新。探索建立起与市场经济相适应的经营决策、选人用人、业绩考核、收入分配等激励机制，研究探索在汽车行业试行实施国企考核研发投入按比例折算为利润的制度，充分激发企业、企业家和人才的创造力。支持在人才资本和技术要素贡献占比较高的科技型、创新型汽车企业率先开展混合所有制试点改革，允许团队核心成员持股。

2. 探索服务机制创新。探索汽车产业园区制度创新矩阵，推进完善园区在招商引资、企业服务、金融支持、企业改革、支持实体经济方面的政策措施。

3. 探索产业资本创新。探索成立广州市汽车产业创新发展基金，利用政府引导基金撬动社会资本，参与国内外重大汽车项目股权合作和兼并收购，并将这些产业或企业引入广州。

四　加强整零协同发展，实现关键核心零部件突破

核心零部件关系到汽车整车企业的可持续发展，是广州汽车产业做大做强的关键。传统汽车关键零部件技术比较落后，新能源“三电”核心部件、智能网联等缺乏行业领先、有竞争力的零部件企业，本土零部件企业研发投入不足，制约了零部件与整车的同步开发效率。

广州汽车零部件产业需要在发动机、自动变速箱、电喷系统、ABS（制动防抱死系统）等电子控制系统取得突破，建立智能网联新能源汽车核心零部件产业集群，逐步培育本地核心零部件企业，助力广州汽车产业迈向新台阶。

（一）协调整零关系，推动汽车零部件技术同步开发

创建汽车零部件技术国家地方联合实验室，加强高等院校、科研院所、汽车整车和零部件企业之间的合作，提升广州汽车零部件产业水平。加大对现有核心零部件企业的培育力度和国内外技术先进、实力较强核心零部件领军企业的引进力度。加强对外合作，提升研发能力和产品技术水平，推动全市汽车零部件产业从提供零件和部件的配套向模块化、系列化发展，从主要

生产机械类零部件向机械类零部件与电子类零部件并重发展，逐步实现与整车生产企业同步研发、同步生产、同步供货，全面提高配套能力和水平，进一步提升整车企业本地化配套份额，降低产品配套成本，提升整车产品竞争力。

（二）强化自主可控，推动汽车零部件产业重点突破

抓住中国品牌整车企业发展机遇，围绕中国品牌整车企业，加强产业链集群集聚发展，重点支持本地龙头企业加大投资力度，发展配套的动力总成、变速器、电子控制系统、轻量化部件等高端零部件，使产品和工艺水平达到国内领先水平。

前瞻布局新能源汽车及智能网联汽车零部件，加快发展节能与新能源汽车关键零部件。重点发展三元锂等高性能电池、驱动电机、电控系统、传感器、车载光学系统、车载雷达系统、控制芯片、高精度定位、车载终端和操作系统等配套产业。

（三）加强整零合作，构建新型整零合作体系

建设具有国际竞争力的中国品牌汽车零部件体系是发展中国品牌汽车的关键。鼓励整车企业制定中国品牌汽车零部件战略伙伴计划，探索和优化成本共担、利益共享、知识产权保护等合作机制，鼓励整车骨干企业与优势零部件企业在研发、采购等层面深度合作，建立安全可控的零部件配套体系。

鼓励大型零部件企业向全球配套转变，按照全球采购、择优竞价的原则，积极开拓国内外客户，形成专业化、中性化和规模化的零部件集团。鼓励零部件企业对标国际优秀同行制定发展战略，通过加强研发实力、市场扩展、收购等手段进入国际整车企业的配套体系。

五　延伸产业价值链，构建后市场良性生态圈

围绕广州市打造国际商贸中心的目标，促进汽车服务业转型升级，引导汽车服务业集聚，推进制造业和服务业联动发展，做大做强汽车服务业，打造完整的汽车产业生态圈。

（一）加大产融结合力度，促进汽车金融繁荣发展

加快构建汽车金融服务体系，积极推动大型金融机构和企业集团新设的专业性、功能性、创新型金融机构落户广州，重点扶持本地专业汽车金融和保险企业发展壮大，顺应互联网金融发展新趋势。充分发挥汽车金融对整车制造、零部件企业、汽车销售企业等汽车产业相关企业的扶持作用。支持广州汽车信贷和保险企业全国性布局，积极培育产业投资、融资租赁等新兴汽车金融业务。

（二）延伸后市场产业链，补齐汽车回收短板

发展生产性物流、汽车零售和售后服务、平行进口车、汽车租赁、汽车共享、二手车交易、停车服务、报废回收、汽车金融和保险，通过发展现代汽车服务业，为汽车产业发展提供良好环境，最终形成“汽车研发—零部件制造—整车制造—汽车服务业”的完整汽车产业链。鼓励企业探索移动出行商业模式创新，在移动出行大数据基础上，进一步布局综合智能交通解决方案业务。重点支持企业发展汽车绿色回收、零部件再制造等领域。充分利用本地整车企业的优势，同时辐射珠三角整车企业，打造全国知名的汽车零部件绿色制造基地，推动汽车绿色回收和拆解产业，并充分利用政策优势，打造聚焦于汽车产业的循环经济试验区。

（三）发展汽车展会及汽车文化，提高汽车产业软实力

探索举办中国（珠江）汽车论坛，将其打造为国内顶级高层次汽车论坛之一，提升产业发展软实力和国际影响力。打造广州汽车主题公园，探索将汽车工业旅游与本地生态旅游等项目相结合。整合汽车消费、汽车体验、汽车文化、汽车服务四大主要功能，辅以旅游地产、商务办公、餐饮住宿、购物休闲等功能，以尖端科技、一流服务提供超预期体验，通过声、光、电等科技工具，建成一个以现代汽车文化和现代汽车技术为主题的汽车生活综合体。

六　完善产业布局，打造国家汽车制造业基地

（一）整车布局

未来广州汽车产业本地布局仍按东部、北部、南部等三大产业集群区完

善整车产业布局。东部汽车产业集群包括增城汽车产业基地、黄埔汽车产业基地、北汽集团华南汽车生产和出口基地，主要布局广汽本田、北汽（广州）等项目。北部汽车产业集群包括花都汽车城、从化明珠工业园，主要布局东风日产、广汽日野、广汽比亚迪以及其他新项目。南部汽车产业集群包括广汽番禺汽车城和南沙国际汽车产业基地等，重点建设广州市的中国品牌汽车，将广汽番禺汽车城打造成为广州市的中国品牌汽车制造和出口基地，同时布局广汽丰田和广汽菲克等项目。

结合未来汽车产业以发展新能源汽车、智能网联汽车和中国品牌汽车为主，广州市新增中国品牌整车主要布局在番禺、黄埔、花都、增城和从化，外资合作项目主要布局广州开发区、南沙自贸区。广州市智能网联汽车主要布局在番禺、增城、花都、黄埔、南沙、白云和从化等行政区，并协同粤港澳大湾区，对接国内其他示范区，形成以“广州为中心、协同粤港澳大湾区、全国多地支撑”的战略布局，在广州形成“一核三翼”的产业布局。

支持整车企业发展总部经济，在广州本地充分布局制造产能的同时，根据市场、资源等各方面要素，积极拓展广州市外布局，降低企业的生产成本、物流费用等，提升企业的核心竞争力。支持广州市的中国品牌汽车企业在风险可控的前提下，在海外布局全散装件组装工厂，提升广州市的中国品牌汽车的国际影响力，为广州市的中国品牌汽车成为世界知名品牌打下扎实基础。

在增城开发区加快推进中国汽车技术研究中心华南基地建设，依托国家轿车质量监督检验中心（天津）建设覆盖传统燃油汽车、节能与新能源汽车、智能网联汽车、商用车（改装车、特种车）整车及关键零部件的全方位检验检测能力的具备国际影响力的汽车产品第三方检测认证服务平台，业务范围覆盖华南地区汽车及零部件相关企业、辐射东南亚。在南沙布局国家级新能源汽车动力电池检测中心。在黄埔投资建设国家智能汽车零部件质量监督检验中心。探索在番禺、增城、花都建立以车载智能终端为核心的智能网联汽车第三方测试服务平台。构建国家级汽车试验检测认证公共服务平台，加速广州检验检测高技术服务业集聚区发展。提升广州汽车产业公共服务能力和技术水平，推动区域内汽车产业检验检测认证机构整合改革、转型升级、加快发展。整合区域内的中国汽车技术研究中心华南基地等汽车及零部件检测认证资源，构建国家级汽车、新能源汽车、智能网联汽车及零部件试验检测认证公共服务平台，加速广州检验检测高技术服务业集聚区发展。

（二）零部件布局

构建广州国际汽车零部件产业基地，打造国际高端汽车零部件制造和出口基地、国家级新能源汽车零部件产业集聚区和国家级智能网联汽车零部件产业集聚区。按照差异化发展原则，在现有产业基础上选址番禺、增城、花都、南沙、黄埔和从化建设新产业园区。

番禺园区重点构建中国品牌、欧美系及新能源乘用车等多元化汽车零部件基地。增城园区重点构建汽车核心零部件、新能源汽车关键零部件生产基地，发展智能多车型共线柔性汽车生产装备，建设汽车及高端零部件研发、检测、出口基地。花都园区重点构建汽车核心零部件、新能源汽车关键零部件、零部件再制造、国际汽车创新谷。南沙园区重点构建新能源汽车及关键零部件基地，打造区域零部件出口基地。黄埔园区重点构建汽车核心零部件与电子信息、北斗导航、物联网、新材料产业融合发展示范基地，发展新能源汽车高效动力电池、电机、电控等关键领域。从化园区重点发展商用车、新能源汽车及汽车零部件产业。

（三）后市场布局

以中心—外围梯度转移的空间布局原则，以市场力量为主导，构建广州市汽车服务业“一心四轴”的产业空间布局，逐步形成各有特色的产业区域块状。

核心区。由天河区、越秀区、海珠区和荔湾区四个行政区域组成广州市汽车服务业的核心区块，以高端化、信息化为主，以汽车服务业运营为特征，以大型的综合展贸集聚园区为基本模式和主要发展方向。

北部广花发展轴。由花都区、白云区连接核心区，共同构成广州市汽车服务业的北部广花发展轴。以汽车用品、汽车物流、汽车文化及其拓展延伸业态建设有特色的汽车服务业产业区块。

北部广从发展轴。由从化区、白云区连接核心区，共同构成北部广从发展轴。以信息化、网络化等先进科技手段提升、拓展已具有一定规模的汽车服务业，形成规模庞大、品类齐全的汽车服务业特色产业区块。

东部发展轴。由黄埔区向核心区域连接，共同构成东部发展轴，以整车销售、备件供销、售后服务，汽车用品展贸、汽车及零部件出口、汽车物流配送等作为汽车服务业特色产业区块。

南部发展轴。由南沙区、番禺区向北连接核心区，共同构成南部发展轴。以南沙汽车进出口大通道、汽车及零部件进出口物流园区及其配套服务作为汽车服务业特色产业区块。

七　深化开放发展，打造国际化产业中心

（一）协同合作，打造广州车企海外市场整体竞争优势

通过加强企业相互间的对接与沟通，共同研究与探索适合广州汽车企业联合出海的有效模式与路径，加强协同合作与资源共享，发挥企业合力，实现跨企业、跨集团、跨行业的抱团联合出海。

通过深化产能合作、建立战略联盟、海外并购等方式，充分利用和整合外部资源，打造广州市的中国品牌汽车生产企业在海外市场的整体竞争优势。支持本土汽车企业与国际一流品牌汽车企业建立战略联盟，借助全球资源，全面提升广州市的中国品牌汽车在国际市场的竞争力。探索战略性入股合资伙伴，快速推动资源协同与整合，不断拓展海外销售新领域。鼓励汽车零部件企业与国外企业合资合作，开展国际交流合作。

（二）目标市场导向，加快实现从单纯的产品输出到技术与资本输出的转变

支持广州汽车企业深入研究“一带一路”沿线各国的政策法规、风俗文化、消费环境、购买能力等，根据目标市场特点进行产品的适应性改进，提高出口的针对性和有效性。

顺应国家“一带一路”倡议不断开拓海外市场，积极推进属地化销售经营和散件组装工厂以及属地生产销售合作，提升本土化制造的能力、属地化销售经营的能力和配置全球资源的能力。推动企业品牌国际化建设，鼓励

多投资主体共建共享国际营销渠道，创新营销模式。

支持以企业为主体开展国内外汽车产业有序重组整合、企业并购和战略合作。将国际化战略和本土化战略有机结合，针对重点市场，通过在当地设立研发中心、投资建厂等途径，实现从单纯的产品输出到技术与资本输出的转变。

（三）完善体系，加快广州汽车及相关产业研发体系融入全球

充分发挥广州区位优势，建立技术合作窗口，搭建国际化的汽车产业知识产权平台，吸引全球高端技术、研发产业在广州布局，推动国际技术合作的深化和发展，打造全球研发生态。鼓励广州市的中国品牌汽车生产企业提速布局海外研发中心，促进广州汽车及相关产业研发体系融入全球的价值链创造体系，并努力占据高端化、高附加值的产业价值链有利位置。

（四）内部优化，营造良好的国际化政策环境

进一步完善出口有关的信用保险、担保制度与融资平台建设，通过出口信贷和税收优惠等政策，鼓励广州市的中国品牌汽车走出去。建立信息共享平台，畅通信息交流渠道，及时为企业提供各国政策法规、市场需求等信息，帮助企业获取更多的海外市场机遇。鼓励汽车企业开展粤港澳大湾区产业合作，深入研究“一带一路”国家汽车产业相关政策，寻求合作，紧密联系金融机构和各大汽车企业，积极推动国际产能合作，积极开拓新兴市场。

第四章　保障措施

一　健全规划实施机制

按程序成立广州市汽车产业发展领导小组，由市主要领导任组长、分管市领导任副组长，小组成员由有关部门和区主要领导构成，研究部署全市汽车产业发展的重大政策、重大工程专项和重要工作安排，指导和协调各区、各部门、各企业开展工作，协调解决汽车产业发展中的重大问题。

完善政企战略决策沟通交流推进机制，加强与整车企业、重点零部件企业的沟通交流，建立市领导与重点企业高层的定期会晤、战略决策、沟通、交流和重点项目推进机制，及时解决汽车产业发展中的重大问题。调动各相关职能部门主动服务汽车产业发展，优化工作流程，简化办事环节，制定细化支持政策和配套措施，统筹协调，形成多方合力，加强资源保障和配置，提高工作效率。

二　加大政策支持力度

（一）加大财税支持

全面落实国家税收优惠政策，加大收费清理，切实减轻企业负担。鼓励企业加大研发投入，充分发挥各类金融服务的优势，加大对中国品牌汽车、新能源汽车、智能网联汽车、燃料电池汽车和核心汽车零部件等重点领域的支持力度。

（二）强化金融支持

充分发挥市“中国制造2025”产业发展资金、市战略性新兴产业发展专项资金、市科技创新发展专项资金作用，大力支持汽车产业领域的自主创新，重点支持汽车前沿技术、共性关键技术研发、汽车产业基础研究。整合现有市级产业基金，成立广州汽车产业创新发展基金，采用股权投资等市场化方式，重点向中国品牌汽车、新能源汽车、智能网联汽车、燃料电池汽车和核心汽车零部件倾斜。鼓励金融机构对中国品牌汽车、新能源汽车、智能网联汽车、燃料电池汽车和核心汽车零部件优先给予信贷支持，通过资本市场、融资租赁、互联网金融等方式拓宽企业融资渠道，支持汽车产业企业利用多层次资本市场做大做强。

（三）加强用地支撑

制定广州市汽车产业重点发展目录，优先将目录内汽车项目列入省、市重点建设项目，在项目立项、规划、用地报批等方面给予绿色通道支持，优先保障用地。

三　着力打造人才高地

加快落实《广州市中长期人才发展规划纲要（2010—2020年）》、《中共广州市委广州市人民政府关于加快集聚产业领军人才的意见》（穗字〔2016〕1号）、《羊城创新创业领军人才支持计划实施办法》等政策措施。支持汽车企业或研究机构引进研究开发、行政管理、财税金融等各类高层次领军人才。支持高等院校通过研修培训、学术交流、项目资助等方式培养教学骨干。支持高等院校加强汽车学科专业建设，培养创新型教育人才队伍。建立学科领军人才、汽车工匠等表彰制度。实施汽车英才计划，通过项目扶持等方式，支持汽车产业青年英才领衔开展科技研究、应用开发、成果转化等，加快培养汽车产业高素质、国际化管理人才和拔尖创新人才。引导和支持整车及零部件企业组织开展高层管理人员轮训，提高战略管理和跨文化经营管理能力。支持企业、院校培养复合型高技能人才。加大引进和培育各类人才专业服务机构，建立汽车人才信息基础数据库、人才供需信息服务平台。加快研究制定汽车企业骨干成员激励政策。鼓励企业试行期权、股权等激励方式吸引和留住骨干人才。优化考核机制，研究把研发投入、品牌推广费用加计或视同企业利润，支持企业长期健康发展。

四　完善产业发展环境

以市场主导、政府引导相结合的方式推动老旧、高排放汽车淘汰更新，鼓励推广使用节能与新能源汽车。提高城市规划和交通布局的前瞻性和科学性，合理建设布局城市道路、停车场、加油站、充电站（桩）等基础设施。支持跨界合作，鼓励共享汽车发展。大力发展汽车产业专业服务机构，支持成立汽车行业商会等专业服务机构，推动市、区、产业园区互动交流和协作，整合优化区域性人才、技术、信息、配套等资源。充分发挥各类汽车行业协会、工程学会等行业机构作用，支持其开展数据统计、成果鉴定、检验检测、标准制订、产业政策研究等工作。鼓励行业组织建设公共服务平台，协调组建行业交流及跨界协作平台，开展联合技术攻关，推广先进管理模式，培养汽车科技人才。

B.22
广州市新能源汽车发展工作方案（2017—2020年）

广州市人民政府办公厅

根据《国务院关于印发节能与新能源汽车产业发展规划（2012—2020年）的通知》（国发〔2012〕22号）、《国务院办公厅关于加快新能源汽车推广应用的指导意见》（国办发〔2014〕35号）、《国务院办公厅关于加快电动汽车充电基础设施建设的指导意见》（国办发〔2015〕73号）、《关于调整新能源汽车推广应用财政补贴政策的通知》（财建〔2016〕958号）、《广东省人民政府办公厅关于加快新能源汽车推广应用的实施意见》（粤府办〔2016〕23号）和《广东省财政厅发展改革委科技厅经信委转发财政部科技部工业和信息化部发展改革委关于调整新能源汽车推广应用财政补贴政策的通知》（粤财工〔2017〕27号）等文件精神，为加快我市新能源汽车发展，促进汽车产业转型升级，培育新的经济增长点和产业竞争优势，缓解能源和环境压力，特制定本工作方案。

一　总体要求

（一）指导思想

坚持创新、协调、绿色、开放、共享发展理念，贯彻落实国家和省新能源汽车发展战略和工作部署，立足我市汽车产业基础和市场优势，以纯电驱动为新能源汽车发展的主要战略取向，重点发展纯电动汽车、插电式混合动力（含增程式）汽车和燃料电池汽车，继续推进节能汽车发展，积极探索

“新能源＋智能网联”汽车试点。强化要素资源保障，大力支持新能源汽车整车企业、关键零部件企业提升技术水平，不断增强产业创新力与竞争力。加大工作统筹协调，建立健全政策体系，引导商业模式创新，营造良好发展环境，积极推进充电基础设施建设，扩大先进适用的新能源汽车推广应用，推进产需互促，实现新能源汽车产业健康可持续发展。

（二）基本原则

——坚持产业发展与推广应用相结合。发挥我市汽车产业基础好、产品种类齐和技术性能强的优势，进一步加大技术研发投入，提升产品质量，降低生产成本，注重加强品牌建设，不断提升产业综合实力。继续通过推广应用拓展市场，重点培育私人消费市场，进一步扩大公共领域新能源汽车推广应用，激活市场需求潜力，实现产业与消费良性互动发展。

——坚持政府引导与市场主导相结合。加强政府统筹与指导，发挥规划引导和政策激励作用，聚集科技、人才、资金、土地等要素资源，大力扶持新能源汽车产业化和引导市场消费，加快规划建设充电基础设施。进一步规范和优化市场环境，完善财政补贴审核拨付机制，视市场、技术发展情况，对车辆购置的财政补贴逐步退坡。加强应用监管，有效调动市场主体的积极性，加快构建以产业链企业之间风险共担、合作经营为主，以政府扶持、财政补贴为辅的新能源汽车发展模式。

——坚持自主创新与开放合作相结合。以实施供给侧结构性改革为指引，推动企业创新发展，把技术创新作为推动新能源汽车产业发展的主要驱动力，着力提升自主创新能力和自主品牌影响力，加快形成具有自主知识产权的技术、标准和品牌。有效利用全球资源，大力引进新能源汽车领域的优势企业、一流技术和高端人才，开展新能源汽车整车及关键零部件的技术攻关，鼓励企业与世界前沿技术接轨，加快实现资源整合和共赢发展。

——坚持整体统筹与重点突破相结合。不断优化顶层管理设计，强化我市新能源汽车发展工作领导小组的统筹协调职能，围绕加快推进“新能源＋智能网联”汽车发展，进一步增强政策的系统性、针对性和可操作性。

着力扶持企业突破核心技术，加快推进产业化进程。积极引导社会资本重点投向充电基础设施建设、运营和管理。加大公交、出租、物流、环卫等公共服务领域新能源汽车推广应用力度，确保落实省下达的目标任务。

（三）工作目标

力争到“十三五”末期，我市在新能源汽车整车、关键零部件发展及推广应用和充电基础设施建设等方面取得明显进展，有利于新能源汽车发展的环境进一步优化，基本建成国内创新能力强、产业化水平高、配套设施完备、推广应用效果显著的新能源汽车发展示范区。

——产业发展。着眼新能源汽车电动化、智能化、网联化发展方向，我市新能源汽车整车研发、设计、制造及产业整合发展能力逐步增强，整车产品种类不断丰富，产品竞争力和市场占有率进一步提升。动力电池（包括原材料、电芯、成组和电池管理系统）、电机、电控、汽车电子和充电配套设备等关键零部件产业化步伐加快，智能网联技术与新能源汽车融合发展取得重大进展，新能源汽车检验检测、动力电池回收、汽车后市场等配套服务能力增强。到2018年底，初步形成完整的新能源汽车产业生态链，新能源汽车整车、动力电池及关键零部件技术整体上达到国内先进水平，部分领域达到国际先进水平，掌握电池系统、电机系统、电控系统、汽车电子和轻量化材料等关键核心技术。力争到2020年底，年营业收入超百亿元的整车企业2～3家，全市新能源汽车整车年生产能力达到30万辆以上，其中，新能源汽车专线年产能达20万辆，实现总产值超1000亿元。基本建成国际级“新能源＋智能网联”汽车产业创新集聚区。

——推广应用。全市新能源汽车推广应用的良好市场氛围进一步形成，积极探索并有步骤地推动车辆应用和充电的共享经济发展，全面推进公交电动化，各相关领域实现新能源汽车规模化、商业化应用。出租、公务及环卫、邮政、物流等公共服务领域新能源汽车保有量和使用率不断提升，社会租赁成为公共服务领域的有效补充，个人购买和使用新能源汽车的比例有较大提升。进一步营造本市新能源汽车推广应用氛围，实现新能源汽车产业与推广应用的互动发展。新能源汽车推广应用事前、事中及事后监管和安全应急管理水平稳步提高。到 2018 年底，全市推广应用新能源汽车累计达 10 万辆以上，其中，公交、出租、环卫等公共服务领域推广应用新能源汽车约 1 万辆，私人和租赁等领域约 9 万辆。到 2020 年底，全市新能源汽车保有量累计达 20 万辆左右，其中，公交、出租、环卫等公共服务领域推广应用新能源汽车约 3 万辆，私人和租赁等领域约 17 万辆。推广应用工作继续保持国内领先。

——充电基础设施。到 2018 年底，全市初步构建起以专项规划为指引、各项配套政策完备、社会力量积极参与、监控管理到位的充电基础设施建设体系，基本实现适度超前、车桩相随、智能高效、使用便利的充电服务。力争各类充电桩（机）保有量达 7 万个，基本满足全市新能源汽车需求。到 2020 年，全市各类充电桩（机）保有量达 10 万个。

二　重点任务

（一）大力提升新能源汽车整车产业规模

1. 进一步增强整车竞争能力。依托有实力的科研院所与高校，加大科技研发攻关力度，按照安全、节能、环保的要求，支持企业突破整车设计、新能源动力总成、整车匹配等关键技术，建立和优化新能源汽车整车开发流程，加快研究和提升整车检测、诊断、试验技术、整车生产工艺技术和产业化水平。（市发展改革委、工业和信息化委、科技创新委负责）

2. 支持重点整车产品发展。支持企业重点发展新能源乘用车、新能源商用车、新能源专用车三大类产品。乘用车领域，重点发展可应用于城市家庭用车、出租车和公务车领域的纯电动乘用车和插电式（含增程式）混合动力乘用车。商用车领域，重点发展新一代高性能、大运量纯电动客车。专用车领域，重点发展纯电动物流车、机场摆渡车、警务用车、环卫车等产品，尽快把新能源专用车发展成为优势产品。支持企业加快布局、投产新能

源汽车产品，重点推进本地企业新产品尽快开拓市场。（市发展改革委、工业和信息化委负责）

3. 加快整车重大项目建设。推进广汽智能网联新能源产业园、广汽乘用车系列新能源汽车车型等产业化项目建设，逐步扩大新能源汽车产能。支持广汽比亚迪、广汽本田、广汽丰田等一批纯电动汽车产业化项目投达产，鼓励东风日产、北汽广州公司根据市场需求及时导入纯电动车项目。加快番禺、增城、花都、南沙和从化五大汽车产业园区建设，为新能源汽车项目建设提供载体。推动整车企业对外实现强强合作；大力引进国际知名新能源汽车企业落户我市，加快推进新建纯电动车项目建设，进一步提升新能源汽车产业整体竞争能力。（市发展改革委、工业和信息化委负责）

4. 实施新能源汽车智能化工程。集中力量突破智能网联汽车核心技术，加快开发核心系统，尽快实现智能网联技术优先应用于新能源汽车，鼓励车网融合发展模式创新。积极支持整车企业与互联网企业开展深度合作，构建“新能源+智能网联”汽车产业链。支持番禺、花都、南沙、增城、黄埔等条件较好的区域率先开展“新能源+智能网联”汽车试点，争取纳入国家智能网联汽车试点工程。（市发展改革委、工业和信息化委、科技创新委负责）

（二）重点发展新能源汽车关键零部件产业

5. 继续加强零部件重点产品技术创新。重点发展高能量密度、高安全性单体电池及正负极、隔膜、电解液等电池关键材料，不断提升动力电池系统的一致性、安全性和可靠性。加强新能源汽车驱动电机、电控及核心材料研发和产业化，推动产品向系统集成化、电机永磁化、结构轻量化、控制智能化方向发展。推动整车控制、电机控制和电池管理等系统的集成化发展，加强生产和试验检测能力建设。（市发展改革委、工业和信息化委、科技创新委负责）

6. 推动零部件产业链项目建设。支持动力电池、正负极材料、电解液、电动空调、充电设施等一批新能源汽车关键零部件产业化项目加快建设。发挥新能源汽车研发机构优势，助推关键零部件项目加快研发与产业化进程，完善以整车企业为龙头带动的新能源汽车产业链与创新链。依托我市新能源汽车产业基地和国际汽车零部件产业基地，加大招商工作力度，实施靶向招商，大力吸引一批高端零部件企业落户广州。（市发展改革委、工业和信息化委，各区政府负责）

7. 提高零部件企业本地化配套水平。发挥我市整车企业集中的优势，支持整车企业优先与本地零部件企业开展新产品研发和应用。推动整车企业实施零部件新产品的规范认证，支持批量采购本地关键零部件企业产品。鼓励和引导零部件企业进一步主动对接整车企业，参与新车型的目录申报，加强产业链上下游企业合作。（市发展改革委、工业和信息化委、科技创新委负责）

8. 协同发展充电技术和装备。加快整车高压触电防护技术、高压配电装置小型化、超快速充电、无线充电等技术研发，大力发展车载充电设备、大功率快速充电设备及电池快换技术及设备。鼓励研发充电设施接网、计量计费、监控等技术，推进与智能电网相融合的能量转换、充电、电池组检测维护技术与设备的研发产业化。（市工业和信息化委、科技创新委、质监局负责）

（三）深入开展新能源汽车推广应用

9. 统筹推进推广应用工作。贯彻国家和省新能源汽车全面推广应用工作部署，明确我市目标任务。研究出台有利于新能源汽车推广应用的上牌、停车和市域内高速通行减免费等政策措施，实行新能源汽车安全质量及申领补贴“双确认”，加强车辆主要参数的核实比对，建立专项试验及售后评审工作机制，继续支持技术先进、性能可靠、管理规范、市场反馈良好的新能源汽车产品参与我市推广使用。重点加大公交、出租、党政机关、物流、环卫等领域新能源汽车的推广力度，鼓励、引导个人购买使用新能源汽车。加强制度创新，积极参与国家新能源汽车碳配额及新能源汽车积分交易。（市发展改革委、财政局负责）

10. 全面推进公交电动化。全面推进公交电动化，出台实施《广州市公交电动化推广工作方案》。从2017年起，新增及更新的公交车100%使用纯电动汽车，并按计划、分步骤逐年加大纯电动公交车推广数量和配套充电基础设施数量，建立全市公交电动化持续、健康、安全运营的软、硬件配套体系，力争到2018年底全面实现公交电动化。（市交委负责，花都区、番禺区、南沙区、增城区、从化区政府和有关单位配合）

11. 加强公共服务领域率先推广应用。鼓励出租、环卫、物流领域优先使用新能源汽车。每年全市更新或新增的出租车中，纯电动出租车比例不低于70%，且逐年提高5个百分点，其余30%全部使用新能源汽车（市交委、各区政府负责）。环卫、物流等公共服务领域每年新增或更新的车辆，选用新能源汽车的比例不低于50%且逐年提高5个百分点，其中纯电动汽车比例不低于30%且逐年提高5个百分点（市城管委、交委，各区政府负责）。2017～2018年全市公共服务领域约新增新能源汽车5000辆。到2020年，全市公共服务领域新能源汽车保有量达3万辆。

12. 大力推进党政机关、公共机构使用新能源汽车。结合公务用车制度改革，加强公车采购前置审核管理，每年党政机关和公共机构、企事业单位新增及更新的车辆，在满足工作需求的前提下，原则上全部使用新能源汽车。鼓励党政机关和公共服务机构优先选择租赁新能源汽车出行。（市府办公厅、市财政局、各区政府负责）

13. 积极鼓励个人消费者使用新能源汽车。引导消费者树立绿色低碳的出行理念，通过降低产品价格、提升续航里程、降低运维费用、完善充电网络，鼓励私人购买、使用新能源汽车。完善新能源汽车补贴政策指标化管理，推动私人领域应用新能源汽车有序发展。2017～2018年全市约新增新能源私人用车（乘用车）5万辆。到2020年全市私人领域新能源汽车保有量达12万辆。（市发展改革委负责，市交委、公安局配合）

14. 有序推进新能源汽车租赁业务发展。进一步完善、规范汽车租赁行业管理，鼓励发展共享汽车服务，鼓励租赁领域优先采用新能源汽车。支持黄埔、番禺、南沙等有条件的区开展新能源汽车共享试点工作，进一步完善

公众出行体系。（黄埔区、番禺区、南沙区政府负责，市交委、发展改革委、工业和信息化委配合）

（四）加快充电基础设施建设

15. 强化规划引领。按照国家和省的要求，出台实施全市充电基础设施专项规划和配套电网建设与改造规划，并根据实际需要，逐步纳入城乡规划和土地利用整体规划。按照“统筹规划、适度超前，自（专）用为主、公用为辅，合建为主、单建为辅，因地制宜、区域差别”的原则，加快构建“一主、四副、网络化”的充电基础设施服务网络。（市工业和信息化委、国土规划委负责）

16. 完善政策管理。制定充电基础设施建设管理办法，放宽准入条件，鼓励社会资本以独资、政府和社会资本合作（PPP）等方式参与建设（市工业和信息化委负责）。完善充电基础设施用地政策，优先保障确需使用新增建设用地的公共充电基础设施土地利用计划指标（市国土规划委负责）。落实企业用电峰谷分时电价政策和执行大工业用电政策，免收基本电费；实施全市充电服务收费管理办法（市发展改革委负责）。出台既有住宅小区业主在固定车位自建充电桩申报流程，支持私人消费者建设自用充电桩（市工业和信息化委负责）。建立充电基础设施建设、运营单位遴选和退出机制（市工业和信息化委负责）。加强充电基础设施标识设置指引，鼓励通过社会化、市场化手段对充电车辆适当减免停车费（市工业和信息化委负责，市发展改革委配合）。完善物业管理政策措施，鼓励、引导物业服务企业对充电基础设施安装提供便利（市住房城乡建设委负责）。

17. 分类推进建设。贯彻落实国家和省的要求，推动新建住宅停车位全部建设充电基础设施或预留安装充电基础设施接口，新建办公楼、商场、酒店等公共建筑配建停车场和社会公共停车场，建设充电基础设施或预留安装充电基础设施接口条件的车位不低于30%（市国土规划委、住房城乡建设委负责）。鼓励充电服务、物业服务等企业结合停车位建设与改造，参与用户居住地充电基础设施建设和运营管理（市工业和信息化委、住房城乡建设委负责）。推进政府机关、公共机构和企事业单位充分利用内部停车场资源，按不低于20%的比例规划建设电动汽车专用停车位和充电基础设施（市工业和信息化委负责，市府办公厅、市国资委配合）。按照全市公交电动化工作要求，充分调动整车生产企业、公交企业、公交站场等单位的积极性，进一步整合资源，加大支持力度，大力推进为公交电动化配套的充电基础设施建设（市工业和信息化委负责，市交委、各区政府配合）。支持环卫、通勤、出租、物流、租赁、执法巡逻等领域加快建设充电基础设施（市工业和信息化委负责，市城管委、交委、公安局配合）。加强综合政策指引，逐步推进在大型商场、超市、文体场馆、城市地标性建筑、交通枢纽、驻车换乘（P+R）等停车场建设公共充电基础设施，鼓励加油（气）站、汽车4S服务店配建快充设施并向公众提供服务。加快高速公路服务区充电基础设施规划与建设，充分利用城际高速公路服务区停车位建设城际快速路、高速路充电网络（市工业和信息化委、广州供电局负责）。

18. 开展试点示范。创建一批充电服务“示范小区”“示范单位”，发挥示范带动效应（市发展改革委负责）。创新城市充电基础设施建设与运营模式，鼓励充电服务企业采取线上线下相结合的方式，提供智能充放电、电子商务、广告等增值服务。完善相关标准规范与配套政策，探索各种先进适用充电技术，总结形成可复制、可推广的充电基础设施发展经验，促进充电基础设施加快推广应用（市工业和信息化委、发展改革委负责）。选择有条件的区建设加氢站等基础设施，推动燃料电池汽车试点工作（市发展改革委、黄埔区政府负责）。

19. 促进互联互通。强化充电基础设施标准规范执行的监管，严把充电基础设施产品的准入管理。加快“互联网+充电基础设施”布局，构建全市统一的充电基础设施信息服务平台，统一信息交换协议，有效整合充电服务平台信息资源。逐步具备多维找桩、互联支付、大数据分析、安全预判、用户评价及行业监管等功能。促进不同充电服务平台实现协议、信息、结算互联互通。实行充电基础设施登记及信息发布制度，及时向社会公布充电基础设施分布、服务等公共信息。（市工业和信息化委、广州供电局负责）

（五）构建良好的新能源汽车发展环境

20. 营造积极的创新创业氛围。鼓励发展新能源汽车产业新模式、新业态，充分发挥产业投资引导基金作用，鼓励社会资本投向新能源汽车产业成熟期、成长期、早中期、初始期的创业企业、在孵企业，推动构建产业创新体系，加快产业项目以及相关配套设施建设。支持金融机构创新金融产品，满足新能源汽车生产、运营、消费等环节的融资需求。（市发展改革委、金融局、财政局负责）

21. 继续实行综合财政补贴。加大专项资金、基金等对新能源汽车研发、产业化的支持力度，促进提升产业整体水平。继续实施充电基础设施建设补贴政策，对各类符合要求的充电基础设施及其运营给予财政补贴。建立和完善新能源汽车推广应用综合补贴机制，研究制定财政综合补贴管理办法，对于在我市推广应用符合要求的新能源汽车，继续给予车辆购置地方财政补贴，补贴额度不超过中央财政单车补贴额的50%，同时，财政资金还可用于支持车辆使用、道路通行、充电服务等方面。（市发展改革委、工业和信息化委、财政局负责）

22. 逐步提升政策便利性。完善、优化新能源汽车办证、上牌流程，继续对新能源汽车上牌直接发放绿色环保标志。改进道路交通技术监控系统，研究出台便利新能源汽车通行的政策措施。（市公安局、环保局、国税局、地税局负责）

23. 加强市场监管。进一步规范销售环节的管理和引导，整车生产企业须在我市建立独立法人的全资销售公司，统一负责车辆销售、地方财政补贴办理、售后服务等工作。建立和完善有关管理机制，确保车辆产品配置和技术状态与《道路机动车辆生产企业及产品公告》《新能源汽车推广应用推荐车型目录》一致，并符合本市道路通行条件、气候条件和消费者对车辆性能的基本要求。实行安全运行记录数据库和企业诚信档案管理。强化新能源汽车事故和故障应急处理能力建设。统筹谋划，推进建立新能源汽车监控平台，加强对新能源汽车的运行监控。（市发展改革委、质监

局、工商局负责）

24. 推进新能源汽车检测检验平台建设。支持重点检验检测机构结合新能源汽车发展及智能网联汽车示范运营实际，建设面向全行业的新能源汽车、智能网联汽车整车及关键零部件实验室和认证、检测平台，为产业发展和产品准入提供重要质量检测支撑。（市质监局负责）

25. 建立动力电池回收利用管理体系。制定出台动力电池收集、存储、运输、处理等管理规定。鼓励整车生产企业联合动力电池生产企业、车辆销售企业制定动力电池回收、处理的系统解决方案。建立健全废旧动力电池循环利用体系。（市发展改革委、工业和信息化委、环保局负责）

三　保障措施

（一）组织领导

进一步强化市新能源汽车发展工作领导小组的统筹领导职能，以实现全市汽车产业转型升级和培育发展经济增长新动能为目标，指导和推进全市新能源汽车发展工作。领导小组负责统筹协调研究确定重大事项，研究解决重大问题。领导小组下设办公室（设在市发展改革委），负责统筹推进新能源汽车产业发展、推广应用及环境建设，统筹平衡资金、项目、财政补贴年度指标，及牵头开展重大事项评估。领导小组成员单位各司其职，各尽其责，加强部门联动，尽快建立有利于新能源汽车发展的政策体系。其中，市发展改革委负责制定规范使用新能源汽车、执行大工业用电价格等政策；市工业和信息化委负责制定充电基础设施专项规划及建设管理、财政补贴等政策；市交委负责制定公交电动化及出租、物流领域新能源汽车推广应用工作方案和相关政策；市财政局、市公安局、市住房城乡建设委、广州供电局等负责制定财政补贴、优化上牌流程、充电设施“进小区”、优化电力报装流程等支持政策。

发挥市新能源汽车发展专家咨询委员会、新能源汽车产业及关键技术创新合作联席会、新能源汽车行业协会等中介机构的作用，在产业发展、政策制定、技术创新、项目建设、运营及评估等方面提供支持。

（二）资金保障

市财政按照国家和省关于发展新能源汽车的相关规定，做好相关资金保障工作，重点支持新能源汽车技术研发、产业化、鼓励市场应用及公共技术检测平台建设等方面的工作。市财政从新兴产业发展扶持资金等现有专项资金、科技经费及国资收益中安排资金支持新能源汽车发展。充分利用已有的产业投资基金等，通过设立子基金或直接股权投资等形式，每年安排一定规模资金用于支持产业发展及重点领域推广应用工作。鼓励有条件的区安排专项资金支持和推进新能源汽车发展工作。积极争取国家、省在科技攻关、产业技术创新、新技术示范应用等方面的扶持。利用金融工具，支持新能源汽车产业发展与推广应用工作。

积极争取国家充电基础设施奖励资金，统筹用于充电基础设施建设、监控平台运营维护等。通过设立专项基金等方式，为社会资本参与充电基础设施建设、运营创造条件。

（三）项目支持

建立新能源汽车产业项目储备制度，优先将符合条件的新能源汽车产业项目列入市新兴产业项目储备库和省、市重点项目，在项目立项、资金、规划、用地报批等方面给予绿色通道支持。符合条件的新能源汽车产业项目优先按照《广州市产业用地指南》安排用地。

（四）人才保障

实施新能源汽车人才培育、引进及保障工程，大力培养、引进新能源汽车产业高端人才，加快壮大新能源汽车专业技术人员队伍。扩大对外交流合作，大力引进国内外新能源汽车专业研发人才落户。支持符合条件的人才享受我市有关人才经费资助、支持奖励和入户等方面的政策。

（五）监督检查

加强新能源汽车推广应用相关企业的管理，建立市发展改革、工业和信息化、财政、科技、公安、交通等部门组成的联合督查工作组。车辆生产企业作为第一责任主体，加强对其产品真实性、一致性及安全性、售后服务保障等负责。车辆生产、销售、运营企业及充电基础设施运营企业须建立月度车辆及充电基础设施运营报送和监督台账，按时报送运行数据，并接受市有关部门检查。建立新能源汽车推广应用企业诚信档案，将补贴申报、管理、使用、车辆安全及有效使用、配套软硬件建设、维护市场秩序等情况纳入档案。新能源汽车行业协会应督促会员单位建立健全行业自律性管理约束制度，加快推动新能源汽车行业诚信体系建设，促进行业健康发展。

（六）宣传推广

鼓励建设集体验、宣传、推广于一体的综合性展示平台，提高宣传效率。通过多种形式大力宣传新能源汽车对降低能源消耗、减少污染物排放的重大作用。发布、宣传我市新能源汽车发展政策，提高全社会对新能源汽车的认知度和接受度，同时对损害消费者权益、弄虚作假等行为给予曝光，形成有利于新能源汽车发展的良好氛围。

B.23
2017年广州汽车产业大事记

广州汽车产业研究中心

2017年2月2日

广汽集团发布公告称，该公司于2018年2月2日上午与小马智行在广州签订《战略合作框架协议》，双方具体合作内容包括但不限于以下四个方面：①自动驾驶技术领域合作：双方将在无人车的相关技术开发、生产制造等方面进行合作，并在友好协商的前提下对技术成果进行共享。其中小马智行将发挥在人工智能技术上的优势，助力广汽的自动驾驶项目加速推进。②资本领域合作：为促进双方更紧密的合作及相关业务的发展，在条件成熟的前提下，广汽和小马智行将在资本领域探讨合作，开展无人驾驶技术领域相关业务。相关事项明确后双方另行签订具体协议。③无人驾驶示范运营领域合作：双方计划共同组建无人驾驶示范运营车队，在广州市南沙区建立专属运营示范区，开展无人驾驶路测试验、示范运营等相关合作。④移动出行领域合作：广汽和小马智行将共同探讨自动驾驶、共享出行商业运营模式，探索建立符合未来消费市场需求的移动出行平台及服务，构建智能、高效、绿色的未来移动出行商业生态圈。

2017年4月5日

广州市交通部门首次公布55家出租汽车企业服务质量测评“红黑榜”，参考服务投诉、违章情况等对出租车企业服务进行排名。2017年2月的士服务测评前十名公司名单为白云、天湖、东方、省珠航、广骏、广发、江南、交通、八达、龙的；后十名为蚬富、明通、奇德、协成、东泰、庆星、海运、建兴、天成、云通。

2017年4月12日

广州市市长温国辉与汽车电子行业的部分企业家、专家座谈，共同研究如何推动广州智能网联汽车产业发展。座谈会上，广州市进强电子有限公司执行董事兼总经理徐启明、中兴通讯股份有限公司副总裁张继军、工信部电子第五研究所总工程师万举勇、亚信科技（集团）副总裁兼城市运营业务总经理梅传博、芜湖长信科技股份有限公司董事长陈奇、迪信通公司高级副总裁黄建辉、伟创力集团中国区高级销售总监谭建华、阿里巴巴·高德地图华南大区汽车事业部总裁胡庆庆及广汽集团董事长曾庆洪等9人先后发言，介绍了企业发展情况和行业发展趋势，对广州汽车电子产业建言献策，表示愿意与广州市加强合作，共同打造智能网联汽车产业高地。温国辉认真听取发言，对所提意见建议进行研究回应。广州积极创建基于宽带移动互联网的智能汽车和智慧交通示范区，加快发展智能网联汽车产业。市政府大力支持相关企业在广州投资发展。希望各汽车电子领军企业抓住机遇，与广州重点汽车企业深度合作，打造具有强大竞争力的智能网联汽车产业链，实现发展共赢。

2017年4月26日

由全球第三大汽车部件供应商、世界500强企业麦格纳国际与广汽集团零部件公司联手投资的广州卡斯马汽车系统项目在黄埔区丰乐北产业园正式动工。它采用热冲压成型、全自动焊接等世界领先制造工艺技术，与广汽菲亚特、广汽本田等主机厂同步开发、设计和制造汽车车身系统、底盘系统、悬挂模块等汽车零部件及总成，产品可为新能源汽车配套使用。项目分两期建设，一期项目当年动工建设，当年投产。项目建成后，广州卡斯马将成为华南地区最具竞争力的专业汽车零部件供应商之一。

2017年4月27日

广汽智联新能源汽车产业园项目动工活动在位于番禺区石楼镇的广汽番禺汽车城内举行。中共中央政治局委员、广东省委书记胡春华，广东省委副书记、省长马兴瑞，广东省委副书记、广州市委书记任学锋等省市有关领导和相关部门负责同志，广汽集团及经销商、供应商代表，部分企业家代表，项目设计、施工方代表，以及媒体记者共约500人参加活动。广汽智联新能源汽车产业园位于番禺区东北部、广汽番禺汽车城西南部，总规划面积约5平方千米，将与已建成的广汽番禺化龙基地形成国内超大型综合汽车生产基地。项目充分贯彻“小投入、快产出、滚动发展”的原则，一次规划，分步实施。一期总投资46.94亿元，计划于2018年12月建成投产，规划年产能为20万辆，主要生产广汽传祺专属平台纯电动汽车、兼顾共享平台产品及生产广汽合资企业或合作伙伴的新能源产品。

2017年6月14日

广州市交通部门、行业协会召开出租汽车行业强化服务质量监管会议。市区57家出租汽车负责人参加了此次会议。会上，市交通部门通报了近期重点个案处理情况及强化出租汽车行业服务质量措施，要求企业要严格落实主体管理责任，提高认识，严抓服务质量提升工作，加大“非编”驾驶员清理力度，采取措施压减拒载、议价等市民反映较为强烈的违章行为，重塑行业良好的服务形象。

2017年6月16日

广州市交委发布信息，向首约科技（北京）有限公司广州分公司颁发《网络预约出租汽车经营许可证》，该公司成为首家在广州市获得网约车经营资质的平台公司。

2017年6月29日

广州市交委公布2016年粤A车牌指标竞价收支执行情况，2016年广州市竞拍车牌收入10.32亿元。其中，7.9亿元用于公交行业综合补贴支出；2亿元用于20450台节能与新能源中小客车发放地方财政购置补贴；670余万元用于广州南站汽车客运站建设配套资金支出；280余万元用于核心区交通运行分析和信息发布及调度指挥平台建设的年度进度支出等。

2017年6月30日

广东省委副书记、广州市委书记任学锋在穗会见东风汽车公司董事长、党委书记竺延风，总经理、党委副书记李绍烛一行。任学锋对东风汽车公司为广东、广州经济社会发展所做的贡献表示感谢，希望东风汽车公司加大在穗创新业务布局力度，广州将在产业配套、人才引进等方面继续给予大力支持。竺延风对广东、广州长期以来给予东风汽车公司的支持表示感谢，表示东风汽车公司在穗业务多年保持快速发展，进入产品结构调整期，将大力发展成长性好的自主品牌，拓展智能网联和新能源等新兴板块业务，并希望加强与广州合作，实现互利共赢。

2017年8月11日

第十三届广州购车节在广州体育馆举行，为期3天的购车节共有30个汽车品牌、逾百款新车参展。

2017年10月13日

中国汽车技术研究中心华南基地项目在增城经济技术开发区举行动工仪式。中汽中心华南基地项目总投资约18.5亿元，计划用两年时间，打造成为以汽车整车、关键零部件和新能源汽车产品检验检测为核心的公共技术服务平台和区域性总部基地。

2017年11月17日

享有中国三大A级国际车展之美誉的2017广州车展（2017第十五届广州国际汽车展览会）于2017年11月17日在素有“亚洲最大的现代化展览中心”之称的中国进出口商品交易会展馆举行，一年一届的广州国际车展一直以全球首发车众多而著称，车展注入大量国际化的元素、理念和模式。本届展会展区面积达22万平方米，展车总数达1081台，其中全球首发车47台，跨国公司首发车7台；概念车25台，其中国际品牌展出16台，国内品牌展出9台。媒体日当天共举行71场新闻发布会，2432家海内外媒体的9747名记者参与报道展会。

2017年12月25日

广州市交警部门颁布首副大型、小型新能源汽车专用号牌，标志广州正式启用6位数的新能源汽车专用号牌。

2017年12月26日

宝能集团在黄埔区、广州开发区动工建设新能源汽车产业园，项目总投资300亿元，首期规划产能50万辆新能源汽车及相关配套项目，整车和零部件制造达产产值将超过1000亿元。届时，广州东部将崛起一座全新的大型汽车产业基地，进一步夯实广州作为“汽车之城”的基础。

B.24
后　记

伴随广州汽车产业发展壮大而成立的广州汽车产业研究中心现在已经发展了14年。在这14年里，我们得到了广州市领导、广州市社会科学院领导的大力支持，在广州市有关部门、各区、汽车企业等的积极支持下，我们取得了丰富的应用研究成果并公开发表了一批论文，为广州市及各区、企业发展汽车产业提供了重要的决策参考和咨询服务。近年来，我们先后编辑出版了《广州汽车产业发展报告》（2005年、2007~2017年）12本蓝皮书。这12本书作为广州汽车产业研究中心的代表著作，产生了良好的社会反响，为广州市及各区有关部门促进汽车产业和企业发展提供了有益的智力支持。

为配合广州汽车产业在新形势下的发展态势，在广州市领导和有关部门的支持下，在院各部门的积极配合下，我们编辑出版的《广州汽车产业发展报告（2018）》与读者见面了，该书定位为专家观点、民间立场，主要以专家、学者提供的各类关于广州汽车产业发展的专题研究报告为主，同时也吸收了广州市及有关部门提供的一些汽车产业专题调研成果，中国汽车产业发展的年度热点也是我们关注的重要话题。在篇章结构上，我们设置了“总报告”、“环境篇”、“专题篇”、“区域篇”、“企业篇”及“附录”专栏，力求从宏观与微观、理论与实际、分析与展望、综合与重点的结合上，对2017年广州汽车产业进行全面分析和论述，对2018年及未来广州汽车产业发展进行展望和讨论。希望这本凝聚专家、学者心血的汽车产业研究成果，能为年度广州汽车产业科学发展出谋划策，能为热心研究广州汽车产业的专家、学者和领导提供有益的资料参考。

本书的出版，得到了受邀专家、学者、广州市领导和有关部门及汽车企业的大力支持。广州市工信委、广州市商务委、广州汽车工业集团股份有限公司、广汽乘用车有限公司、花都汽车城、番禺汽车城、从化区科工信局、增城开发区管委会等单位为我们的调查研究、资料搜集提供了积极的帮助和配合，提出了很多建设性意见和相关资料，部分观点和建议已经融入我们所撰写的研究报告。广汽集团发展部的欧阳惠芳、黄坚，广州市商务委的刘旭、花都区政府的朱振德、增城区科工信局的杨颖等为本书提供了优秀的研究论文。社会科学文献出版社为本书出版付出了辛苦的劳动。广州市社会科学院办公室、科研处、经济研究所等部门领导及相关研究人员也为本书的出版提供了大力支持。在此，我们谨向所有支持、参与本书编写工作的领导、专家、学者等表示衷心的感谢。

本书由广州市社会科学院牵头，广州市社会科学院广州汽车产业研究中心和区域经济研究所具体负责编纂工作。随着自主品牌整车企业的快速发展，广州汽车产销规模再次实现两位数增长，产销规模再创历史新高，突破300万辆，产值突破5000亿元，使广州汽车产业迈入全新发展阶段。广汽乘用车借助国内SUV市场的高速增长态势，仅用七年时间就实现产销规模突破50万辆，广汽比亚迪新能源客车迎来新发展，东风启辰呈现持续增长态势，自主品牌已经成长为广州汽车产业发展的新引擎。为进一步做强做大广州的第一支柱产业，为广州汽车产业向全球汽车产业价值链的高端环节提升提供决策参考，我们将继续编辑出版《广州汽车产业发展报告》，以此为广州汽车产业科学发展提供持续不断的智力支持，积累广州汽车产业发展的珍贵历史资料。我们希望得到全国各地关心广州汽车产业、研究广州汽车产业的专家、学者和广州市各有关部门、研究单位、汽车企业等的大力支持，期待得到各位专家、学者、有关领导及读者的继续支持、指导和赐稿，进一步提高《广州汽车产业发展报告》的质量，共同为广州汽车产业科学发展贡献智慧。

广州市社会科学院
广州汽车产业研究中心
2018 年 5 月 4 日

皮书起源

“皮书”起源于十七、十八世纪的英国，主要指官方或社会组织正式发表的重要文件或报告，多以“白皮书”命名。在中国，“皮书”这一概念被社会广泛接受，并被成功运作、发展成为一种全新的出版形态，则源于中国社会科学院社会科学文献出版社。

皮书定义

皮书是对中国与世界发展状况和热点问题进行年度监测，以专业的角度、专家的视野和实证研究方法，针对某一领域或区域现状与发展态势展开分析和预测，具备原创性、实证性、专业性、连续性、前沿性、时效性等特点的公开出版物，由一系列权威研究报告组成。

皮书作者

皮书系列的作者以中国社会科学院、著名高校、地方社会科学院的研究人员为主，多为国内一流研究机构的权威专家学者，他们的看法和观点代表了学界对中国与世界的现实和未来最高水平的解读与分析。

皮书荣誉

皮书系列已成为社会科学文献出版社的著名图书品牌和中国社会科学院的知名学术品牌。2016 年，皮书系列正式列入“十三五”国家重点出版规划项目；2013~2018 年，重点皮书列入中国社会科学院承担的国家哲学社会科学创新工程项目；2018 年，59 种院外皮书使用“中国社会科学院创新工程学术出版项目”标识。

中国皮书网

（网址：www.pishu.cn）

发布皮书研创资讯，传播皮书精彩内容
引领皮书出版潮流，打造皮书服务平台

栏目设置

关于皮书：何谓皮书、皮书分类、皮书大事记、皮书荣誉、皮书出版第一人、皮书编辑部

最新资讯：通知公告、新闻动态、媒体聚焦、网站专题、视频直播、下载专区

皮书研创：皮书规范、皮书选题、皮书出版、皮书研究、研创团队

皮书评奖评价：指标体系、皮书评价、皮书评奖

互动专区：皮书说、社科数托邦、皮书微博、留言板

所获荣誉

2008 年、2011 年，中国皮书网均在全国新闻出版业网站荣誉评选中获得“最具商业价值网站”称号；

2012 年，获得“出版业网站百强”称号。

网库合一

2014 年，中国皮书网与皮书数据库端口合一，实现资源共享。

中国社会发展数据库（下设 12 个子库）

全面整合国内外中国社会发展研究成果，汇聚独家统计数据、深度分析报告，涉及社会、人口、政治、教育、法律等 12 个领域，为了解中国社会发展动态、跟踪社会核心热点、分析社会发展趋势提供一站式资源搜索和数据分析与挖掘服务。

中国经济发展数据库（下设 12 个子库）

基于“皮书系列”中涉及中国经济发展的研究资料构建，内容涵盖宏观经济、农业经济、工业经济、产业经济等 12 个重点经济领域，为实时掌控经济运行态势、把握经济发展规律、洞察经济形势、进行经济决策提供参考和依据。

中国行业发展数据库（下设 17 个子库）

以中国国民经济行业分类为依据，覆盖金融业、旅游、医疗卫生、交通运输、能源矿产等 100 多个行业，跟踪分析国民经济相关行业市场运行状况和政策导向，汇集行业发展前沿资讯，为投资、从业及各种经济决策提供理论基础和实践指导。

中国区域发展数据库（下设 6 个子库）

对中国特定区域内的经济、社会、文化等领域现状与发展情况进行深度分析和预测，研究层级至县及县以下行政区，涉及地区、区域经济体、城市、农村等不同维度。为地方经济社会宏观态势研究、发展经验研究、案例分析提供数据服务。

中国文化传媒数据库（下设 18 个子库）

汇聚文化传媒领域专家观点、热点资讯，梳理国内外中国文化发展相关学术研究成果、一手统计数据，涵盖文化产业、新闻传播、电影娱乐、文学艺术、群众文化等 18 个重点研究领域。为文化传媒研究提供相关数据、研究报告和综合分析服务。

世界经济与国际关系数据库（下设 6 个子库）

立足“皮书系列”世界经济、国际关系相关学术资源，整合世界经济、国际政治、世界文化与科技、全球性问题、国际组织与国际法、区域研究 6 大领域研究成果，为世界经济与国际关系研究提供全方位数据分析，为决策和形势研判提供参考。

法律声明